最新 知覚・認知心理学
その現在と将来展望

岡林春雄 著

金子書房

はじめに

　国家資格・公認心理師がスタートすることになりました。これまで民間資格が乱立し，その根本にあった資格問題が政治抗争の具になり，学問の発展・進歩を妨げる状態にあった日本の心理学にとって，ひとつの区切りとなることを期待しています。その公認心理師の受験資格を得るための必修科目に「知覚・認知心理学」があります。本書は，その必修科目に対応すると同時に，心理学全体を展望するものです。以前『認知心理学入門　その基礎理論と応用』（金子書房）を出版した頃とは，研究事情・社会状況がまったく違った論点もあれば，解決せずに残っている論点もあります。そこで本書は，前書の遺産を引き継ぎながらも新しい視点を導入しています。

　これまで大学等の教育機関では，知覚心理学と認知心理学はまったく別物の科目としてカリキュラム構成がなされてきました。それは，心理学の歴史を振り返ればわかりますが，知覚心理学と認知心理学は出現してくる時代，経緯が全く違うからです。しかし，時代が移り，とくにコンピュータ関連技術が進歩する中，例えば，車には衝突回避システムや自動運転システムが社会的ニーズとして求められるようになり，AI（人工知能：artificial intelligence）が犯罪の起こりそうな場所を予測するようになった今，知覚心理学の知見と認知心理学の知見を統合することが求められるようになりました。そのような社会の移り変わりと学問への要求が「知覚・認知心理学」という科目を生み出した背景にあります。

　このように説明すると，「知覚・認知心理学」は技術論が中心だととらえられるかもしれませんが，人間の心理を研究する心理学の「知覚・認知心理学」は感情という課題が残っており，さらには，「心の内在主義と拡張した心」といった対立概念が存在し，非線形理論を基にしたダイナミカルシステム理論や複雑系の考え方を導入しないと追いつかない状態，言い換えれば，現在の科学・学問の最先端の研究（例．iPS等の細胞研究，MRI等による脳研究，生体リズム等の同期研究）等と相互作用をもつ必要が出てきています。

　本書の第1部では，「知覚・認知心理学とは」と題し，これまでの**心理学の流れ**（1章）をとらえ，**知覚・認知心理学の特徴**（2章）を明確にしています。第2部「心の情報処理モデルからのアプローチ」として，いろいろな学問のモ

デル論の基盤になっているアトキンソンとシフリンモデルに基づき，**感覚登録器**（3章），**短期貯蔵庫**（4章），**長期貯蔵庫**（5章）について情報処理の流れを確認しています。第3部「知覚・認知心理学の基礎理論」では，代表的な**スキーマ理論**（6章），そして，**意味ネットワーク理論**（7章）について論じ，さらに，社会的な関心が先行してしまっている**ワーキングメモリ**（8章）について言及しています。第4部「知覚・認知心理学の応用」では，認知革命のひとつのきっかけとなった**言語**（9章），考えることが人の特徴だということから**思考**（10章），そして，モデル論から派生する**シミュレーションとAI**（11章）について論じています。そして，第5部「さらなる発展に向けて」ということで，**教育現場への応用**（12章），**臨床現場への応用**（13章）というように，現在，行われている実践から，**今後の展望**（14章）を模索しています。

　本書は，これまでの心理学の歩みをふまえ，心理学理論の最先端である認知心理学について論じています。アメリカのテキストブックをイメージして書きましたので，心理学徒ばかりではなく，研究者，さらには，一般の方の知的探究心にこたえられるものになっていると思います。本書を通して，「人間とは何か？」，「心とは？」，「生きているとはどういうことか？」といった基本的な問いに立ち返っていただき，知覚・認知心理学が研究していることを理解していただければ幸いです。

2019年3月吉日
徳島文理大学
岡林春雄

目次

はじめに　i

第1部　知覚・認知心理学とは

1章　心理学の流れ……2
心とは何かの探究　2
心理学は弁証法的に発展してきた　9

2章　知覚・認知心理学の特徴……18
感覚情報の統合としての知覚　18
知覚と認知　24
認知心理学の特徴　28

第2部　心の情報処理モデルからのアプローチ

3章　感覚登録器（Sensory Register）……34
画像記憶　34
音響記憶　36
感覚登録器から短期貯蔵庫への情報の転送　39

4章　短期貯蔵庫（Short-Term Storage）……56
短期記憶研究の方法論　56
短期貯蔵庫の大きさ　58
短期記憶における符号化　59

5章　長期貯蔵庫（Long-Term Storage）……63
正確さの決定要因　63

記憶の曖昧さ　67
記憶の促進（Memory Improvement）　71
結語：情報処理モデルとしてのまとめ　82

第3部　知覚・認知心理学の基礎理論

6章　スキーマ理論（Schema Theory） 84
スキーマの特徴　84
「ウルトラセブン」理解におけるスキーマの関与　86
空間認知——地図読みとりの際のスキーマの利用　90
大人と子どものスキーマの使い方の違い　93
第一印象の強さについて　96
スキーマのまとめ　98

7章　意味ネットワーク理論 99
意味記憶からの情報検索　99
プライミング効果　107

8章　ワーキングメモリ 110
ワーキングメモリの提案　111
ワーキングメモリのモデル　113
ワーキングメモリのトレーニング　116
ワーキングメモリと感情　117

第4部　知覚・認知心理学の応用

9章　言語 122
言語学概観　122
言語音の認知と単語認知のメカニズム　129
言語理解のモデル　131

言語研究の今後　　134

10章　思考 …………………………………………………… 137
　　問題解決　　137
　　意思決定　　142
　　創造性　　148

11章　シミュレーションとAI ………………………………… 155
　　シミュレーション　　155
　　AI研究　　165

第5部　さらなる発展に向けて

12章　教育現場への応用 ……………………………………… 172
　　英語学習　　172
　　社会科学習　　178

13章　臨床現場への応用 ……………………………………… 187
　　心理療法概観　　187
　　認知療法　　192
　　論理療法　　202

14章　今後の展望 ……………………………………………… 210
　　認知革命後の理論的発展総括　　210
　　近接領域からの示唆　　213
　　心理学の今後　　216
　　結語　　220

　　グロッサリ（Glossary）　　223
　　参考文献　　240
　　人名索引　　261

事項索引　268

〈情報 BOX〉

2-1　両眼視差（binocular disparity）　20
2-2　図と地の関係　23
2-3　知識の領域固有性　31
4-1　記憶範囲（memory span）　59
8-1　認知症の記憶障害　110
8-2　感情　120
9-1　モジュール　127
9-2　生成文法と格文法　128
9-3　音素，モーラ，音節（シラブル）　130
9-4　メンタルスペース理論　134
10-1　思考の演繹と帰納，そして，スキーマ　138
10-2　ルーチンズの水汲み問題　139
10-3　安いネックレス問題　152
11-1　ニューロン（neuron：神経細胞）　158
11-2　ヘッブの法則　161
11-3　ダートマス会議　165
11-4　命題論理と述語論理　166
11-5　コンピュータ，AI の進化　170
12-1　情報の新しさと考える力　181
12-2　アクティブラーニング（active learning）　186
14-1　アトラクタ　213
14-2　心脳問題　214

第1部

知覚・認知心理学とは

心理学とは？

知覚・認知心理学の心理学の中での位置づけは？

心理学の流れ（1章）ならびに知覚・認知心理学の特徴（2章）
から探ってみましょう。

****

　心とは何かを追究してきた心理学。現代心理学のメインストリームである認知心理学は，心を情報処理システムだととらえ，人の記憶や思考，そして，対人関係・会話中の認知活動等々を研究している。人の情報入力にあたる知覚を取り上げてみても，知覚を実現しているのは感覚情報だけではなく，運動なども知覚に影響を与えている。そして、知覚は，記憶，注意，学習，要求などの認知プロセスと密接に関連している。知覚は情報処理過程という認知心理学の話題として論じられるようになり，知覚・認知心理学という観点から，心を探る新たな研究が始まっている。

****

1章
心理学の流れ

　人類は，ほ乳動物の中の霊長類に分類される生物であり，その霊長類が出現したのは今から約6500万年前，恐竜が絶滅する少し前といわれている。500万年前，人類は類人猿と区別されるようになった。つまり，この頃から人類は他の動物とは異なった，独自の進化を遂げ始めたのである。人類は進化するにつれ，多種多様な道具を使うようになり，脳の容量も増えていった。そうなってくると，食べ物の確保の成功・失敗，周囲の人との連携，生きるということ・死ぬということ，いろいろなことを思考し，記憶・推測・解釈・判断をすることができるようになる。人間と言われるものの誕生であり，その思考を体系的にまとめたものが学問である。しかし，その人間の歴史に比べると，「心理学は，ほんの最近，独立した学問領域として登場してきた」(Hergenhahn & Henley, 2013) などと言われるように，人間の心理を研究する学問である心理学の登場は比較的新しい。

心とは何かの探究

1．科学的心理学以前

　科学（science）が登場してくる以前，学問は哲学であった。プラトン (Plátōn: 427-347 B.C.)，アリストテレス (Aristotélēs: 384-322 B.C.)，デカルト (Descartes, R.: 1596-1650) などは，その代表者である。古代においては「こころ」と「身体」は，「こころ」を霊魂ととらえることによって別存在であったのだが，アリストテレスは，「こころ」と「身体」はひとつだと考えた。その後，デカルトは，「こころ」を意識だととらえることにより，「こころ」と「身体」を分離した。このデカルトの心身二元論の影響は，後世まで残っている。

　心理学の立場から，この時代の「こころ」に言及した学問を哲学的心理学と呼ぶのだが，思弁的思考方法に特徴があり，心理現象について観察し，分析，

記述する試みはなされなかった。その後，17世紀頃から，ロック（Locke, J.: 1632-1704）やヒューム（Hume, T.E.: 1711-1776）などの経験論的，人生論的心理学を経て，19世紀後半，科学的心理学が登場してくるのである。明治時代，当時の東京帝国大学文科大学において，心理学は哲学科心理学専修として位置づけられていた。そこから心理学科として独立してくるのは，科学的心理学の登場により，哲学からの独立を意味している。

2．科学的心理学の登場

　心理学（psychology）は科学を標榜しているが，その出発点は，19世紀のヴント（Wundt, W.: 1832-1920）にある。ヴントは，1879年，世界で初めて心理学実験室をドイツのライプチッヒ大学に作り，実証科学としての心理学を体系づけた。ヴントの心理学は，研究対象を直接経験（人間が覚醒時に，その心に感じる経験，すなわち意識）とし，それを内観（introspection）によって心的要素に分析し，その要素の結合によって複雑な精神現象を説明しようとした。つまり，実験的に条件を整えて刺激をあたえ，そのとき直接に経験される意識を本人に内観させ，その報告に基づいて心理学の法則をたてようとしたのである。したがって，ヴントの心理学は意識心理学であり，その方法から内観主義（または，内観心理学），さらに，構成主義（または，構成心理学）と呼ばれた。

　ヴントの考え方は，すぐに彼の弟子やドイツの他の研究者と共有され，日本からの研究者も含めて，世界からいろいろな研究者がドイツにやってきて研鑽し，それぞれの自国に成果を持ち帰った。色刺激の変化やレモネードを飲んだ時などの感覚と感情を内観によってデータ化し分析することによって，「心は意識である」という考え方を広めていったのである。しかし，ヴントの心理学は，20世紀に入るや否や，いろいろな立場から批判されることになる。その批判の代表的なものに，精神分析学，行動主義心理学，ゲシュタルト心理学などがある。

ヴント
（Wikimedia Commons より）

3. ヴントへの批判，その1――精神分析学

フロイト（Freud, S.: 1856-1939）は，意識は精神活動のほんの一部分にすぎず，精神活動の重要な部分は意識に現れない無意識にあると考え，無意識を研究することを強調した。これが精神分析学（psychoanalysis）である。フロイトは，無意識の世界に抑圧された願望と，これを抑圧する自我の力との間の葛藤が人間生活を支配すると考え，無意識の中に抑圧されているコンプレックスを分析しようとする。そこで，この立場は深層心理学とも呼ばれる。

フロイトの主張は，①無意識を仮定したこと，②抑圧説を認めたこと，③幼児性欲説（幼児も性的快感をもとめて行動するという考え方）とエディプスコンプレックス（同性の親に対抗し，異性の親を慕うことから起こる心のわだかまり）を重視したことにある。しかし，フロイトに学びながらもアドラー（Adler, A.: 1870-1937）は，フロイトの汎性欲説（すべての行動が性衝動によって営まれるという考え方）に反対し，「力への意志」（他に優越しようとする意志）を主張した。そして，ユング（Jung, C.G.: 1875-1961）は，心的エネルギーを包括した生命のエネルギーと考えた。さらにその後，フロイトの考えは生物学的な本能論で，社会的な見方が少ないという批判が出現し，本能論のかわりに人間関係のあり方が重視され，パーソナリティの形成に学習や生活習慣形成を取り入れる考え方が主流となり，エディプスコンプレックスも子どもの性的本能に根ざした普遍的な現象ではなく，特定社会の家族構造における人間関係によるといった考え方がホーナイ（Horney, K.: 1885-1952）やフロム（Fromm, E.: 1900-1980）などから出てきた。細かいところでは意見が違っているものの，これらの人たちはすべて精神分析学の関係者である。

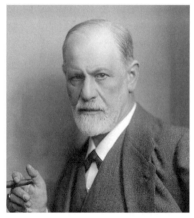

フロイト（撮影　Max Halberstadt，Wikimedia Commons より）

4. ヴントへの批判，その2――行動主義心理学

ヴントの心理学に対する大きな第二の批判は，アメリカのワトソン（Watson, J.B.: 1878-1958）によるものである。ワトソンの考えによれば，意識というものは主観的なものであり，客観的に観察できないので科学としての心理学の対

象になり得ない。科学としての心理学の研究対象になるものは，意識ではなく，直接に観察できる「行動」だというのである。したがって，ワトソンの心理学は，行動主義（behaviorism）心理学と呼ばれ，その行動に自然科学的方法を適用して行動の法則を見出そうとしたのである。そこで，行動主義心理学の標語は，「行動の科学」であった。

ワトソンがスキャンダルによって心理学の世界を去った後，この行動主義の考え方は，スキナー（Skinner, B.F.: 1904-1990）などに受け継がれ，オペラント条件付け学習など，刺激（S）と反応（R）の法則で人間の心理をとらえようとした。つまり，人間のどのような複雑な行動も，SとRの結合で説明できると考えたのである。

一方，ハル（Hull, C.L.: 1884-1952）やトールマン（Tolman, E.C.: 1886-1959）などは，それまでの行動主義の心理学者が微視的行動（molecular behavior）を主にした筋肉や腺の活動を研究テーマにしていたのに対して，有機体において観察できる巨視的行動（molar behavior）

ワトソン
（Wikimedia Commons より）

スキナー
（Granger/PPS 通信社）

を扱い，刺激－反応（S-R）のかわりに，刺激－有機体－反応（S-O-R）の関係を明らかにしようとした。ここで，Oは有機体の要求や習慣などであり，直接には観察できない構成概念である。そこで，このような考え方は，新行動主義（neo-behaviorism）と呼ばれる。

5．ヴントへの批判，その3――ゲシュタルト心理学

行動主義と同じ頃，ヴェルトハイマー（Wertheimer, M.: 1880-1943 [1933年米国に移住後はウェルトハイマーと発音される]），ケーラー（Köhler, W.: 1887-

ヴェルトハイマー
(Wikimedia Commons より)

1967)，コフカ（Koffka, K.: 1886-1941）などはゲシュタルト（形態）心理学（Gestalt Psychology）を提唱した。この学派は，ヴントの心理学に対する大きな第三の批判である。この学派は，行動そのものを対象にし，意識も行動の一部（内部的反応）と考える。そして，ヴントの要素的，分析的な方法に対して，ゲシュタルトは全体的，機能的な方法を用い，人間の精神現象を生き生きとした姿のままでとらえようとした。つまり，ヴントの要素主義は，①連合的である，②加算的である，③寄せ集め的（モザイク的）である，④付加的である，⑤断片的である，⑥機械的である，と批判し，心理現象の全体性，有機性を強調した。すなわち，ある経験は一つのまとまった全体であるとし，それがいかなる条件のもとに，どのようにして起こり，どのようにして働いているかという動的な面を理解しようとした。この学派は特に，錯視図形や図地反転などの面白い現象を取り扱っており，また，学習を認知構造（ものの見方，考え方）の変化ととらえる考えは，後の認知心理学の基礎となった。

6．世の中の流れと認知主義

第二次世界大戦といった世界規模の破壊活動は，人々の意識にもダメージを与えたし，学問の考え方，そして，その流れにも影響をもたらした。ゲシュタルト心理学者にはユダヤ系の人も多く，ナチスドイツの迫害を逃れ，アメリカに亡命した人もいた。そのアメリカで，当時，主流だったのは，行動主義心理学の流れを汲むS-R心理学であった。当然，そこにぶつかり合いが起こる。学問のぶつかり合いは，決して悪いことではなく，そこから，新しい考え方が起こってくる。S-O-R（stimulus-organism-response）説やSS（sign significate）説は，そのような状況で出現した。学習理論では，それまでの中心であった刺激と反応の連合主義の考え方と違った，洞察（insight）といった思考の構造に基づく認知主義の考え方が提起された。

ヨーロッパの方でも戦争に加担した心理学者もいたが，戦後，アウシュビッ

ツに代表される悲惨な虐殺を人はなぜ行うことができたのか，また，その状況で生き抜く，その心理を追究しようとした者もいた（『夜と霧』Nacht und Nebel: Frankl, 1947は秀作である）。精神分析学の研究者は，ヒットラーの人物像を生い立ちや家族関係から分析し，フロム（Fromm, 1941）は『自由からの逃走』(Escape from Freedom) で，（近代）人は中世社会の封建的拘束から解放され自由を獲得したが，孤独感や無力感にさらされることにもなった。その結果，人はこれに耐えきれず，自由からの逃走を開始し，支配・服従的な傾向をもつ権威主義的パーソナリティを形成するに至ったと指摘した。

戦乱を避け，1913年，ロシア帝国支配化のウクライナからアメリカにやってきた父をもつ言語学者チョムスキー（Chomsky, A.N.）は，生成文法を提唱し，スキナーのS-R心理学の考え方を批判した。チョムスキーの唱えた生成文法は，人間の言語に「普遍的な特性」があるとするもので，その普遍的特性は，人間が持って生まれた，すなわち，生得的，そして，生物学的な特徴であるとするもので，言語を人間の生物学的なものととらえることによって，S-R心理学の学習論，経験主義のとらえ方を鋭く批判することになったのである。

第二次世界大戦の戦勝国であるイギリス，アメリカは，「情報」の重要性について認識していた。大戦中，ミッドウエー海戦などでの日本軍と米軍の暗号解読を含め情報収集能力の差は歴然としており，情報を制する者は戦いを制する，ということは明らかであった。「終戦」と言いながらも，実際の世の中は，「冷戦」という戦争があり，朝鮮戦争は休戦しただけで終戦に至っておらず，中東，パミール高原，いたる所で戦いの火元はくすぶっていた。それだけに，情報収集能力，情報処理能力，情報伝達能力といった高度な情報能力が必要とされたのである。計算機，コンピュータ，e-mail，インターネット等は，当初，軍関係で研究されていたのだが，やがて，民間に普及してきたものである。コンピュータ科学は，認知心理学を含めて認知科学が今日ここまで発展してきた原動力である。そのコンピュータ科学を語るにあたって，忘れてはならない人物がいる。チューリング（Turing, A.M.: 1912-1954）である。チューリングは，第二次世界大戦中，イギリスの暗号解読センターで，ドイツ海軍のUボートの暗号解読（エニグマ暗号機での通信暗文解読）部門の責任者であり，戦後は，イギリス国立物理学研究所（NPL）でプログラム内蔵式コンピュータ・ACE (Automatic Computing Engine) に携わった。その後，マンチェスター大学に移ったが，アルゴリズムを実行するチューリングマシンを考案し，チューリングテストを提案したことによって，コンピュータ科学ならびに人工知能の父と

呼ばれる。チューリングは数理生物学にも興味を持っていたようであり，現在，心理学でも話題になりだした自己組織化現象につながるベロウソフ・ジャボチンスキー反応のような発振する化学反応の存在を指摘していた。ノーベル化学賞を受賞したプリゴジン（Prigogine, I.: 1917-2003）の指摘した散逸構造とともに，非線形非平衡系の世界にわれわれは生きており，心理作用を研究するにあたって考えておかなければならない（例．非線形非平衡系の世界なるがゆえに自己組織化が起こる）ことを理論的に指摘していたことは注目に値する。

7．認知心理学の登場

　行動主義心理学との激しい論争（認知革命と呼ばれる）を経て，それまでの心理学に飽き足らない，または，不満をもつ心理学者が認知主義の考え方を中核として集まったのが認知心理学である。

　認知心理学の第一の特徴である**情報処理アプローチ**に関しては，第二次世界大戦中に軍関係機関を中心に進歩していた情報に関する研究にコミュニケーション科学の一分野であった情報理論が知識についての処理の分析方法を提供し，英国・ケンブリッジ応用心理研究ユニットの心理学者ブロードベント（Broadbent, D.E.）は，その分析方法を知覚および注意との関係から認知心理学全体にわたる情報処理アプローチとして発展させた。

　また，第2の影響であるコンピュータサイエンスの発展は，情報処理アプローチと密接に関連しているが，あたかも人間のような（とくに知的に）コンピュータを作ろうとしたし（人工知能：**AI**-Artificial Intelligence），そのコンピュータを使って人間の心理を探ろうとしたのが認知心理学である。カーネギーメロン大学のニューウェル（Newell, A.）と サイモン（Simon, H.A.）の研究によって認知心理学者は，コンピュータの知的行動をどのように分析したらよいのかをつかむとともに，われわれ人間自身の知的行動そして思考を分析することができるようになり，認知心理学の多くの概念が生まれてきた。

　認知心理学の誕生に関する第3の影響は**言語学**からである。マサチューセッツ工科大学の言語学者チョムスキーは，言語の構造を分析する方法・生成文法を開発し始めた。チョムスキーの言語分析は，言語がそれまで考えられていた以上に複雑で，当時支配的であった行動主義の考え方では説明できないことが明らかになっていた。チョムスキーの言語分析は，行動主義心理学の考え方を打破する必要性を心理学者に突きつけることになった。そして，1950年代から1960年代の初めにかけて，ハーバード大学のミラー（Miller, G.）が，言語学的

分析に心理学者の注意を向け，心理学の立場から新しい言語研究を行うきっかけとなった。

認知心理学は1950年代以後，急速に成長した。1967年にはナイサー（Neisser, U.）が『認知心理学』（Cognitive Psychology）を出版し，認知心理学という名称が心理学の分野として正当であることを周知させ，1970年にはジャーナル『認知心理学』（*Journal of Cognitive Psychology*）が発足したことにより，認知心理学という立場を揺るぎのないものにした。ナイサーの著書『認知心理学』は，知覚と注意に関する6つの章と言語，記憶，思考に関する4つの章で構成されていたのだが，アンダーソン（Anderson, 1980）の『認知心理学概論』（*Cognitive Psychology and Its Implications*）では，知覚に関する1つの章と言語，記憶，思考に関する12の章で構成されており，認知心理学の研究対象が高次の精神過程へと発展してきていることがわかる。

心理学は弁証法的に発展してきた

前項では，心とは何かという観点を軸に心理学の変遷を見てきた。ここでは，もう一つの観点（alternative aspect）から，心理学の変遷をとらえ直してみたい。主要な心理学者が生きた時期を図1-1に，そして，認知心理学に至るまでの心理学の考え方を表1-1に示しておく。

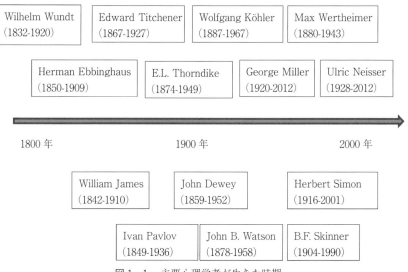

図1-1　主要心理学者が生きた時期

表1-1 認知心理学に至るまでの考え方

アプローチ	方法	内容
構造主義 (structuralism)	内省・内観 (introspection)	心の構成要素
機能主義 (functionalism)	課題に依存	心の作用プロセス
実用主義 (pragmatism)	実用的手法	現実世界への適応
連合主義 (associationism)	実験	物事を結ぶ学習
行動主義 (behaviorism)	量的分析	観察できる行動と出来事／刺激との関係
ゲシュタルト心理学	内省・内観,実験	構成全体としての心的現象
認知主義 (cognitivism)	実験 コンピュータシミュレーション プロトコル分析	思考を通しての心の理解

1. 合理主義と経験主義：心理学のルーツ

人間の心を理解しようとする心理学には，方法論として合理主義と経験主義の2つのルーツがある。心理学の登場に影響を与えたプラトンは合理主義者である。合理主義者は，知識を生み出すには思考と論理的分析が重要だとし，新しい知識を発展させるのに実験など必要はないと考える。認知過程に興味を抱く合理主義者は，知識のソースとして理由を考えるのである。

それに対して，アリストテレスは経験主義者であった。経験主義者は，人は経験的エビデンス（証拠）を通して知識を獲得すると考える。つまり，人は，経験や観察を通してエビデンスを得ると考えるのである。人の心がどのように作用するのかを説明するために，経験主義者は実験を考案し，研究対象である行動や心のプロセスを観察したのである。

合理主義と経験主義という2つの考え方を弁証法的に止揚（aufheben）することによって，心理学が登場してきたのである。

2. 構成主義と機能主義

心理学の歴史における初期のぶつかり合いは，構成主義と機能主義である（Kardas, 2013; Leahey, 2012; Morawski, 2000）。構成主義は，心理学にとって最初の主要な学派であり，心を構造からとらえようとした。すなわち，意識・知覚という心の作用を，感情・情緒，注意，記憶，感覚といった要素に分析することによって理解しようとしたのである。花を見たとしよう。構成主義の研究

者は，その知覚を色，形，大きさ等々で分析するであろう。構成主義者たちは要素が，どのように心を作り上げているのかに関心があったのである（Benjamin & Baker, 2014）。ヴントは構成主義の発展に貢献した（Wertheimer, 2011）。ヴントは心理学における構成主義の創立者と考えられる（Encyclopedia Britannica, 2009: Structuralism. http://www.britannica/science/structuralism_linguistics）。ヴントは心理学実験室を創設したが，心を探究するために，いろいろな方法論を使っている。そのひとつが内省（内観法）であり，内省はその人の思考過程への意識的観察である。内省の目的は，対象またはプロセスの基本的な要素をつかむことである。

　実験という方法論に内省（内観）を導入することは，重要な変化であった。すなわち，心の研究における主要点が合理主義的アプローチから経験主義的アプローチへと変化したのである。内省報告を含む実験において，研究参加者は課題に関して自分の思考を報告するのである（Goodwin, 2011）。問題解決に関心を持つ研究者は，研究参加者にパズルを解いているときに考えていることを声に出してもらうことによって，研究参加者の心に入り，思考への洞察を深めることができるのである。

　内省報告は挑戦であったが，いろいろ問題も含んでいた。まず，研究参加者は，心で起こっていることをそのまま述べることができないかもしれないし，適切な言葉で表現できないかもしれない。そして，研究参加者が述べることは，正確ではないのかもしれない。さらに，人は，課題を遂行している間に，自分の思考について注意を向けるように求められ，話すように求められると，進行している思考プロセスを変えてしまうかもしれない。

　ヴントには，たくさんの研究追従者がいた。そのうちの一人，米国の研究者ティチナー（Titchener, E.: 1867-1927）は，正真正銘の構成主義心理学者である（Sternberg & Sternberg, 2017）。ティチナーは，実験でもっぱら内省報告を使用し，体験から心を探究した（Titchener, 1910参照）。

　同時代の心理学者の中に，構成主義の考え方（感覚の基本的な構成），ならびに，内省報告という方法，双方を批判する人たちが出てきた。これらの批判は，新しい動向を呼び起こすことになる。機能主義である。機能主義は，構成主義に対するアンチテーゼ（対立するもうひとつの考え方）として発展し，思考の内容よりもプロセスに焦点化するよう方向づけた。機能主義者たちは，とくに，実践的応用に興味があった。そして，自然に実用主義（pragmatism）の考え方に結びついていく。実用主義者たち（pragmatists）は，人が何をす

るのか知ろうとするだけでなく，人が何をするのかという知識をもって何をすることができるのかを知るということに関心がある。例えば，実用主義者は，学習や記憶の心理学が重要だと考えている。なぜなのだろうか。それは，教育現場での子どもたちの遂行を促進できるからである。また，会った人の名前を思い出す助けになるからである。

機能主義を実用主義に導いたリーダーは，ジェームズ（James, W.: 1842-1910）であろう。ジェームズの心理学への貢献は"Principles of Psychology (1890/1970)"（『心理学の根本問題』現代思想新書6 松浦孝作 訳，三笠書房，1940）に表現されているが，一世紀も後になって，認知心理学者たちが，注意，意識，知覚などの重要なトピックを議論する際，ジェームズの研究を再確認することとなった。また，心理学に影響を与えたもう一人の実用主義者はデューイ（Dewey, J.: 1859-1952）であろう。デューイは思考と学校教育について実用主義のアプローチを行っている。

機能主義者たちは，人がどのように学ぶのかということに関心を寄せたが，学習過程のメカニズムを解明することができなかった。そして，その課題は連合主義（associationism）に引き継がれることになる。

3．統合：連合主義

連合主義は，まとまった一つの学派というよりも，多くの考え方が影響を及ぼし合っているものである。連合主義は，世の中の出来事を感覚的経験と結びつけて理解するものである。**近接要因**（同時に起こる傾向のあるものの連合）や**類似要因**（似た形や特徴をもつものの連合），そして，**対比要因**（暑い／寒い，明るい／暗い，日中／夜間のような対立を示すものの連合）などによって連合が起こる。

1800年代終盤，エビングハウス（Ebbinghaus, H.: 1850-1909）は，連合主義の原理をシステマティックに適用する最初の実験者であった（Benjamin & Baker, 2014）。エビングハウスは，自分自身の心的過程（記憶，保持，忘却）を研究した。エビングハウスは，子音の間に母音が挟まった無意味綴り（例.zax）のリストを使用し，そのリストを記憶した後，どのくらい保持できるのか，どのくらいの繰り返しで元の記憶したレベルに戻れる（再現：representation）のか，注意深く記録した（図1-2参照）。エビングハウスは，繰り返しは学習を促進するし，心的な連合を留めるということを見出した。

もう一人の影響力のある連合主義者は，ソーンダイク（Thorndike, E.L.:

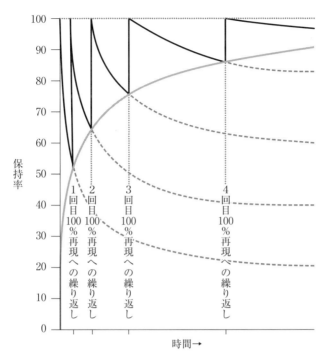

図1-2　繰り返し学習と保持曲線（Ebbinghaus, 1885）

1874-1949）である。ソーンダイク（Thorndike, 1905）は，**効果の法則**（the law of effect）という原理を提出した。結果として満足をともなう反応は，その刺激状況との結合が強められるという法則である。生体がある場面，ある方法で反応したとき，その反応に繰り返し報酬（満足）があれば，続いて起こる刺激と反応の連合に作用するのである。算数の問題を解くとき，正しい解法は正しい答えを導く。教育現場では，正しい答えと正しい解法の連合を学習するように導くのである。このような考え方は，行動主義の前身であった。

4．連合主義から行動主義へ

　ソーンダイクと同時代の他の研究者たちは，人間の心理の複雑さを刺激と反応の関係から簡潔に表現するために動物実験を行った。それらの研究者たちは，連合主義の考え方をもちながら，行動主義の誕生に関わるというように，どちらにも関わる形となった。行動主義は，観察可能な行動と環境における出来事や刺激の関わりだけに焦点をあてる。この考え方は，他の学派が心的（mental）と呼ぶものを身体的（physical）にとらえようとするものであった（Lycan, 2003）。

ロシアでは，ノーベル生理学医学賞受賞者パブロフ（Pavlov, I.P.: 1849-1936）が，不随意の行動学習を研究した。パブロフ（Pavlov, 1955）は犬を被験体とした。犬は目の前にエサ（刺激）を出されるとヨダレが出る（反応）。このヨダレが出るのは無条件反応である。この段階で，ベルを鳴らしても，犬は「何だ？」という素振りをするだけである。次に，エサ（無条件刺激）提示とともに，ベル（中性刺激）を鳴らすと無条件反応としてのヨダレが出る。これを繰り返すと，エサの提示がなくても，ベルだけでヨダレが出るようになる。ここにおいて，ベルは条件刺激になっており，ヨダレはベルに対する条件反応になっているのである。以前は，関係のなかったものが，関係をもってくるという連合主義による学習のとらえ方であり，パブロフの提示した学習形態は，古典的条件付けと呼ばれるもので，米国での行動主義の先駆けとなった。

行動主義は，連合主義の極端なものととらえられるかもしれない（Sternberg & Sternberg., 2017）。行動主義は，環境と観察される行動の連合に焦点をあてているのである。急進的な行動主義者たちによれば，内的思考や思考過程についての仮説は，どれも憶測にすぎないととらえる（Benjamin & Baker, 2014）。急進的な行動主義者たちは，育児や学校教育，密接な人間関係といった日常生活の問題を扱う人々に影響を与えようとしたのであった（Benjamin & Baker, 2014）。

急進的行動主義者の"父"は，ワトソンである。ワトソンは，決して内的な心理作用，思考，内的メカニズムなどの用語は使わない。ワトソンは，心理学者は観察できる行動のみに焦点をあて，研究すべきだと考えていた（Doyle, 2000）。

多くの行動主義に基づく研究は，人間に比べて環境と行動の関わりをコントロールしやすいネズミやハトのような実験動物を用いていた。しかしながら，人間ではなく動物を使うということの問題は，研究結果が人間に般化できるかどうかの判断である。

もう一人の急進的行動主義者，スキナーは，すべての人間行動は，環境への反応によって説明されうると考えた。スキナーは，主に，人間ではなく動物を使い，研究を行った。スキナーは心的メカニズムを否定した。スキナーは，オペラント条件付けでもってすべての人間行動の形態が説明できるとした。スキナーは，学習，言語獲得，問題解決といった心理的現象をオペラント条件付け

で説明しようとした。スキナーの精力的な研究によって行動主義は，数十年にわたって心理学（とくに北米大陸心理学）の中心的な考え方であり続けたのである。

5．行動主義への批判

　行動主義は，言語獲得，言語産出，言語理解といった方面から挑戦され，批判を受けるようになった。たしかに行動主義の考え方は，ある種の学習については説明可能であり役に立つが，言語活動や問題解決といった複雑な心的活動を説明することはできなかった。そして，脳科学に関心を持った心理学者の中には，人の行動を理解するというよりも，頭の中で何が起こっているのか知りたいという研究者が出てきた。さらに，行動主義が行った人間以外の動物を被験体として研究するのは人間を研究するよりシンプルであるが，心理学者の中に，どのように人は学習し，記憶し，理由づけを行っているのかを理解したいという欲求が起こってきたのである。

　行動主義者たちは，心を入力と出力という最も理解しやすい形でブラックボックスとしてとらえたのであるが，心理学者の中にはミステリアスなブラックボックスの中身に興味を抱く者も出てきた。トールマン（Tolman, 1932）は，行動を理解するには，行動の目的，行動計画を考慮することが必要なのだと指摘し，すべての行動は目標（goal）に向かう傾向，指向性があるとしている。例えば，迷路でのネズミの目標は，食べ物を発見するということである。トールマンは近代認知心理学の先祖だ（Sternberg & Sternberg., 2017）と言われることもある。

　バンデュラ（Bandura, 1977）は，学習が行動への直接的な報酬によるものではなく，他の人に与えられた報酬や罰の観察によるので，社会的なものだと主張した。観察を通しての学習は，人間をはじめ，サル，イヌ，トリ，サカナにおいても見られ（Brown & Laland, 2001; Laland, 2004），とくに，人間においては，この能力は年齢に関係なく，すべての年齢層で見られる（Mejia-Arauz, Rogoff, & Paradise, 2005）。この他者の行動を観察し，その行動を模倣するという社会的学習への考察が，どのようなことが人の心の中で起こっているのかを考えるきっかけとなった。

　行動主義には多くの批判が寄せられたが，ゲシュタルト心理学は，その中でも最たるものであり，現象を細かく部分に分けていくだけでは十分に理解できず，構造化された全体，体制化された全体をとらえる必要があると主張する。

「全体は部分の総和より大きい」という言葉は，ゲシュタルトの観点をよく表現している。花というものを知覚するとき，われわれは経験全体を考えに入れなければならず，形，色，大きさなどだけで，その知覚を理解することはできない。問題解決を研究しようとした行動主義者たちが発声されない言葉（subvocal）を探索しようとしたのに対して，ゲシュタルト心理学者は，ほんの一瞬で起こる問題解決がどのように出現するのか，観察できない心理的出来事を理解するため，洞察（insight）を研究した。観察できる細かな要素を研究することだけでは，問題解決を理解することはできない（Köhler, 1927, 1940; Wertheimer, 1945/1959）というのがゲシュタルト心理学の主張であった。

6．認知革命

　認知革命とは，認知科学と称される学問を生み出した20世紀中旬に始まった知的運動の総称であり，学際的な研究連携が大規模に進行する現代的文脈の中での動きであった（Miller, 2003）。中心となった学問領域には心理学，人類学，言語学等があり，当時生まれたばかりの人工知能（artificial intelligence: AI）研究，計算機科学，神経科学のアプローチが用いられた。心理学における認知革命は認知主義，後に認知心理学という形をとったが，このアプローチは当時，科学的心理学において支配的であった行動主義心理学を打ち負かす（Jenkins, 1974参照）という意味が込められており，認知革命の当初の目的は，行動主義心理学後の心理学分野に心的生活と意味を取り返すことであった（Marshal, 2015）。革命と呼ばれるものの常の姿として，旧体制への批判が中心となり，新しい方向性が明確に打ち出せない時期がある。認知革命の際も，いろいろな提案がなされているが，現実的には，後にマー（Marr, 1982b）がまとめた計算主義的心といった考え方を用いながら，当時の最先端技術であるコンピュータから何を得て，コンピュータに何ができるのか（一時期 weak AI, strong AI と呼ばれた）を思考錯誤していたと考えられる。言いかえれば，認知革命時の心理学は，認知主義の枠組みを採用したことによって，心についての情報処理の優位性に貢献することとなった。この見解が伸びてきた1つの理論的根拠は，もしコンピュータが表現を操作する方法をモデル化するために使用できるのなら，心的プロセスは，よりわかりやすくなるであろう（Newell, Shaw, & Simon, 1958）というものである。この理論的根拠は，計算主義的アプローチに向けて舵をきる重要な観点であり，それまでの数十年間，心理学の支配的理論であった行動主義のパラダイムを超えて動く，ひとつの方向性を具体的に提

供したのである。

　認知主義者たちは，人間行動は人々がどのように考えているのか説明するととらえるとともに，人間の心は観察できないので心的プロセスを研究するのを避けるべきだという行動主義的考え方を否定した。ワトソンの教え子の一人であったラシュレー（Lashley, K.S.: 1890-1958）は人間の脳は環境の随伴性に反応するだけの受け身的な器官であるという行動主義のとらえ方を否定することになった。ラシュレーは脳を，行動を引き起こす活動的でダイナミックな器官であると考えた。そして，ラシュレーは，人間の脳のマクロ組織が，どのように複雑な行動（ミュージカルのパフォーマンスやゲーム，そして，言語の使用）を作り上げるのかを追究しようとした。ミュージカルのパフォーマンス等の複雑な行動はどれも，単純な条件付け理論では説明できなかったのである。行動主義を学んで育ってきた研究者たちの中にも認知主義に移行する人が出てきた。ある意味，認知主義は行動主義とゲシュタルト心理学の弁証法的統合であった。

2章
知覚・認知心理学の特徴

　知覚（perception）とは，人間が環境の情報を認識し，体系化し，感覚の意味を作り出す一連のプロセスである（Goodale, 2000; Kosslyn & Osherson, 1995; Marr, 1982a; Pomerantz, 2003）。要するに，感覚器官を通して，この世界・環境（自分の身体を含む）の事物や事象，それらの変化を把握することであり，把握する対象に応じて，運動知覚，奥行知覚，形の知覚，空間知覚，時間知覚などがあるが，いずれの場合でも，事物や事象の異同弁別，識別，関係把握などが含まれる。科学的心理学設立当初から，知覚は重要なテーマであり，図2-1のような錯視現象が報告され，現在でも「動いていないのに動いて見える」新しい現象が報告されている。そのような知覚現象の起こる原因ともいえるメカニズムが必ずしも明らかになっておらず，いろいろな考え方が登場してきている。刺激情報と過去経験・現在の状態に基づいて成立する意識経験ととらえる考え方，感覚と区別して目の前にある事物，事象の総体ととらえる考え方，さらには，感覚器と神経系の受容・伝達活動と，それによって解発される人間の動作・言語的反応との間に存在する意識経験で，過去経験や学習の結果を反映する一連の過程を媒介として成立すると考える立場もある。

感覚情報の統合としての知覚

1．奥行知覚
　バークレイ（Berkeley, 1732）は，奥行距離は，網膜像の大きさや明瞭度（奥行きの経験的手がかり）と両眼の視覚のなす角度（輻輳）や目の緊張調節（奥行の生理的手がかり）に基づいて刺激されると考えた。つまり，奥行知覚は奥行の手がかりが目に与える情報の統合によって成立すると考えられ，この考え方は，知覚を研究する多くの心理学者に受け入れられてきた。

2章 知覚・認知心理学の特徴

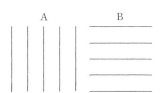

1．ヘルムホルツの図形：A，Bはともに正方形であるが，分割されている長さのほうが長く見える。なお，A（縦じま）よりB（横じま）のほうが長く見える。

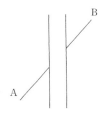

2．ポッゲンドルフの図形：A，Bは同じ直線には見えない。

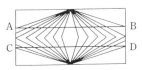

3．ヴントの図形：AB, CD 2本の水平線は平行には見えない。

4．水平・垂直錯視：垂直線分のほうが水平線より長く見える。

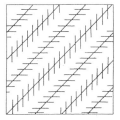

5．ツェルナーの図形：平行な直線が斜線の付加で平行に見えない。

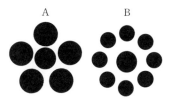

6．エビングハウスの図形：Aの中心円のほうがBの中心円より小さく見える（対比の錯覚）。

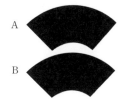

7．ジャストローの図形：2つの扇形は同じ大きさであるが，AはBより小さく見える。

8．ミュラー-リヤーの図形：AB＝BCであるが，ABはBCより短く見える。

図2-1　いろいろな錯視図形

辰野千寿：系統看護学講座　基礎6　心理学　第4版. p.32, 医学書院, 1989

〈情報 BOX　2-1〉

両眼視差（binocular disparity）

　人間の両眼が 6 cm から6.4cm ほど離れていることにより，奥行のある対象を見た時に左右の網膜像に生じるわずかな差異のことを両眼視差という。この差異が融合して，両眼でひとつの像が知覚されることが，奥行知覚成立の重要な要因のひとつになっている。

2．歪んだ部屋実験

　図2-2はエイムズ（Adelbert Ames Jr.）の歪んだ部屋（distorted room）である（Lawrence, 1949）。背後の2つの窓から覗いている2人の顔の大きさがアンバランスである以外，きわめて普通の部屋だと思われるが，実は，右の壁が高さも奥行きも左の壁の半分で，天井と床と正面の壁は寸法が違った2つの壁をつなぐように台形になっている。窓の大きさと形も変形している。そして，この歪んだ部屋を中央の位置から見ると歪んで見えるのだが，手前の壁の右から1/3の位置から片目で見ると，窓の人物以外は正常な（歪んでいない）部屋を中央から見た場合のものと同じになる。したがって，観察者は，正常な四角の部屋の二つの窓から大小2人の人物が覗いているように見える。

　歪んだ部屋の知覚の謎解きは面白いのだが，さらに，知覚の特徴として面白いのは，この歪んだ部屋で新たな経験を重ねると知覚も変化するということである。すなわち，観察窓から見ながら，手に棒をもって壁をつついたり，ボールを壁に向かって投げる，などの経験を繰り返すことにより，この部屋が実際通りに歪んだ部屋だと見えるようになってくる（Kilpatrick, 1961）。新しい経験が正確な知覚を導く例であり，経験説に有利な証拠を提供することになった。また，この歪んだ部屋の知覚にあたって，われわれ人間は，日頃，見ているものと同じだと見ようとする**恒常性現象**（constancy phenomenon：色，大きさ，形，また，他の観察対象が実際に変化しているにもかかわらず，明るさ，色，大きさ，形が知

図2-2　エイムズの歪んだ部屋（Lawrence, 1949）

覚的に比較的一定になる傾向）が現れることが分かった。

3．時間知覚

時間の長さ・経過をとらえるのが時間知覚であるが，われわれ人間には，ストップウォッチなどで測る物理的な時間とは異なる感覚がある。直接知覚しうる時間の長さは，通常，数秒以内の，いわゆる心理的現在（主観的に現在に属すると感じられる時間）の範囲内に限られており，この範囲を超える時間は，評価あるいは判断することによってはじめて，その経過や長さがとらえられる（『ブリタニカ国際百科事典』，2008）。

トーマスとカンツール（Thomas & Cantor, 1976）は，研究参加者にさまざまな大きさの円を瞬間提示し，その提示時間を評定してもらった。その結果，提示時間が同じであっても大きな円は小さな円より長く提示されていたと評定された。この結果は，人間が時間を評定する際，刺激の非時間的情報（この場合は物理的大きさ）の処理結果の影響を受けていることを示している。

初期の研究では，刺激の物理的な大きさを操作することで時間知覚に与える影響を調べてきたのだが，われわれ人間は，対象の大きさを実際とは違って知覚している。その例が錯視である。そこで，物理的には同じ大きさの円を使い（例．エビングハウス錯視の過小視条件／過大視条件），時間知覚に与える視覚刺激の主観的大きさの影響が調べられた（Ono & Kawahara, 2007）。その結果，物理的には同じ大きさ，同じ提示時間であっても，過大視された刺激の提示時間は過小視された刺激の提示時間よりも長く評価されるということが分かった。

このような錯視を利用した時間知覚研究から，時間知覚は，錯視が起こる前の物理的刺激特性のみから起こるのではなく，錯視成立後の表象から情報を取り込んで，時間判断をしているということが明らかになった。つまり，時間知覚は，知覚対象の物理的な継続時間（時間的情報）だけから起こるのではなく，高次な認知処理レベルからも影響を受けているということである。

4．聴覚による知覚

聴覚とは，ある範囲の周波数の音波が鼓膜に作用し，その興奮が聴神経を経て，大脳皮質の聴覚中枢に伝えられることによって生じる感覚である。音波が耳に入ると鼓膜の振動が起こるのだが，この振動は内耳を経て，内耳の蝸牛にある基底板および有毛細胞に伝わり，有毛細胞が興奮する。この興奮により，聴神経にインパルスが送られる。人間が音として聞きうる音波は，通常20Hz

から2万Hzの範囲内であるが、年齢や性別による個人差が著しい（『ブリタニカ国際大百科事典』、2008）。

聴覚による知覚は、過去の記憶や知識に基づくパターン認知を行い、複数音源からの情報を同時に理解することもできる。認知と呼ばれる情報処理プロセスには、知覚・運動系だけではなく、記憶・思考・言語・学習・発達などの高次脳機能が関係しており、人間の知のメカニズムを科学的に把握しようとする広大な認知科学の領域には、認知心理学だけではなく、神経科学や生理心理学、情報科学、大脳生理学、脳科学、人工知能、発達心理学、進化心理学などが含まれるようになってきている。

錯視と呼ばれる視覚性錯覚は有名であるが、聴覚性錯覚（auditory illusion）も存在する。耳に与えられる音響信号と、その知覚とのずれであり、多くの健常者で生じる。代表的なものに、①連続聴効果（連続した音の一部が物理的に削除され、別の音に置き換えられても、元の音が連続しているように知覚される）、②オクターブ錯覚（特定パターンで両耳に分離提示される音の高さと提示された耳とが、実際と異なって知覚される）、③マガーク効果（ある音を聞くとき、話者の口の形が別の発音をしているように見えると、混じり合った音として知覚される）などがある。マガーク効果（McGurk Effect）は視聴覚相互作用現象であり、その他の聴覚性錯覚からも感覚情報の統合として知覚が成り立っているということが読みとれる。

5．知覚と脳

われわれの目に入ってくる光刺激は、脳の処理が関わっていることはわかっているのだが、われわれが見るものが実際、どのように見えるのか、まだ疑問が残っている。知覚は外界のコピーではない。大脳皮質の視覚野（17野）は網膜と点対称に対応しており、網膜上の空間配列は、そのまま視覚野に再現されているのだが、網膜上の面積関係は視覚野上にそのまま再現されていない。網膜の中心部は視覚野の比較的広い部分に対応し、網膜の周辺部は視覚野の比較的狭い部分に対応している（大山, 1984）。ケーラー（Köhler, 1940）などのゲシュタルト心理学者は、心理物理的同型説（psychophysical isomorphism）を主張したが、この説は、外界からの刺激パターンを契機として成立する生理過程のパターンと知覚される形との同型性を主張している。

6. プレグナンツの法則

人間が形態（ゲシュタルト）を知覚するとき，どのような特徴があるのだろうか。図と地（figure and ground）の関係をもった知覚はよく知られており，前述の心理物理的同型説に基づき，提出されたプレグナンツの法則（law of prägnanz）と呼ばれるものがある。プレグナンツとは「簡潔さ」の意味であり，ヴェルトハイマー（Wertheimer, 1959）の視知覚の研究によるものだが，後に，記憶や学習，そして，思考の分野にも適用されている。次に示すゲシュタルト要因は，プレグナンツの法則の具体的な現れである。

〈情報BOX　2-2〉
図と地の関係

図と地，像と背景，といったように知覚されるものが少なくとも2つの部分に分かれて認められるような知覚の様式である。それぞれは異なった特質をもっており，互いに影響し合っている。空（地）を飛ぶ鳥（図），写真館のバックスクリーン（地）の前に立つ新郎新婦（図）の写真などでは，図ははっきりと際立ち，地はあまり意識されない。

① 近接の要因
　空間的にも，時間的にも，近接しているものはひとまとまりに認識されやすい。
　// 　// 　// 　// 　// 　// 　// 　/// 　//// 　///// //

② 類同の要因
　同種の刺激がひとまとまりとして認識されやすい。
　◇◇◇◆◆◆◇◇□□□□◇◇◇◇◇■■■◇◇

③ 閉合の要因
　閉じ合っているものはひとまとまりとして認識されやすい
　］［　］［　］［　］［　］［　］［　］［

④ よい連続の要因
　いくつかの曲線の刺激があるとき，なめらかな「よい曲線」として連続して

いるものは1つとして認識されやすい。ベン図などにおいて，「円が重なっている」ととらえられ，「欠けた円とラグビーボールのような形がある」とはとらえられない。

知覚と認知

1．知覚は，外的条件と内的条件の相互作用から生まれる

前項で，知覚の特徴を見てきたのだが，ここまでで分かることは，「知覚は刺激だけでは決まらない」ということである。例えば，**文脈効果**というものがある。われわれ人間は，刺激からの情報不足を文脈により補っている。文字知覚における文脈効果（Selfridge, 1955；例は図2-3参照）の例のように，一文字ごとに提示されるとわからない形状が，文脈から "A" ならびに "H" と読めるのである。ただし，この例は，THE や CAT などの英単語を知らない人には生じない。文脈効果は，刺激系列によって自動的に決まるのではなく，知覚者がそれまでの経験によって学習したものである。

ヴェルトハイマー（Wertheimer, 1923）は，文脈効果と類似の効果を客観的構えの要因として取り上げ，近接の要因，類同の要因とともに知覚の体制化の規定要因とした。同形同大の点が等間隔に並んでいるのを，間隔を変えながら提示するという提示系列の中で，自然に観察者には**構え**（独語 Einstellung；英語 set）が生じ，まとまりが知覚される。日常生活の中でも構えは自然と起こっており，1対1対応は容易になるものの，他への応用となると難しいといった思考の固着も起こってくることがある。

知覚者の役割について言及したものに，ブルーナー（Bruner, 1990）の知覚の仮説理論がある。この理論は，ニュールック心理学（New Look Psychology）の研究に理論的基盤を与えたもので，知覚過程は，①知覚者は期待または仮説（hypothesis）をもっている――何か特定のものを見たり，聞いたりする準備をしている，②環境から情報が入力（input）し，③環境からの入力情報によって知覚者があらかじめもっていた仮説が確認される／仮説との不一致が生じ，仮説が修正される，という3ステップの循環だとしている。

バートレット（Bartlett, 1932）は記憶だけでなく，知覚においても研究参加者の抱くスキーマ（schema）が重要な役割をもっていることを示した。単純な図形を，タキストスコープを使って瞬間提示し，その後，再生してもらったところ，研究参加者は，その図形に名前をつけ，自分の既有知識と結びつけて

いることがわかった。これは，われわれ人間の頭の中にはスキーマが存在しており，物事を知覚，再生する際には活発に働いていることを示したのである。スキーマは，知覚サイクルの一部であり，知覚者個人の内部過程で，経験によって修正されるものである。また，スキーマは，感性面で受容可能な情報を受け入れ，その情報によって変化する。さらに，スキーマは，それ以上の情報を手に入れるための運動と探索活動を方向づけ，それによって得られた情報によって，さらに，修正される（Neisser, 1976, p.54）。

　ここで注目した文脈効果，構え，仮説，スキーマなどは，知覚が，そのときの刺激条件できまるのではなく，知覚者側の心的過程が加わることによって決まってくることを示している。ただ，その意味は，知覚者が自分の知覚を恣意的に変えることができるというわけではない。ここが，非常に面白く，微妙なところなのだが，知覚者の外的条件である刺激によって全面的に決まるのでもなく，また，知覚者の内的条件である構えや期待によってのみ決まるわけでもない，ということになると，知覚者のとらえ方は，外的条件と内的条件の相互作用または協働（コラボレーション）から生まれてくるとしか考えようがないのである。

2．知覚への2つのアプローチ

　われわれ人間がどのように世の中を見ているのか（「知覚している」と言われてきた），ということに関して，大きく言えば，ボトムアップのアプローチとトップダウンのアプローチという2つのアプローチがあるということがわかる。

① **ボトムアップ アプローチ**：目に入ってくる光刺激，耳に入ってくる聴覚刺激等々による情報が脳に伝えられ知覚は起こってくる，という方向で検討するのがボトムアップ（下から上へ）のアプローチである。したがって，データ駆動の考え方である。ボトムアップ理論については後述するが，ここでは，その考え方の特徴を示すものとして，直接知覚（direct perception）と特徴検出理論のもとになったパンデモニアム モデルの考え方に言及しておきたい。

　あなたは，文字の"A"と"H"をどのように認識するであろうか。図2-3は"THE CAT"と容易に読めるであろう。図2-3の"H"と"A"にあたる"文字"は同じ形であり，しかも，実際の文字とは違っているのに，である。ラジカルな直接知覚理論を提唱するGibson（1979）は，感覚受容器に入ってくる情報は感覚的な文脈を含んでおり，感覚的経験と知覚の間を媒介する高度な認知プ

図 2-3

ロセスは必要ではないと考える。

　パンデモニアム モデルは，それぞれ特別な役割をもつデーモンが刺激の形態特徴（feature）を受け取り，分析するというものである（Selfridge, 1959）。このモデルには，イメージ デーモン，特徴抽出デーモン，認知デーモン，判断デーモンといった4種のデーモンがいる（図2-4）。それぞれのデーモンは，それぞれの役割を分担し，それぞれはごく簡単な役目を果たしているだけなのだが，全体としてはローマ字の識別ができるということを示している。

ⅰ）イメージ デーモンは，外界から与えられる刺激をそのまま受け取り，短時間，保持する。

ⅱ）特徴抽出デーモンたちは，それぞれ別の特徴を割り当てられていて，その特徴がイメージ デーモンの保持するイメージ（像）の内にあるかないかだけを調べる。自分に与えられた特徴があれば，光を発して（声を出して），次の認知デーモンに知らせる。

ⅲ）認知デーモンは，外界の刺激もイメージ デーモンの保持する像も見ず，ただ，特徴抽出デーモンの反応だけに注目している。

ⅳ）各認知デーモンに割り当てられた文字に関係がある特徴を担当している特徴抽出デーモンの反応に応じて叫び声をあげる。

ⅴ）最後に，これらの認知デーモンのうち，どれが（例. L担当），どれほどの叫び声を上げているのかを聞いて，判断デーモンが決定を下す。

　パンデモニアム モデルは，メタファーを使った特徴抽出モデルの原型であり，ボトムアップ アプローチの特徴をよく示している。

② **トップダウン アプローチ**：街中での風景に関して，高い建造物（例. スカイツリー，アベノハルカス）は，実際の高さよりも高く見えているのではないだろうか。この知覚においては，期待（噂通り高くあって欲しい）というものが影響している可能性がある。また，人は，何か（または，誰か）を見つけようとしているとき（例. なくしたものを探すとか，誰かと待ち合わせをしているとか），似ているもの（または，似ている人）を，そのもの（または，その人）だと知覚する傾向がある（Simons, 1996）。このように，われわれ人間

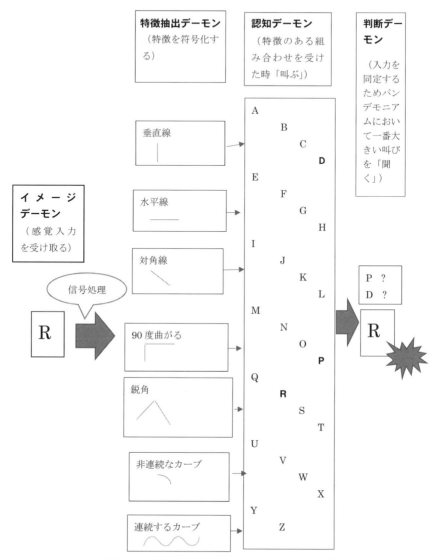

図2-4 パンデモニアム モデル (Selfridge, 1959)

は，何かの期待や構え，後述するスキーマ（schema）をもって物事を知覚しているのだ，という方向での研究をトップダウン（上から下へ）のアプローチと呼ぶ。

トップダウンとボトムアップのアプローチは，認知のいろいろな局面に応用されている。トップダウンとボトムアップのアプローチは通常，対立するものとして考えられているが，正確には，同じ現象を異なった視点から取り扱っているものと考えられる。究極的に，知覚についての理論は，トップダウンとボトムアップ，どちらのアプローチも抱合する必要があろう。

3．知覚研究の成果を踏まえての認知心理学

本章ではここまで，知覚心理学として研究されてきた話題を取り上げた。これらのことから，知覚を実現しているのは感覚情報だけではないことがわかる。近年では，運動も知覚に影響を与えることがわかっている（例．小堀，2011）。例えば，「重い」という知覚を感じるためには皮膚からの圧覚，筋紡錘や関節からの深部覚フィードバックとともに，それに拮抗して筋力を収縮させているという運動出力の情報も関わっているのである。そのような知覚研究から，知覚の特徴について，次のようにまとめられるであろう。

① 知覚は単なる外界のコピーではなく，知覚する者に生得的もしくは経験的に備わった情報受容メカニズムの特性に応じた外界の特徴が抽出されて知覚が構成される。
② 知覚は刺激の種々の性質がもたらす複数の情報の総合によって成立する。
③ 知覚は外界からの情報だけでなく，知覚者の構え，期待，スキーマなどによって規定されており，知覚者の過去経験や要求によって基礎づけられる。
④ 知覚は単に外界からの情報を受け取るプロセスだけでなく，その情報を処理するプロセスを含み，そのために短期の情報保存が必要である。

これらの特徴から，知覚は感覚過程だけでなく，記憶，注意，学習，要求などの認知プロセスと密接に関連していることが明らかである。したがって，近年では，知覚は情報処理過程という認知心理学の話題として論じられるようになっている。

認知心理学の特徴

認知心理学の特徴として，情報処理アプローチ，モデル論，抽象性分析が挙

げられる。

1. 情報処理アプローチ

　認知心理学では，心を情報処理システムだととらえる。したがって，その情報処理システムを研究するために情報処理アプローチが必要になる。ところで，情報処理とは何なのであろうか。人間の心を，例えば，郵便システム（手紙は郵便ポストに投函される→集配の郵便局員がポストを開け，郵便物が中央局に運ばれる→手紙は配達地域に区分けされる→手紙が目的地に向けて発送される→目的地では手紙が配達地域内の地域に応じて区分けされる→同一目的地の手紙が配達バイク・自転車に積み込まれる→配達人が手紙を正しい住所に配達する）の手紙を追跡するのと同じように探索してみよう。

あなたの祖母はどこに住んでいますか？

　最初に，個々の単語を同定して，その意味を検索する必要がある。そして，単語配置の意味を決定する。つまり，出された質問を理解する。次に，答えを探すために自分の記憶を探索する。記憶の中で答えを発見したら，その答えを言葉で表現するプランを立てる。そして，そのプランを現実の解答に翻訳する。

私の祖母は徳島に住んでいます。

　この例の場合，情報にあたるのは，所定の問題，その意味の表象，祖母がどこに住んでいるのかの記憶を意味している。これらの対象は，心的であり，抽象的であるが，郵便システムの例に見られる手紙に相当する。このように情報を探索するのが情報処理分析であり，その方法が情報処理アプローチである。

　上記のメタファーの重要な点は，郵便システムでの操作と同様に，心的操作にも明確な連続（シークエンス）または連続的な順序が存在するということである。そこで，情報処理分析の重要な特徴は，ある特定の認知作業の遂行における一連の心的作用ならびに，その産物，つまり，情報の追跡であるということがわかる。このような分析は，時間的系列をともなったフローチャート，または，流れ図と呼ばれる形式で示される。

2. モデル論

　行動主義心理学時代の法則主義の考え方から，認知心理学ではモデル論が特徴になった。これは，心はブラックボックスだととらえた行動主義心理学の考え方から，心的過程（mental process）そのものが研究対象だとする認知心理学の考え方の違いを反映するものである。認知心理学が得意としている意味記憶の構造をはじめ，学習・思考方略のコンピュータ シミュレーションを行い，人間の思考・記憶をモデル化する方法が定着してきた。

　第2部は，情報処理モデルの原型であるアトキンソンとシフリン モデル（Atkinson & Shiffrin, 1968）を軸に話を進めたい。モデル論は，数式を使ったものやメタファーを使ったものも出てきているが，新しい考え方，アイデアなどを創出するのに役に立つものと考えられる。

　心のモデル化，思考のモデル化にあたって，忘れてはならないのが知識表現形式の話題である。認知心理学において，知識の表現形式として，枠組み（frame）やスキーマの概念が研究テーマの中心になりだしたころ，ウィノグラード（Winograd, 1975）は，認識論のこれまでお蔵入りしていた問題を復活させた。それは，人間の「知る」ということをめぐる二つの立場，すなわち，「……ということを知る（knowing that）」と「……のやり方を知る（knowing how）」の対比である。ウィノグラードは，knowing that を知識の宣言型表現に対応づけ，knowing how を知識の手続き型表現に対応づけた。さらに，ラメルハート（Rumelhart, 1981）はこの問題を知識の**領域固有性**（domain specificity）と結び付け，活動的意味ネットワークを提唱し，意味ネットワークの中に手続き部分と宣言部分を混在させた。

　言語的意味の表現モデルとして，いっさいの意味を手続きとみなしたミラーとジョンソン-レアード（Miller & Johnson-Laird, 1976）の手続き的意味論（procedural semantics）はこれまた，数多くの論争を生みだし，それらの論争は，意味理解に関する新しい提案として，ジョンソン-レアード（Johnson-Laird, 1981）のメンタルモデルの概念を生みだした。認知心理学の誕生にあたっては，チョムスキー（Chomsky, 1957）の言語学などの影響が大きかったわけであるが，今や認知心理学は言語学の分野に大きな影響力をもつにいたったのである。そのような知識論の発展にともなって，もう一度見直されるようになったのが「学習」の概念である。この点については，近年，アンダーソン（Anderson, 1981）らを中心に，スキーマの獲得過程のモデル化が進められており，人間の発達に合わせて，少ない既存のスキーマを基盤にして，

新しいスキーマが次第に形成されていくプロセスが解明されはじめている。

〈情報BOX 2-3〉
知識の領域固有性
　思考の発達や知能の文化差の研究から出てきた概念であるが，子どもや未開発社会の人々が自ら親しんでいる領域内ではきわめて高い推論能力を示すのに，領域が異なるとまるで思考がはたらかないという現象をいう。ラメルハート（Rumelhart, D.E.）は，このような現象があらわれるのは，知識が手続き型になっているからであり，外界の固有の手がかりで始めて思考操作が活動するようになっているのであって，状況の命題的意味に対する論理的推論規則の適用によって思考が活動しているのではないとした。

3. 抽象性分析

　目に見えないという特徴をもつ心の動き，例えば，思考という心的作用をどのようにとらえ，どのように分析するのか。それが抽象性分析と呼ばれるものであるが，抽象性分析の理解を促進する上で，コンピュータが面白いメタファーを提供してくれる。コンピュータは，脳と同じく数百万の構成要素から成り立っている。例えば，積分などの数学の問題を解く認知過程を研究する際，その思考過程を記述しながら解いてもらうというのでは，その全体の認知過程をとらえることはできない。また，「日本の首都は？」と問われて答える時の思考を内省報告してもらっても，その思考過程をとらえることはできない。しかし，コンピュータには，思考過程を特定することができる高水準のプログラム言語が存在する。さらに，コンピュータには，高次の言語による個々の文を多数の低次の文に変換するインタープリタ（通訳プログラム）がある。高次プログラミング言語を利用する抽象的表現の例として，AI作成に用いられる一つであるLISPプログラミング言語がある。LISPには，GETという連想―検索機能があり，日本の首都を検索するにあたっては，GET機能を喚起し，「日本」および「首都」（アーギュメントと呼ばれる）から「東京」（バリュー）と解答を出すことになる。GET機能は，コンピュータメモリの日本に関する情報を貯蔵する部分を特定し，そこから，首都の名称について探索し，そして，東京と解答するのである。このGET機能は，スキーマや意味ネットワークの活性化という話題に関連している。本書では，スキーマや意味ネットワークに

ついてそれぞれ章を設け論じるが，認知心理学では，そのような高次認知機能を探究しようとしているのである。

第 2 部

心の情報処理モデルからのアプローチ

****

　心を情報処理系(システム)だととらえる認知心理学。その認知心理学の特徴にモデル論がある。人間が情報をどのように処理するのか，ということについてはいろいろなモデルが提出されているが，アトキンソンとシフリン（Atkinson & Shiffrin, 1968）のモデル（扉図1参照）は，その後の研究の基礎となった重要なモデルである。アトキンソンらは，情報の保持時間，容量，および，忘却のメカニズム等の違いにより，感覚登録器，短期貯蔵庫，長期貯蔵庫という3つの基本的な構成要素を考えた。このモデルは，また，情報を維持するために，リハーサルというストラテジーの過程(プロセス)を考えている。アトキンソンとシフリンのモデルは，短期貯蔵庫と長期貯蔵庫のふたつの貯蔵庫を考えているので二貯蔵庫理論と呼ばれるが，その後の処理レベルのアプローチでは貯蔵庫はひとつであり，例えば，言葉の意味のように深い処理レベルの情報は，文字の形のような浅い処理レベルの情報よりも長く保持できるというように，同じ貯蔵庫の中での処理レベルの問題だと考えている。しかしながら，アトキンソンらのモデルは，情報処理アプローチの発展の基盤となった理論であるので，第2部では，このモデルに基づいて話を進めてみたい。

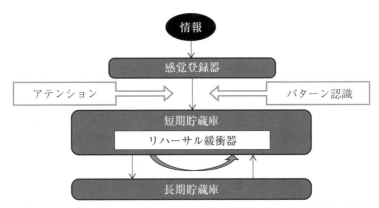

扉図1　アトキンソンとシフリンの情報処理モデル（Atkinson & Shiffrin, 1968）

****

3章

感覚登録器 (Sensory Register)

　われわれの感覚器官は，常に外界からの膨大な情報にさらされている。道路を歩いているとき，車や他の歩行者や店の看板や信号機その他，いろいろなものが情報として目に入ってきており，車の音や鳥の声，街の雑踏の音なども情報として耳に入ってきている。視覚と聴覚の例を出したが，味覚や触覚，その他の感覚についても，同じように情報としてわれわれに入ってきている。ここで，前章の確認であるが，外界からの刺激を感じ取り，視覚，聴覚，嗅覚，味覚，体性感覚，平衡感覚などの感覚情報をもとに，「熱い」「重い」「固い」などという自覚的な体験として再構成処理をして意味づけすることが**知覚**と呼ばれてきた概念であり，知覚をもとにして，「これはかわらしいネコである」などと解釈する処理が**認知**である。日頃の生活の中では，知覚と認知は結びついている。

画像記憶

　外界から各感覚器官に入ってきた刺激は，神経インパルスになり感覚登録器に入る。感覚登録器は視覚や聴覚といった各感覚様相（モダリティ）に特有なものであり，大容量の感覚情報が入力されたままの状態で非常に短い時間保持される。すなわち，例えば，アイコン（icon）と呼ばれる目を通して入ってきた視覚的な感覚情報は画像という形で短い時間，登録される（Neisser, 1967：ナイサーはこの視覚的な感覚情報を「画像記憶（iconic [eye-conn-ick] memory）」と呼んでいる）。

　人間は一瞬の間に，どれだけ刺激を見ることができるのであろうか。言いかえれば，人間は，短い視覚提示の間に，どのくらい（例えば，何文字）刺激を見ているのであろうか。

　従来から，この疑問については，多くの研究者たちが，タキストスコープを使って実験を行ってきた（例えば，McDougall, 1904; Whipple, 1914）。典型的

な実験結果として,提示される字数が4文字か,5文字くらいまでは,研究参加者は完全にすべての文字を報告できるのだが,刺激配列の文字数が4文字か5文字よりも多くなると,研究参加者は増えた分だけ報告できず,やはり4文字か5文字しか報告できない。

この典型的結果から結論できることは,短時間の一回の視覚的提示で人間が見ることのできる量は,4から5項目に限られているということであり,これは「知覚の範囲」と呼ばれている。しかしながら,この実験的に見出された知覚の範囲は,われわれの日常生活での感覚とズレている。実際に,そのような実験での研究参加者の内省報告を調べてみると面白い。その研究参加者たちは,次のように述べている。

12文字の配列の場合,そのうち4文字か5文字しか報告できないが,報告した4文字か5文字しか見えなかったというわけではない。ほとんどすべての文字を見たのだが,4文字か5文字まで書いている間に,その後の7文字か8文字を忘れてしまったのだ。

スパーリング(Sperling, 1960)は,一連の実験を行い,画像記憶の本当のサイズを測定しようとした。スパーリングの使用した課題を図3-1に示す。このような課題を50ミリ秒提示し,それまでの実験では全体報告法(whole-report technique)を使用していたのに対して,スパーリングは部分報告法(partial-report technique)を使用した。部分報告法では,全体報告法での課題と同じ課題を使いながら,刺激配列内のすべての文字の報告を求めてはいない。四文字からなるただ1つの行だけを報告するように求めているのである。刺激配列が提示され,消えた直後に示される信号音によって,どの行を報告するかが研究参加者に知らされる。高い音は一番上の行,中間の音は中の行,低

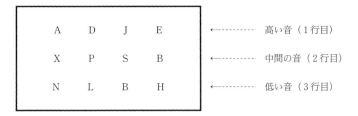

図3-1　部分報告法の課題 (Sperling, 1960)

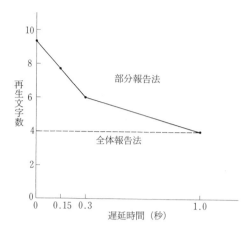

図3-2　報告の方法と遅延時間との関わり（Matlin, 1989）

い音は下の行をそれぞれ報告するように指示するものである。その結果，参加者は12文字中，9文字から10文字，見ていることが明かとなった。ただ，その9個から10個の文字のイメージは，急速にうすれるので，全体報告としては，約4個の文字しか報告できなかったのである。

　それでは，その急速に薄れるイメージは，いきなりストンと衰退するのであろうか，それとも，急速ながら徐々に衰退するのであろうか。スパーリング（Sperling, 1960）はまた，刺激配列が消えてから信号音を提示するまでの遅延時間をいろいろ変えてみた（前の実験では，刺激配列が消えると同時に信号音を提示していたので，遅延時間はつねにゼロであった）。

　例えば，部分報告法で遅延時間がゼロの場合，12文字の刺激配列中，参加者は9から10文字見ている。また，部分報告法で遅延時間が500ミリ秒の場合，参加者は4から5文字見ていると考えられる。このスパーリングの古典的実験以後，いろいろな実験がなされたが（例えば，Long, 1980参照），その典型的な結果として図3-2が見いだされている（Matlin, 1989）。この結果から，画像イメージは，急速ではあるが，いきなりではなく，徐々に薄れていくということが分かる。

音響記憶

　ナイサー（Neisser）が音響記憶（echoic memory：エコーからきている）と

3章 感覚登録器（Sensory Register）

いう言葉を使い出したのであるが，音響記憶というのは，音自体が消えた後残る，短い聴覚的な印象のことである。ダーウィン・ターベイ・クラウダー（Darwin, Turvey, & Crowder, 1972）は，前述したスパーリングの実験を聴覚にあてはめた実験を行った。ダーウィンらは，特別なヘッドホーンを使用して，3つの異なった聴覚刺激を研究参加者に聞かせた。聴覚刺激としての項目の第1グループ（J 4 T）を参加者の右耳から聞かせ，項目の第2グループ（A 5 2）を左耳から聞かせ，項目の第3グループ（3 M Z）は右と左の両方のチャンネルに録音されており，参加者にとっては右耳と左耳の間（中間）から聞こえてくるというものであった。その一連の刺激項目を聞かされた後，参加者はどの刺激項目を報告すべきかをスクリーン上の視覚手がかりで示された。スクリーン上の左の方のバーは左耳への刺激項目を報告し，中央のバーは中（中央）の刺激項目を報告し，右の方のバーは右耳への刺激項目を報告するように指示するものである。最後の項目の消失後，スクリーンにバーが提示されるまでの遅延時間を0秒から4秒までに設定した。また，そのような部分報告法の他に，視覚手がかりを出さずに刺激項目の全体報告を行うという統制条件を用いた。

　ダーウィンらの結果は，画像記憶の結果と類似している。すなわち，感覚記憶というものは，非常に短い時間，項目を登録（維持）しているものであり，その感覚記憶にすべての項目をリストアップする前に消えてしまうのである。しかしながら，この実験結果はまた，画像記憶と音響記憶との違いも指摘することになった。特に，音響記憶に登録（維持）できる最大項目数は5項目であり，画像記憶の9から10項目に比べると随分少ない。ダーウィン等は，音響記憶が比較的小さいのは，3つの異なった入力チャンネルを分離するのが難しいからではないかと考えた。

　音響記憶と画像記憶のもう一つの違いは維持期間である。ダーウィンらの音響記憶についての研究では維持時間が約2秒と考えられたが，画像記憶は1秒にもみたないのである。他の研究者たちは，音響記憶の長さを測定するのに別の方法を使った。例えば，マサロ（Massaro, 1970）はマスキング法を使った。すなわち，一つの音を提示し，その後すぐ，もう一つの音を提示した。二番目の音が，先の音の知覚を妨げる（マスキング）するのである。最初の音と二番目の音の間隔を変えることによって，マサロは音響記憶の維持期間は1/4秒（画像記憶とほぼ同じ）と結論づけた。

　クラウダー（Crowder, 1982a）は，2つの人工的に作りだした母音を刺激音

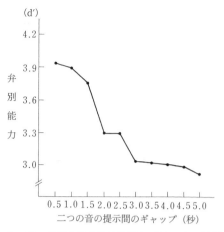

図3-3　二つの音を聞き分ける能力（Crowder, 1982a）

として提示した。その2つの音は，お互いに非常に似ていることもあったし，同じであることもあった。また，その2つの音の提示間隔は，1/2秒から5秒までであった。研究参加者たちは，その2つの音が，同じであるか，違うのかを報告しなければならなかった。どれだけ正確に参加者が反応したか，その結果（図3-3）は2つの音の提示間隔が1秒以下の場合，参加者の反応は比較的正確なのに，3秒以上になるとその反応は不正確になる。それゆえ，クラウダーは音響記憶の限界は約3秒と示唆しているわけであるが，この結果は，ダーウィンら（Darwin, Turvey, Crowder, 1972）の2秒と似ているものの，マサロ（Massaro, 1970）の1/4秒に比べれば，かなり長くなっている。

　コーワン（Cowan, 1984）は，音響記憶についての文献を概観し，聴覚的感覚記憶には2種類あるのではないかと述べている。まず一つは短期のものであり，聴覚刺激が終わってから1秒以内に減衰するものであり，もう一つは長期のもので，少なくとも数秒は維持でき，刺激は部分的に分析され，変換されるものである。実験場面と違い現実場面では，騒々しい環境の中で話される一つの言葉が，その文脈の中で，数秒たった付加的手がかりを聞くまで解読されないということも有り得る。その「不可解な言葉」は，長期的聴覚登録器に保持され，後で分析されるのかも知れない。元来，理論というものは，できる限り単純で，またすべてのデータにあてはまるものが良いのであるが，こうして，場合，場合で分けていくと非常に複雑な理論が出来てしまう。その意味で，画像記憶，音響記憶をも含めて感覚登録器についての研究は，まだ分からないこ

3章 感覚登録器 (Sensory Register)　39

とが多いといえよう。神経学の方からも音響記憶についての研究がなされており，ナータネン (Näätänen, 1986) は誘発電位を使って脳波の研究を行い，音を提示してから約200ミリ秒後に脳波の波形に変化が起こることを見いだした。また，他の研究者たちは，脳波の変化から大脳における聴覚皮質の在処(ありか)について研究を行っている。今後，学際的な研究が必要になろう。

感覚登録器から短期貯蔵庫への情報の転送

　ここまで見てきたように感覚登録器には比較的，生(なま)のまま，処理を加えない形で情報が入っている。生であるということを言いかえれば，情報が感覚登録器の中にある間は，この情報を実際に利用することはできない，ということである。例えば，誰かがあなたに「とまれ」という視覚または聴覚パターンを示しても，これが何を意味するか，あなたが判断しなければ，なんの行動もそこからは生じないのである。そこで，情報が本当の価値をもつためには，情報は感覚登録器から貯蔵庫へ転送され，そこで意味が付加されなければならない。その転送過程には，パターン認識と注意という作用が必要になってくるのである。

1. パターン認識 (Pattern Recognition)
　パターン認識というのは，感覚刺激の複雑な配列の同定をするものである。つまり，パターン認識は，感覚刺激を長期貯蔵庫内の情報と比較，照合することである。われわれは，ワープロで書かれた文字も，ある程度までならくずれた手書き文字でも判読できるし，自分の友達の顔は，その友達が名札を付けていなくても判るはずである。これはまさに，パターン認識のなせるわざである。
　そのパターン認識については，いくつかの理論がある。ここでは，その中の4つの理論：鋳型照合理論，プロトタイプモデル理論，特徴検出モデル理論，場面分析理論について触れておきたい。
① 鋳型(いがた)照合理論 (Template-Matching Theory)：例えば，「木」という字を見たとき，われわれはすぐその字を認識できるのであるが，それはわれわれの長期記憶の中に特別なパターン，すなわち鋳型 (templates) があり，感覚登録器内の情報とその鋳型を比較，照合することによって，その字を認識することができる，というのが鋳型照合理論である。
　しかし，認識する刺激それぞれに対応する鋳型があると仮定すると，その鋳

型の数は膨大なものになり，比較，照合に必要な時間があまりにも長くなってしまう。例えば，文字を回転すれば，われわれの網膜に写ったその文字は劇的に変化しているのであるが，われわれはその文字を容易に認識できるのである。ジョリキュールとランダウ（Jolicoeur & Landau, 1984）は，180度回転した文字を認識するのに必要な処理時間は15ミリ秒だとしており，鋳型照合理論から予測されるよりすばやく人間はパターン認識を行っていることが分かる。さらに鋳型照合理論では，手書きの文字や人の顔といった複雑な刺激パターンの認識を説明することは難しく，この理論は独立した文字や完全な形で提示された単純な対象についてのみ作用するが，全体として人間のパターン認識の過程を説明する理論としては，あまり適当ではないと考えられる。

② **プロトタイプモデル理論（Prototype Models）**：プロトタイプモデル理論は，鋳型照合理論をより柔軟にしたものである。このモデル理論によれば，記憶にはプロトタイプと呼ばれる，抽象的で理想的な型が貯蔵されている。感覚登録器内の情報とそのプロトタイプを照合するのであるが，その照合はきっちりと同じである必要はなく，基本的要素が同じであれば，認識は成立するのである。例えば，ある友達のプロトタイプは，顔の特徴，体つき，背丈といったものを含んでおり，特別な服や，特別な顔の表情といったものではない。したがって，友達の髪型が変わっても，友達は友達として，見分けがつくのである。

いくつかの研究が，プロトタイプの有効性を証明している。例えば，フランクスとブランスフォード（Franks & Bransford, 1971）は，図3-4のような幾何図形のプロトタイプデザインを作った。研究参加者は，それぞれの図形をよくながめ，実際に自分でその図形を描いてみた。その後，参加者はいろいろな図形を見せられ，はじめに見た図形かどうかの報告を行った。すると，参加者は，プロトタイプとよく似た図形（変形図形1）をプロトタイプとかなり違った図形（変形図形2）よりも，自信をもって，はじめに見たと報告した。さらに，プロトタイプが提示されなかった時でさえも，はじめにそのプロトタイプを見たと報告したのである。これらの結果から，いろいろなパターンの経験は，そのプロトタイプそれ自体が見せられなくても，そのパターンのプロトタイプを生成，発展させるのに十分だということがわかる。

プロトタイプモデル理論は，パターン認識の問題へのアプローチに貢献した。しかしながら，このアプローチについては，いくつかの疑問が解決されずに残っている。例えば，プロトタイプは神経学上，どのように提示されるのであろうか。また，プロトタイプの鋳型（templates）はあるのだろうか（Spoehr

プロトタイプデザイン　　　　　変形図形　1　　　　　　変形図形　2

図3-4　プロトタイプデザインとその変形図形（Franks & Branford, 1971）

& Lehmkuhle, 1982)。プロトタイプモデル理論は、研究途上だと考えてよいであろう。

③ **特徴検出モデル理論（Distinctive-Features Model）**：特徴検出モデルは、いくつかの特徴を基盤にして、文字間の違うところを明らかにするというものである。プロトタイプモデルでは、人間の長期記憶の中に抽象的で理想的なそれぞれの文字の型が貯蔵されていると考えられていたのに対して、特徴検出モデルでは、それぞれの文字の特徴の構成要素のリストが貯蔵されていると考えられている。

　特徴検出モデルは、文字認知に焦点をあてた研究では非常に一般的である（Estes, 1978)。そして、このモデルの良いところは、生理学的な証拠にのっとっているところであり、動物実験などを通して個体が、水平線や垂直線を見たとき、それぞれに対応して、脳内の神経にうめ込まれた小電極がどのように反応するのか、その反応割合を測定した（Hubel, 1982; Hubel & Wiesel, 1965)。その結果、水平線に対応する神経（ニューロン）、斜めの線に対応する神経、垂直線に対応する神経などがそれぞれ違うことから、視覚システムは、文字やあるパターンの特徴認識を促進する特徴検出器がそれぞれ分化しているのではないかと考えられた。

　ギブソン（Gibson, 1969）は、PとRのような文字を判断するのに比較的長い時間が必要であるということを見いだし、特徴検出モデルを提案したのであるが、たしかに、PとRはその特徴が似ているので判断をするのに時間がかかるのに対して、GとMのようにその特徴が似ていない場合は、その判断は速くなるのである（図3-5参照）。ギブソンの結果は、ガーナー（Garner, 1979）によっても支持されている。

　特徴検出モデルとすでに紹介した二つの理論を比較してみよう。おそらく最も重要な点は、特徴検出モデル理論はパターン認識が刺激の特別に重要な部分を検出すると考えているのに対して、鋳型モデル理論やプロトタイプモデル理論は刺激の全体の形に注目しているのである。

42　第2部　心の情報処理モデルからのアプローチ

特　徴	A	E	F	H	I	L	T	K	M	N	V	W	X	Y	Z	B	C	D	G	J	O	P	R	Q	S	U
直線																										
水平	+	+	+	+		+	+						+				+					+	+			
垂直		+	+	+	+	+	+	+	+	+						+		+		+		+	+			
斜め／	+					+	+				+	+	+	+	+											
斜め＼	+							+	+	+	+	+	+		+								+	+		
曲線																										
閉じる																+		+			+	+	+	+		
開く（垂直）														+												+
開く（水平）												+					+	+							+	
交差	+	+	+	+			+	+				+			+								+	+	+	
突出																										
周期的変化		+					+		+			+													+	
対称	+	+		+	+		+	+	+	+	+	+	+			+	+			+						+
不連続																										
垂直	+		+	+		+	+	+	+				+									+	+			
水平		+	+			+	+								+											

図 3-5　特徴検出モデルの例—デモンストレーション（Gibson, 1969）

　クラッキー（Klatzky, 1980）は，プロトタイプモデル理論と特徴検出理論は両立できるのではないかと考えている。クラッキーによれば，プロトタイプというものは，あるパターンのすべてまたは，多くの例に共通する特徴から成り立っており，文字「O（オー）」に対するプロトタイプは，文字「C」のプロトタイプと違ったところもあり，類似しているところもある。もし，プロトタイプが実際，検出される特徴に基づいているのであれば，将来，理論家たちはその二つのアプローチを統合することができるであろう。

④　**場面分析理論（The Scene-Analysis Approach）**：場面分析アプローチは，プロトタイプアプローチと特徴分析アプローチ双方の要素を含んでいる。場面分析アプローチの主な目的は，人間が対象認識をどのように迅速に，正確に知覚するかということについて，コンピュータを基盤にした理論を発展させることにある。人間の視覚的過程をシミュレートするためにコンピュータを使用するわけであるが，これは機械視覚（machine vision）とよばれる。ビーダーマン（Biederman, 1987）は，図3-6のような不思議な図を見せて，これは何だ

ろうかと尋ねた。たしかにこれは全体としては馴染みのないものであるが，質問された人たちは，各部分に自分のこれまでに見たことがあるブロックとか，シリンダーとか，円錐形とかを見て，例えば，付属品の付いたホットドッグのカート（荷車：ディズニーランドなどでホットドッグを売っているカートを思い出していただければよいであろう）のようだと答えたのである。そこでビーダーマンは，その物が，馴染みがあってもなくても，まず人は，物を分割して見ているのではないかと考えた。つまり，人間が対象を認識する際の第一段階は，表面的な特徴（色や濃淡）に反応し，その対象の線画記述を行うわけであるが，この記述の基には，わからない部分を補うように解剖，または，分割という心的作用を行っているのではないかと示唆したのである。図3-6の場合，構成の各部分の組み合わせは自分の記憶の中の表象と照合され，部分的に合っているかどうか取捨選択されるのである。

　場面分析アプローチを好む研究者は，神経学的な観点からの発想を避けているように思われる（Matlin, 1989）。場面分析アプローチの代表的な研究者マー（Marr, 1982a）は，神経（ニューロン）を研究するということは，「羽のことを研究することによって，どのようにして鳥が飛ぶのかを研究するようなものだ」と述べている。彼の言いたいことは，神経科学のアプローチはわれわれにどのように神経が作用するのかを教えてはくれるが，なぜその神経がそのよう

「このようなものは，見たことがないでしょうけれど，一文で説明してみてください。」

図3-6　ビーダーマンの場面分析アプローチ

〔出所：Biederman, I. (1987). Recognition-by-components: A theory of human image understanding. *Psychological Review*, 94, 115-147〕

に作用するのかは教えてくれない,ということであろう。

　視覚研究者の中には,機械視覚が人間の視覚過程の研究に役立つかどうか懸念する人もいる(例えば,Kolers, 1983)。近年の人工知能(AI)研究も,人間の知覚を説明するまでには到っていない。ウルマン(Ullman, 1984)は,「空間情報を分析する人間の能力は,近年の人工知能システムをはるかに超えている」(p.97)と述べている。

　場面分析アプローチは,かなり複雑で,近年発達してきたものであり,その有効性を判断するにはもう少し時間がかかると思われる。しかしながら,パターン認識についての研究が,場面分析アプローチの出現により,これまでと趣が変わってきたことは事実である。

2. 文脈とパターン認識

　パターン認識は,感覚登録器内の情報を意味のある単位にまとめる過程である。ここに書かれている文字が「パ」という片仮名であるとわかったり,鏡を見てこれが鼻であるとか,目であるとわかるのは,すべてパターン認識のなせる業である。そのパターン認識における重要な過程には,ボトムアッププロセシングまたは,データ駆動型処理と呼ばれるものと,トップダウンプロセシングまたは,概念駆動型処理と呼ばれるものがある。

　ボトムアッププロセシングは,パターン認識における刺激の重要性を強調する。刺激データは,感覚登録器すなわち情報処理の底辺レベルからやってくる。その刺激データの特徴を分析することで,いくつかの段階を経てより高次の単位へとまとめあげていく。いいかえれば,物理的刺激から概念的処理へというように下位から上位へと上がって行くのが,ボトムアッププロセシングである。単純な底辺レベルの刺激データの組み合わせは,より複雑な全体のパターンを認識しやすくするのである。

　一方,トップダウンプロセシングは,人間のもっている概念とパターン認識を形作る高次元過程での影響を強調する。トップダウンプロセシングによれば,どのようにその世界が構成されているのかということについてのわれわれの知識がパターンを同定するのを助けるのである。われわれは,ある場所で見受けられるものには,その場所に相応するものを期待しており,その期待が,パターンを迅速に認識する助けとなるのである。全体の複雑なパターンについての認識とそれについての知識は,そのパターンの部分部分を同定する助けになるのである。

認知心理学者たちは，ボトムアップそしてトップダウン双方の処理が，パターン認識の複雑さを説明するのに必要だと述べている。パルマー（Palmer, 1975a）は，人間の認知にはボトムアップとトップダウン双方の処理が必要なのであり，研究参加者たちに最初に全体を見ましたか，それとも部分を見ましたか，などと尋ねることは無意味なことだと述べている。例えば，顔は，(a) それぞれの形（例えば，口は桃色で楕円をしている）が顔の文脈の中に位置づけられる時，トップダウンの処理で認知されるようになるわけだし，(b) ボトムアップの処理は，顔の知覚に構成要素を組み入れていっているのであり，(a)，(b) は相互依存しているのである。さらに，パルマー（Palmer, 1975b）は，それ自体では何かはっきり分からない形のものも，適切な文脈の中でなら簡単に認められることを示している。例えば，それ自体では何かはっきり分からないパンの一塊も台所場面では，すぐ分かるのである。

　文脈は，文字や文章を同定する助けにもなる。いくつかの研究が，非言語的な文字（例えば，orwk）よりも言語的な文字（例えば，work）の場合の方が，単一文字（o, r, k, w）を同定するのに容易であるということを示している（Chastain, 1981, 1986; Reicher, 1969; Solman, May, & Schwartz, 1981; Taylor & Taylor, 1983; Wheeler, 1970）。この現象は，**語優位効果**（word superiority effect）と呼ばれており，トップダウンとボトムアップの処理の相互作用の結果だと考えられている（Chastin, 1986; McClelland & Rumelhart, 1981; Rumelhart & McClelland, 1982）。この考えによれば，人が単語を見る際，その単語の特徴が文字ユニットを活性化するのである。そして，その文字ユニットが，人の頭の中にすでに入っている文字の組み合わせからなる心的な辞書の中で単語ユニットを活性化させるのである。そしてさらに，一度その単語ユニットが活性化されたならば，フィードバックが個々の文字の同定に役立つようになるのである。その結果として人は，非言語的な文脈よりも言語的な文脈がある場合，より迅速にその文字を同定することができるようになるのである。

　ところで，トップダウンプロセシングはどのように操作するのだろうか，そして，どの段階で文脈はパターン認識に影響を与えるのだろうか。残念ながら，まだ，それらの質問に答えられるにはいたっていないが，シュヴァンヴェルトとマクドナルド（Schvaneveldt & McDonald, 1981）は，パターン認識についての二様態理論（two-mode theory）を提案している。そのひとつの様態は，刺激の特徴を分析するものであり，文脈はこの様態に影響を与えているとは考えられない。二番目に様態は，その刺激の初期処理で起こるいくつかの混乱を

解決するためのその刺激への「第二のながめ (second look)」である。

なにはともあれ，トップダウンプロセシングでは刺激の到着とともにパターン認識が始まり，ボトムアッププロセシングではパターンを同定するために文脈や期待の役割を強調しているのである。図形や線の区分，単語の中の文字や文章の中の単語の認識についての研究では，文脈や期待がパターン認識を促進することが示されている。

3．注意 (attention)

注意とは，神経心理学的に言えば，外的事象（環境内のいろいろな刺激）や内的表象（頭に思い浮かぶ考えや記憶）の中で，最も重要なものを選択し，それに対する脳の反応を増幅させる機能であり，適切な事象の選択，意識の集中と持続，他の事象への移行，ならびに，それら全体を制御する機能である。人の処理資源には限界があるため，状況に適した行動を行うためには，心的資源の適切な配分が必要になる。その機能を注意が担っているのである。

ここまで見てきたように，感覚記憶というものは驚くほどいろいろな視覚や音や，その他の感覚器官による印象を登録する。しかしながら，それらすべての刺激に対して一度に注意を向けることはできないのである。日常生活レベルでわれわれは，注意とか注目とかいう言葉はよく使っている。心理学者もまた，いろいろな文脈で注意という言葉を使う。注意という用語は，妨げになる干渉刺激を排除し，ある心的課題に集中しようとする行為を指しているのである。例えば，雑踏の中で，恋人どうしがお互いの話にだけ集中しようとしている情景を考えてみればわかるであろう。

注意というのは心的活動の集中であるが，注意は隠れた過程 (hidden process) ということで，行動主義者からは科学的研究に値しないと考えられてきたものであった (Hirst, 1986)。また，アイゼンク (Eysenck, 1982) は，1953年当時，オスグッド (Osgood, 1953) などの主要な実験心理学のテキストには，注意という課題がまったく欠落していることを指摘している。しかし近年，注意というのは概念を形成する時ばかりでなく，問題解決を行う時，そして，意思決定を行う時にも重要だと考えられだし，ホットな話題とさえ言われるようになった。その注意について，ここでは次の六つの視点から論じたい：①分離注意 (divided attention)，②選択的注意 (selective attention)，③注意と練習 (attention and practice)，④注意についての神経学的研究 (neurological studies of attention)，⑤注意についての理論 (theories of attention)，そして

⑥意識（consciousness）。

① **分離注意**：競合するメッセージなどの中で，注意を分配するのが分離注意である（Swets, 1984）。街中で，雑踏の中を歩いていると，いろいろな車や街頭演説の音などが耳に入ってくる。また，信号とか商店のウィンドウやゴミや他の歩行者などが目に入ってくる。さらにまた，ある人はその通りで，会社訪問するためにその会社の住所を探しているのだが，それと同時に母親の誕生日のプレゼントを買うためにウィンドーショッピングをしているかもしれない。たぶん読者のみなさんも，環境心理学者が，「認知的混沌（cognitive chaos）」（Kaplan & Kaplan, 1982）と呼ぶ都会の雑踏を経験したことがあるであろうが，そのような中でも，われわれ人間は分離注意をうまくはたらかせているのである。

　実験室での分離注意の典型的な研究は，2つの課題を同時に研究参加者に遂行してもらうというものである。ナイサーとベックレン（Neisser & Becklen, 1975）は，テレビ画面をうまく操作して，イメージがオーバーラップする2つの異なるボールゲームを同時に参加者に見せた。参加者は，どちらのゲームでも重大な出来事が起こったら，スィッチを押すように教示された。一度に一つのゲームを追うことは容易である。しかし，二つのゲームを同時に追うように教示されると，とたんに難しくなる。二つのゲームを追う際の誤反応の割合は，一つのゲームを追った場合の8倍になったのである。それ故に，出来事の知覚には，情報の構造化された流れがあるのではないか，と考えられている。このナイサーらの研究からは，一度に二つの課題を行うことについて悲観的になるのだが，練習によっては同時に二つの課題を遂行しうるという報告もある。このことについては，［注意と練習］の項で述べたい。

② **選択的注意**：選択的注意は，密接に分離注意と関連している。分離注意の実験では，参加者は複数の課題に等しく注意を払うように求められたのに対して，選択的注意の実験では，参加者は同時に複数の課題に向かい，他の課題は無視し，一つの課題に焦点をあてることを求められた（例えば，Hawkins & Presson, 1986）。選択的注意の研究では，しばしば参加者は無関係な課題にはあまり注意を払わない，ということが報告されている。例えば，騒がしいパーティの中で，ある人とおしゃべりをしている時，その人との話に注意は向けるが，他の人の話には注意を向けていないのである。この現象は，カクテルパーティ効果といわれるものである。

　チェリー（Cherry, 1953）は，影のテクニック（shadowing technique）と呼

ばれる方法を用いて選択的注意についての古典的な研究を行った。これが，両耳分離聴実験の始まりであるが，この実験で研究参加者は，イヤホンを付けて，両耳にそれぞれ異なる話を聞かされ，一方の耳に聞こえてくるメッセージを復唱するように求められた。その結果，参加者は，復唱するように求められた話を第1メッセージとすると，もう一つの話である第2メッセージはほとんど覚えていなかった。そして，その第2メッセージが英語からドイツ語に変わっても分からないし，テープを逆からながしても気付かなかったのである。まさに，この第2メッセージは，影なのである。ただ，参加者は，男性の話し手から女性の話し手に変わるといった話し手の声の高さの変化や，純音や警笛音への変化には気付いたのである。このチェリーの実験は，カクテルパーティのシミュレーションであり，人が一度にいろいろな情報刺激を受けた時，何が起こるかを示した面白い実験である。

注意を払っていないメッセージの意味に気付く範囲については議論がある (Hirst, 1986; Johnston & Dark, 1986)。いくつかの初期の研究では，人は注意を払っていないメッセージの意味に気付くとしているが（例えば，Corteen & Dunn, 1974; Corteen & Wood, 1972），他の研究者たちは，そのような結果は認められないとしている（例えば，Wardlaw & Kroll, 1976）。ドーソンとスケル (Dawson & Schell, 1982) の研究では，メッセージが左耳で聞かされれば，人は注意が払われないメッセージの意味に気付くことができるが，右耳にメッセージが提示されれば，その注意が払われないメッセージの意味には気付かない，ということが報告されている。このドーソンらの結果には，大脳の左右半球機能差の影響が推測される。

③ **注意と練習**：これまで見てきたように，同時に2つの課題をこなすことは難しい。ひとつの事に集中すれば，別の事への注意が薄れるからである。しかしながら，いろいろな場面で，人は一度に二つの事を行っているのも事実である。人は，自動車の運転をしながらおしゃべりをしているし，歩きながら食べたり，テレビを見ながら編み物をしたりしている。これらは分離注意であるが，それらのスキルは熟練したからこそ，いいかえれば，練習したからこそできるようになったのである。例えば，車の運転を習い立てのころは，ギアー操作やブレーキ，クラッチ操作にいそがしく，注意はそのような運転技術に集中しており，助手席の人との，運転に関係のない会話を楽しむことなどできる状態ではなかったはずである。それが，運転に熟練してくれば，運転に関係のない知的な会話さえもできるようになるのである（当然ながら，運転中の会話はほど

ほどにしておかないと交通事故を起こしてしまうので注意すること）。

　スペルクら（Spelke, Hirst, & Neisser, 1976）は，大学生に本を黙読しながら同時に実験者が言ったその本の内容とは無関係な単語を書きとる練習をしてもらった。初期段階では，学生たちは，二つの課題を同時に行うことに困難を示し，読書スピードは遅く，筆記も判読できなかった。しかしながら，6週間の練習の後，読書スピードは速くなり，筆記も進歩した。ただ，この段階でも単語の聞き取りには十分注意が払われておらず，書きとった数千語の内，35語しか再生することはできなかった。しかし，さらに練習を続けると，黙読の量を減らすことなく，聞き取った単語のカテゴリーさえも書けるようになった（例えば，「リンゴ」という単語を聞けば，「果物」と書く）のである。

　さらに，参加者を多くした研究でもほぼ同様な結果が得られている（Hirst, Spelke, Reaves, Caharack, & Neisser, 1980）。ただ，その研究の中で，多くの練習をつんだ人は，単に二つの課題をいったりきたりしているのではなく，また，筆記課題は単純に練習によって「自動化」しない，と考えられている。ハーストたちは，熟練した遂行は熟練していない遂行と質的に異なっており，「熟練者たちは，単に古いことを断続的にまたは無意識的に行うというのではなく，新しい刺激の一群を認め，新しい活動パターンを実行する，ということを学習するのである。」（p.116）と述べている。

　シェイファー（Shaffer, 1975）は，プロのタイピストが別の言語課題をこなしながら，速いスピードでタイプをうつことができるということを見いだした。例えば，そのタイピストは，散文を口ずさみながら，タイプすることができたのである。

　以上のように，人にとって，同時に二つの課題をこなすことは難しいのだが，練習によって同時に二つの課題を行うこともできるようになるわけである。

④　**注意についての神経学的研究**：フィンランドの研究者たちは，選択的注意を検証するために誘発電位を利用している（Näätänen, 1982, 1985; Sams, Paavilainen, Alho, & Näätänen, 1985）。サムズたちは，研究参加者に一連の音を聞いてもらった。大部分の音は，ピッチを同じにしてあったが，時々，より高いピッチの音を挿入した。参加者を二つの条件群に分けたのだが，一つの条件群では，参加者はその高いピッチの音を無視するように教示された。別の条件群では，参加者はその高いピッチの音を聞けば，反応キーを押すように教示された。それぞれの条件下で，参加者の誘発電位が測定されたが，その結果，反応キーを押すように教示された参加者の場合，その高いピッチの音が聞こえ

た時,その誘発電位は異なったパターンを示したのである。参加者がその音を無視するように教示された場合,特別な脳波は出現しなかった。このように,注意は神経学的なつながりをもっているのである。注意についての神経学的な研究でもう一つの重要なものは,障害をもつ人々への臨床的な事例研究である。この研究は,大脳皮質が注意に重要な役割を演じているということを示している。あるドイツの芸術家（Anton Raderscheidt）の事例は強烈である（Wurtz, Goldberg, & Robinson, 1982）。彼は,自画像を仕上げた後,脳卒中で倒れてしまい,大脳の右半球をやられてしまったのである。なんとか意識を取り戻し,自分の描いた自画像に向かい合った彼は愕然とした。彼が仕上げた自画像の絵の右半分は完全なのに,絵の左側は完全に空白なのである。つまり,大脳皮質の右側が,視覚の左側と対応しているのである。

　神経学者たちは,そのような事実から,注意と結びついている脳の構造や処理過程を検証しようとし始めた。しかしながら,まだしっかりした理論まではいたっていない。今後,心理学と神経学その他との学際的な研究が必要であろう。

⑤　**注意についての理論**：ここではまず,注意についての初期の理論に触れるとともに,ナイサーの楽観的な見解,シュナイダーとシフリンの自動的処理と統制的処理の理論,ならびに,トリースマンの特徴統合理論について述べてみたい。

ⅰ）注意についての初期の理論

　注意についての初期の理論は,人が処理できる情報の量には限界があることを強調していた。そして,そのような理論は比喩的にボトルネック（びんの首）の概念で表現される。**ボトルネック理論**は,人間の情報処理の狭い通路を比喩的に指摘しており,人が注意を払うことができる情報の量には限界があるということである。この理論に従えば,あるメッセージが今びんの首を通っているのであれば,他のメッセージは後に残って待っていなければならないのである。この理論には,いろいろなバリエーションがあるが（例えば,Broadbent, 1958; Deutsch & Deutsch, 1963; Treisman, 1964）,アイゼンク（Eysenck, 1982）は,これらの草分けの理論の主要な問題は,注意の柔軟性を過小評価していることだと指摘している。

　この注意についての初期の理論に対して,次の三つの理論は,課題の性質と練習量が注意の重要な決定要因であることを示している。

ii) ナイサーの見解

　ナイサー（Neisser, 1976）は，われわれの情報量には限界があるということに同意しなかった。ナイサーは，限界容量という概念は，受け身的な入れ物には適当かもしれないが，人間の脳のように構造が発達するといった活動的なものには不適切だと考えた。脳というのは，たくさんのニューロンからできており，それぞれのニューロンはお互いに微妙に関連し合っているのである。ナイサーは，長期記憶には限界がないと主張するのと同じように，一般正常な成人が一度に収集できる情報には限界がない，と考えたのである。

　ナイサーは，日常生活の中で，一度にいくつかのことをやろうとすれば，能率が上がらなくなることは認めた上で，練習によっていくつかの活動を同時に行うことができるようになると主張した。例えば，講義を聞きながら，ノートを取ることができるのである。たしかに，今は容易に一度に行っていることでも，その出発点においては，**分離注意**（divided-attention）課題は，難しいものであったのである。

iii) 自動的な処理と統制的な処理

　シュナイダーとシフリン（Schneider & Shiffrin, 1977）は，注意に関して2つのレベルの処理があるのではないかと提案している。それは，自動的な処理（automatic processing）と統制的な処理（controlled processing）であるが，自動的な処理は馴染みのある項目を含む容易な課題で使用され，統制的な処理は難しい課題または馴染みのない項目を含む課題に使用される。さらに，自動的な処理は同時進行（parallel）である。すなわち，2つ以上の項目を同時に処理することができるのである。それに対して，統制的な処理は連続（serial）である。すなわち，一度に1項目ずつ処理するのである。

　人間が，馴染みのある項目を含む課題について自動的な処理をすることをすでに確認したが，自動的に処理する選択的注意の課題に関して注意を払っていないメッセージの特徴を取り出すことは比較的に容易である。二つの課題が，自動的な処理を必要としている分離注意に関しても，この二つの課題を同時に行うことは，比較的容易なはずである。さらに，練習と自動的な処理との関係について考えたい。よく練習した課題は，自動的な処理をとることになろう。それに対して，統制された処理を必要とする馴染みのない項目の難しい課題について考えてみたい。人々が，統制された処理を使用する選択的注意課題に関して，注意を払わないメッセージの内容にはあまり気付かないであろう。分離注意課題に関して，二つの課題を同時に遂行することは，難しいことになろう。

さらに、よく練習をしなかった課題は、通常、統制された処理を必要とするであろう。

シュナイダーとシフリンの研究は、その後の研究に影響を与え、理論的な議論を引き起こすことになった（例えば、Cheng, 1985; Corballis, 1986; Fisher, 1984; Jonides, Naveh-Benjamin, & Palmer, 1985; Ryan, 1983; Schneider & Shiffrin, 1985; Shiffrin & Schneider, 1984）。例えば、フィシャー（Fisher, 1984）は、同時に処理されうる課題の総量には、明らかに限界があると述べている。シュナイダーとシフリンが、各フレーム（枠組み）で見せた項目の最大数は、わずか4であった。平行探索の限界は、4項目よりも多くないのかも知れない。

トリースマンと彼女の仲間たちは、自分たちの注意に対するアプローチを**特徴統合理論**（feature-integration theory）と呼んでいる。その理論では、前注意的処理（preattentive processing）と焦点化した注意（focused attention）とを分けている（Treisman & Gelade, 1980）。そのモデルの最初の段階である前注意的処理は、視野を通しての平行処理を使用しながら、特徴についての自動的登録を行っている。そして、第二段階の焦点化した注意は、一度に一つずつ、対象物を同定しながら連続処理を行うのである。焦点化した注意は、より注意の要求が増えてくるわけであるが、ほとんど、シュナイダーとシフリンの統制化された探索と一致するのである。焦点化した注意は、色とか形のような刺激の別々の特徴を統一した物に結びつけていく「のり（glue）」というように表現されている。

パターン認識のところで、**語優位効果**について触れたのだが、トリースマンとサウザー（Treisman & Souther, 1986）は、どのように、その効果が錯覚をともなう結合と関連して作用するのかを示している。彼らは、短い時間に2つの無意味綴を研究参加者に見せ、それが何であったのかを報告してもらった。参加者たちは、その2つの無意味綴が、dax や kay であれば、day というような単語を見たと報告したのである。その綴をランダムに非常に速く提示し、焦点化した注意がその項目に働かない時、錯覚した結合が、われわれの期待をともなって出現するのである。そのように、トップダウン処理は「緑色のニンジン」のような錯覚をともなった結合を見ることからわれわれを守っているが、「day」のような錯覚をともなった結合をわれわれに促進しているのである。

⑥ **意識**：意識というのは、非常に議論になる話題である。意識という用語には、ワラスとフィシャー（Wallace & Fisher, 1983）が、7種類の異なった定義

があると指摘していることから分かるように，たくさんの考え方があるが，一般には，意識という用語は，**覚醒**（awareness）を意味している。意識は，注意と密接に関係しているが，同義語ではない。われわれは，自動的な処理，または，前注意的な処理をともなう遂行課題については，気にしていないし，意識もしてはいない。例えば，信号の赤に反応してブレーキを踏む時には，自動的な処理をするであろう。つまり，この動作は，意識的ではないのである。

すでに触れたように，行動主義者たちは，意識という話題を科学的には不適切だということで否定していたわけであり，意識は，1950年頃，心理学的な話題から消しさられたのである（Hearnshaw, 1987）。しかしながら，1960年頃から，認知心理学への熱狂をともなって，意識は心理学の話題に戻り始め，1980年代には，認知心理学関係の書物や論文でのポピュラーな話題になったのである（例えば，Bowers & Meichenbaum, 1984; Hilgard, 1980; Mandler, 1985; Wallace & Fisher, 1983）。

意識についての理論の一つは，ヒルガード（Hilgard, 1980）の提出したものであり，彼は，意識を基本的に，受身的な様態（passive mode）と活動的な様態（active mode）の二種類に区別している。意識の受身的な様態は，環境についての意識が関わっており，われわれ自身の白昼夢（daydream）のリラックスした楽しみ，遂行者であるというよりもむしろ受け手という立場での美的な楽しみである。例えば，音楽を聞くというようなことが，この例であろう。これは，自然な状態では，睡眠中や夢を見ている間，または，人工的には薬を使っての感覚遮断，催眠，瞑想などにおいて生み出されるもう一つの状態に関係しているのである（Wallace & Fisher, 1983）。しかしながら，ヒルガードは，「意識の別の状態（altered states of consciousness）」というのが有効かどうかは疑問としている。というのは，われわれ人間の意識の通常の状態と別の状態の違いというのが，それほど大きくないかも知れないからである。彼は，その双方の状態に，明確な違いというよりも徐々に変化がある，というように提案している。

他方，意識の活動的な状態（active mode of consciousness）は，計画を立てるとか，判断を下すとか，その判断に基づいて行動するとかいうようなことに関係している。これは，われわれ人間の心的生活の主要な部分である。計画を立てるということは，時には，長い時間経過をともなうこともあるし（例えば，「将来，学校の先生になろう」等々），短い時間経過ですむこともある（例えば，「意識の活動的な様態について定義してみよう」等々）。マンドラー（Mandler,

1985）は，人間がこの意識の活動的な様態を使用する三つの場面を指摘している。それは，i）われわれ人間が，車の運転方法を学習する時のように新しい知識や行動を獲得する時，ii）職業選択のように，判断や選択を行う時，iii）熟練した運転手がしばらく運転そのものに集中せず，他の事を考えながら運転していて，いきなりパトカーに気付いた時のように，自動処理が失敗する時，の3種類の場面である。

近年，意識に関しては，二つの特にポピュラーな話題がある。その二つの話題とは，高次の心的過程と潜在知覚である。まず，高次の心的過程に関して，ニスベットとウイルソン（Nisbett & Wilson, 1977）は，われわれ人間は，自分たちの思考過程について，直接的なアクセスはしにくい，と述べている。われわれは，自分たちの思考過程の所産（例えば，「お母さんの旧姓は何ですか？」といった質問に対して答えること）については十分，意識的でありうるのだが，その所産を創り出したプロセス（例えば，「その答が，どのようにして出てきたのか？」）については，意識していない。われわれは，高次の思考過程を通常，意識しているのかどうかについては，議論の余地があるところである。

潜在知覚というのは，明らかに気付いていない刺激が，後の行動に影響を及ぼす時に起こる，と考えられている（Coren, 1984）。その潜在（subliminal）という言葉は，ラテン語の下（below, sub）と意識の閾値（threshold of consciousness, limen）という言語からきている。ボワーズ（Bowers, 1984）が指摘しているように，ディクソン（Dixon, 1981）たちは，潜在知覚についての実験的な証拠があると繰り返し主張しているのだが，他の心理学者たちは，そのような証拠はない，と否定している（例えば，Eriksen, 1960; Merikle, 1982）。Coren（1984）の主張は穏やかであり，「その証拠と言われるものの多くは，潜在意識が存在するということを十分に立証してはいないが，そのような隠れた刺激（covert stimuli）は，情緒的，感情的なレベルでの活動を示唆しているようである。」（p. 382）と述べている。例えば，ビーン（Byrne, 1959）は，研究参加者がフィルムを見ている時に，閾値以下の時間で，「beef（牛肉）」という文字を提示した。その結果，そのフィルムの後で，参加者たちは，いつもより，お腹がすいたと感じたのだが，特に他の食べ物より牛肉が食べたいとは思わなかったのであった。

ボキーとリード（Vokey & Read, 1985）は，広告と音楽の中に，潜在的なメッセージを入れてみた。隠れたメッセージが，広告や音楽の中で見いだされ，全体としては，そのメッセージは効果的であったが，そのメッセージが一人一

人の行動に影響を与えたかどうかについては保証できなかった。ボキーとリードは，さらに逆方向（backward）にメッセージを入れてみて，その効果について検証してみた。例えば，「キリストは，私を愛してくれる。そのことを，私は知っている。」というような短いメッセージを逆方向から聴取者グループに聞いてもらった。そして，その人たちに，そのステートメントを次の５つのカテゴリーの中のどれに関連していたのかを答えてもらった。その５つのカテゴリーとは，「子守歌」，「クリスチャン」，「魔王」，「ポルノ」，「広告」というものであった。もし，逆方向のメッセージの意味を潜在意識レベルでとらえることができれば，その参加者たちは偶然誤差20％を越える正解率を獲得することができるだろう。各内容カテゴリーから２つ，つまり，10問で実験をおこなったわけであるが，その10問中，参加者たちの正解率は，19.4％であり，偶然で起こる確率を越えることはなかった。

　したがって，潜在知覚に関して，現段階では，メッセージ内容は，潜在的に転送されないというように結論づけておきたい。要するに，潜在意識レベルでの情報が閾値以上のメッセージよりも説得力があるのかどうかということは明確ではない。

4章

短期貯蔵庫（Short-Term Storage）

　友だちと来週，金曜日の午前11時に待ち合わせをする約束をして，他の話をしているうちに，先ほど約束した時間を忘れてしまった，といった経験が，皆さんに，あるのではなかろうか。この種の忘却は，少しの時間だけ保持したい情報に対して起こる。アトキンソンとシフリン（Atkinson & Shiffrin, 1968）モデルは，30秒以内貯蔵されている記憶場所を短期貯蔵庫，その記憶を短期記憶として，長い間，記憶を蓄える長期貯蔵庫，その記憶である長期記憶と区別している。処理レベルのアプローチでは，浅い処理レベルという言葉で表現している部分である。この章では，「短期記憶研究の方法論」，「短期記憶のサイズ（大きさ）」，「短期記憶における符号化」について論じたい。

短期記憶研究の方法論

　イギリスの心理学者ブラウン（Brown, 1958）およびアメリカの心理学者ピーターソン夫妻（Peterson & Peterson, 1959）が，それぞれ独自に，項目についての記憶は1分以内に忘却される，ということを示した。したがって，この実験方法は，両研究者の名前をとり，ブラウン－ピーターソンテクニック（Brown-Peterson technique）と呼ばれる。例えば，ピーターソン夫妻は，研究参加者に3文字を覚えるようにもとめ，その後，短い間，その3文字を逆唱してもらった。そして，最後に，はじめ見た文字を再生してもらった。再生までの遅延時間を変えてみたところ，図4-1に示すように，遅延時間が少なければ再生は非常に正確なのだが，5秒以上の遅延時間になれば，再生率は50％を切ってしまったのである。この結果は，明らかに，前の項目が，後の項目の再生に干渉しているということを示しており，項目についての記憶は，数秒しか貯蔵されていない，という重要なデータを提出したのである。

　短期記憶研究には，また別のテクニックがある。その一つは，研究参加者に20語から40語といった長い項目リストを覚えてもらい，その中からできるだけ

4章 短期貯蔵庫 (Short-Term Storage) 57

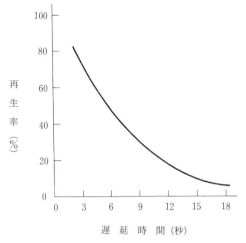

図4-1 ブラウン-ピーターソンテクニックでの再生結果

たくさんの語を再生してもらったその結果から，その語の提示されたのが何番目かという位置と再生率からグラフ化するのである。典型的な結果を図4-2に示すが，その語の位置と再生率の関係からできた曲線を**系列位置曲線** (serial position curve) と呼ぶ。その系列位置曲線は，通常，リストのはじめと終わりの語の再生率は高く，中間部分の語の再生率は低い，という結果を示している（例えば，Greene & Samuel, 1986)。短期記憶の研究者たちの多くは，そのリストの終わりの語の再生率が高いということは，それらの語が，再生時にまだ，短期貯蔵庫に入っているということを示しているのだと考えている。それに対しては，もちろん，別の解釈もある（Crowder, 1982b; Greene, 1986a,

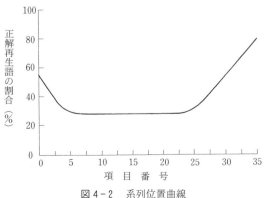

図4-2 系列位置曲線

1986b)。

短期貯蔵庫の大きさ

　短期貯蔵庫の大きさ，すなわち，短期記憶の大きさを測定する一つの方法は，正確に再生できるリストの最後の項目番号を確認する，というものである。一般的に，系列位置の方法を使った時，短期記憶の大きさは，2～5項目であると言われている。しかしながら，短期記憶の大きさは，上記の方法よりも**メモリースパン**（記憶範囲），つまり，正しく再生できる項目数として測定されることが多い。**WAIS**（Wechsler Adult Intelligence Scale）のような知能検査には，メモリースパンを検査する項目が含まれている（Glanzer, 1982）。

　研究者たちは，随分以前から，メモリースパンの大きさに興味をもってきたが，1956年にミラー（George Miller）が有名な論文「不思議な数　7±2（The Magical Number Seven, Plus or Minus Two: Some Limits on Our Capacity for Processing Information）」（Miller, 1956）で，5～9（7±2）項目というメモリースパンの大きさを明らかにした。

　ミラーは，短期記憶の基礎ユニット（base unit）を記述するのにチャンク（chunk）という言葉を使った。それ以来，短期記憶の記憶容量は，約7チャンクだというように考えられているわけであるが，1チャンクというのは，単一の数字（digit）または文字，要するに情報の一かたまりである。ところが，数字や文字は，より大きい単位（unit）に組み入れることができるのであり，例えば，電話番号の市外局番のようにまとまったものは，数字が2字であろうと，3字であろうと，1チャンクとして組み込むことができるのである。したがって，03-246-5673などという電話番号は，03，246，5673をそれぞれ1かたまりにし，全体で3チャンクといった処理になる可能性もあるのである。そして，3チャンクは，短期記憶の許容限界内であり，一般の大人は，問題なく短期的に記憶することができるのである。このミラーの論文（Miller, 1956）は注目を集めたのであるが，チャンクという概念については，循環理論であり，不明確といった批判があった（例えば，Simon, 1974）。

　シュウエイカートとボルフ（Schweickert & Boruff, 1986）は，チャンクという概念を使わずに，短期記憶の容量についてアプローチした。彼らは，子音や数，名詞，形，色名，無意味綴，といったようないろいろな課題を使って，記憶範囲を検証した。課題が無意味綴の場合，典型例として研究参加者は，約

1.5秒の間に4項目ほど再生，報告することができるのである。課題が数の場合，参加者は，1.5秒の間に6項目を報告することができるので，もう少し許容量は多いのかも知れない。つまり，参加者たちは一貫して，聞いて約1.5秒の間であれば，その項目の数だけ正確に再生することができたので，彼らは，短期記憶の容量は，項目の数やチャンクで決定することはできない，と考えた。つまり，短期記憶の容量は，項目の**言語的痕跡**（verbal trace）が残っている時間によって規定される，と考えたのである。

〈情報BOX　4-1〉
記憶範囲（memory span）
　数個の項目よりなる刺激材料を1回提示した直後に，同じ順序で正しく再生できた項目数をもって，その研究参加者の記憶範囲とする。記憶範囲は通常恒常法で測定される。記憶範囲は，年齢によっても異なる。

短期記憶における符号化

　電話番号を知りたくて，検索をかけ，その電話番号を使って電話を掛けるまで，われわれはどのように頭の中にその番号をとどめているのだろうか。その番号を音（sound）で貯蔵しているのだろうか，形（looks）で貯蔵しているのだろうか，それとも，何らかの意味（meaning）に変えて貯蔵しているのだろうか。別の言い方をすれば，その番号（または，項目）をどのように短期記憶，すなわち，短期貯蔵庫の中で符号化しているのだろうか。

　多くの実験が，短期記憶における音による符号化，すなわち音韻処理の重要性を証明している（例えば，Conrad, 1964）。キンチとブシュケ（Kintsch & Buschke, 1969）の研究では，アトキンソンとシフリンモデルとの関連を論じながら，音の符号化を支持している。また，ウィクルグレン（Wickelgren, 1965）は，テープレコーダーに，4NF9G27Zのように4文字と4数字をランダムに並べたリストを研究参加者に聞かせた。リストが終わるとすぐ，参加者はそのリストの再生を求められたのだが，ウィクルグレンは，その再生の時に参加者が犯す言い間違いに注目した。例えば，上記のリストの場合，最後のZの変わりに，B, C, D, E, G, P, T, V等が再生されていたのだが，それらはどれも"ee"という音が入っており，さらに，参加者の中には，Zの代わりに数の

3（three）を再生した人もいた。数の3（three）も発音が似ているのである。

それに対して、ポストマン（Postman, 1975）とクラウダー（Crowder, 1982b）は、音韻処理による符号化（acoustic code）が、短期貯蔵庫で使われる唯一の符号化ではない、と主張している。つまり、項目の意味を含む意味処理による符号化（semantic code）、また、その外観すなわち物理的な様相を含む形態処理による視覚的符号化（visual code）もあるのだ、というのである。シュルマン（Shulman, 1972）は、ちょうどウィクルグレンが似た音の項目で混乱する傾向があるということを見いだしたのと同じように、研究参加者が似た意味をもった言葉で混乱する、ということを見いだした。

ウィケンズら（Wickens, Dalezman, & Eggemeier, 1976）は、**順向抑制**（proactive inhibition）と呼ばれる言語学習の概念を基礎にしたテクニックを利用して実験を行った。順向抑制というのは、以前学んだ学習が新しい学習を妨害することである。例えば、すでに触れた短期記憶についてのブラウン・ピーターソン（Brown-Peterson）テストで、XCE, HBR, TVY, KRI を覚える際、前の3項目が4番目の項目、KRI を覚えるのを妨害するのである。しかしながら、ここで少し操作をすれば、面白いことが起こるのである。もし、実験者が、項目を文字から数字に項目を変えてみれば、**順向抑制からの解消**（release from proactive inhibition）が起こり、新しくて、異なった項目（例えば、529）は、第1項目 XCE と同じ程度に覚えることができるのである。

多くの実験から、上記の例のように、文字から数字へというように項目が変われば、順向抑制から解消される、ということが証明されているが、ウィケンズと彼の共同研究者（Wickens, Dalezman, & Eggemeier, 1976）は、意味のある項目を変えても、順向抑制からの解消は起こる、ということを証明している。彼らは、ブラウン・ピーターソンテクニックを使って、3つの果物の名前を一試行として研究参加者たちに三試行、行ってもらった。例えば、ある試行では、参加者は、バナナ、桃、リンゴという3つの果物の名前の次に、259という数字を見せられた。18秒間、この数字から3つの果物の名前を逆唱した後、3つの果物の名前を再生するように求められた。各参加者は、果物についての同じ3試行を行ったのであるが、第4試行としては、果物、野菜、花、肉、職業というように5種類の異なった課題が与えられた。ここで、第4試行目で、果物の課題を与えられた参加者グループは順向抑制の影響を最も受けるであろう、つまり、このグループの再生成績は最も低いであろう、と予想したわけである。そして、もし、意味が短期記憶において重要ならば、他の4条件での遂行は、

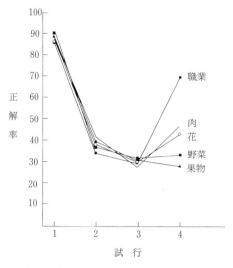

図 4-3 意味的類似性と干渉との関係（Wickens, et al., 1976）

その項目と果物との間の意味の類似性によるのではなかろうか。つまり，例えば，第4試行で野菜の課題を与えられた参加者は，果物と野菜がどちらも食べられる，そして土地でできるという意味で似ていることによって，その再生成績は，他の課題（職業，肉，花）より低くなるであろう，と予想されるのである。

図4-3は，その結果であるが，その結果はまさに予想されたものであった。簡単に言えば，意味は短期記憶において重要である。というのは，はじめに学習した単語が，意味の似た新しく学習した単語の再生を干渉するからである。さらに，意味的な類似の程度が，その干渉の度合いと関係しているのである。

短期記憶における音韻的符号化の優位性は，これまでの研究のゆるぎない事実であるが，もう少し細かく，視覚的符号化について見ておきたい。状況によって，項目は，その視覚的な特徴でもって短期記憶に符号化されるのかもしれないのである。ポスナーとキール（Posner & Keele, 1967）の研究では，見えた形態で貯蔵される，ということを示している。ポスナーらは，研究参加者に，A-A, A-a, A-B, A-b という対になった刺激を提示した。ただ，提示の仕方として，対提示を同時にするか，少し時間をずらすか，変えてみた。そして，各参加者にそれぞれの場合，2つの文字が同じであったか，違っていたか，尋ねたのであるが，ポスナーらは特に，A-A よりも A-a に「はい」と答える反応時間の遅さに注目した。つまり，もし項目が音でのみ貯蔵されるのであれば，

A-a に対する反応時間は A-A に対する反応時間と同じになるであろうし，もし項目が形態で貯蔵されているのであれば，A-A の場合は，変換は必要でなく，A-a の場合は，視覚シンボルは適当な名前に変換されなければならないので，A-a の方が反応時間は長くなるであろう，と考えたのである。

　その結果，ポスナーらは，2つの文字の提示時間のズレが1.5秒以内の時，A-a の対の反応時間は A-A の対の反応時間より長くなるが，提示時間のズレが1.5秒以上の時，A-a と A-A は同じ反応時間になる，ということを発見した。したがって，A-a の対は，当初は文字の物理的な形態で符号化されているが，対提示時間のズレが1.5秒以上になれば，その文字は，同じ文字名「エイ」で符号化されるようになるのである。このように視覚的符号化は，たいへん短い時間ではあるが，短期貯蔵庫に情報を貯蔵するために使われているのである。しかしながら，この視覚的符号化は，すぐに音韻的，聴覚的な符号化に取って変わられるので，とても微妙なもののように思われる。

＊

　以上，この章では，短期貯蔵庫の中に情報はどのように貯えられるのかを見てきたわけであるが，その結果，一般的には，音韻的，聴覚的な符号化が使用されるが，状況によれば人間は，意味的な符号化また視覚的な符号化も使用している，ということが明かになった。

5章

長期貯蔵庫（Long-Term Storage）

　前章の短期貯蔵庫に入っている情報，すなわち，短期記憶情報は「もろさ」が特徴であった。それに対して，この章で話題にする長期貯蔵庫に入っている情報，すなわち，長期記憶情報はある側面では驚くほど忘れにくいという特徴がある（正確かどうかは別問題）。すなわち，長期貯蔵庫の情報は，無秩序に貯蔵されているというよりは，うまく体系づけられ，構造化され，さらに，自分が理解し，納得しやすいように再構造化を繰り返している。もし，再生時の文脈が最初に学んだ文脈と似ていれば思い出しやすいであろうし，また，細かいところまで覚えていなくても，推し量る術をわれわれは持っているのである。本章では，この長期貯蔵庫に入っている情報，長期記憶情報の正確さの決定要因，そこに付随する記憶の曖昧さ，そして，記憶の促進について論じることとする。

正確さの決定要因

　われわれは，どれだけ正確に情報を思い出すことができるのであろうか。シェパード（Shepard, 1967）は，研究参加者に540個の英単語を提示し，その後，はじめに見た英単語を再認してもらった。その結果，参加者の再認成績は平均88％の正確さであった。さらに，別のグループには，612個の短い英語の文を課題にして同様な実験を行った結果，その正確さは89％であった。

　アレンとリーバー（Allen & Reber, 1980）は，言語課題を使って，2年という長い期間をおいた長期記憶を検証した。まず，研究参加者は10分から15分，人工的な言語を見せられた。2年後，研究者たちは，その参加者と連絡を取り，人工的な言語の再生をしてもらった。提示時間が10分から15分と短かったにもかかわらず，また，その課題をリハーサルしなかったにもかかわらず，さらに，原学習から2年という長い時間が経過していたにもかかわらず，参加者の再生結果は，偶然で起こる確率より，はるかに高かったのであった。

もちろん、すべての長期記憶情報の再生が、そのように正確なわけではない。ルビンとコンティス（Rubin & Kontis, 1983）が研究参加者にコイン（お金）の表と裏を描いてもらったところ、その再生結果は驚くほど悪かった。記憶の正確さには、情報の符号化、練習（熟練）にともなう記憶方略、そして、感情が関係しているようである。

1. 符号化特殊性

読者のみなさんの中には、例えば、「ふとんに入り、ふと台所から何か取ってこないといけないということを思いだし、台所に行ったら、なぜここに来たのかわからない」といった類の経験があるのではなかろうか。別にこれは病気ではないのであり、人間は、文脈がなければ、なかなか思い出せないのである。もし、台所に何をしに来たのかわからなくても、もう一度ふとんにもどり、文脈の手がかりを満たすと、自分が何をしたかったのか、すぐに思い出すことができるのである。上記の例は、**符号化特殊性原理（コード化特定性原理：encoding specificity principle）** を立証するものである。符号化特殊性原理というのは、検索の際に提示される手がかり情報の特徴と出来事の痕跡の特徴が似ているならば、出来事が思い出しやすくなるというものである（Tulving, 1983）。簡単に言えば、検索の文脈が似ていれば再生は良くなる（Begg & White, 1985）ということになろう。逆に、その二つの文脈がマッチしていなければ、忘却が起こりやすくなるのである。

符号化特殊性原理についての古典的な研究は、タルビングとパールストン（Tulving & Pearlstone, 1966）によるものである。研究参加者たちは、カテゴリー名が付いて、カテゴリー毎に分けられた項目を学習した。そして、再生の際、ある参加者たちはカテゴリー名を与えられたが、別の参加者たちは符号化の時に提示された手がかりを何も与えられなかった。その結果は、期待されたように、カテゴリー名を与えられた参加者の方が、再生成績が良かったのである。

符号化特殊性原理は、符号化と検索のマッチは処理レベル（形態的処理、音韻的処理、意味的処理）を考慮する必要がある（Bransford, Franks, Morris, & Stein, 1979）と言われるが、学習者にとって実践的な応用に活かすことができるかもしれない。テスト場面が学習場面とできる限り近ければ、テスト結果は良くなるはずである。

2. 記憶における熟練，そして，記憶方略

　エリクソン（Ericsson, 1985）の研究でのレストランのウェイターの事例を考えてみよう。頭文字がJ.C.として知られるこのウェイターは，レストラン場面で20にものぼるオーダー品目を記憶することができたのである。エリクソンは，このJ.C.に，実験場面でディナーの注文と顔写真が対になっているレストラン課題に挑戦してもらった。そのディナーの注文メニューは，8種類のアントレー（meet entrees：主要な料理の前に出る軽い料理）からひとつ選び，5段階の肉の焼き方（レアーからウェルダンまで）からひとつ選び，5種類のサラダドレッシングからひとつ選び，3種類のサイドディッシュ（side dish：主料理に添えた料理の品）からひとつ選べるようになっていた。つまり，600（8×5×5×3）の注文可能選択肢があった。この実験課題で，J.C.は，同じくこの課題の研究参加者（比較対象群）になってくれた大学生に比べて，驚くほど短時間で，この注文を学習してしまったし，お客さんが3人，5人，8人いるテーブルの注文を何の間違いもなく再生してしまったのである。学生参加者とJ.C.の間の決定的な違いは，記憶方略（memory strategy）であった。学生たちは，リストとしてたくわえ，提示されたのと同じ順番で再生しようとする傾向があったのに対して，J.C.は，ひとつのカテゴリーを一緒にしてすべての情報を再生したのである。例えば，J.C.はすべてのサラダドレッシングを一緒にして，それらの名前の最初の文字を符号化しながら（例えば，Bleu cheese, Oil と vinegar, Oil と vinegar, Thousand Island は，"BOOT" というように），記憶方略を使って記憶していたのであった。

　何か新しい課題を覚え，そして，再生するとき，もし，その分野の背景がわかっていれば，容易にその課題を覚え，再生することができるであろう。専門が心理学の学生は，植物についての講演からよりも，記憶についての講演から，より多くの情報を再生することができるであろう。この話題は，熟練・熟達（expertise）につながるが，なぜ，熟練・熟達といったことが，課題を思い出すとき助けになるのであろうか。熟練者の知識は，心的手掛かり（mental cues）を提出しているのである。つまり，熟練者の知識における心的手掛かりは，①うまく体系づけられており，注意深く学習した知識構造の一部になっている，②生き生きとした視覚イメージを供給することができ，③特色があるのでお互いに混乱することはない，といった特徴が考えられる。

　この熟練の重要性についての情報は，高度な体系づけの利用を通して，教育心理学の分野などで実践的な応用ができる。高度な体系づけというのは，生徒

がすでに知っている情報と新しい課題を関連付ける際，新しい課題の前に提示されるものを通して達成されるのであり，オースベル（Ausubel, 1968）は，アドバンスオーガナイザー（advance organizers）という言葉を使っている。児童・生徒が新しい課題を理解するには，これまでにもっている知識を活性化するための枠組みが必要なのである。

チェイスとサイモン（Chase & Simon, 1973）は，チェスの熟達者と初心者の記憶再生比較実験を行い，熟練者の記憶方略について言及した。その実験の実戦パターン（ゲーム中盤24〜26駒ならびにゲーム終盤12〜15駒）では，熟達者は初心者よりも1試行での平均再生数は顕著に多く（中盤：約4倍；終盤：約2倍），正答に達するまでの試行数も少なかった。しかしながら，実戦パターンではない，不規則パターンになると熟達者の成績は悪くなり，初心者とほとんど差がなくなったのである。つまり，熟達者の優れたパターン記憶は，記憶能力一般から引き出されたものではなく，経験を通して蓄積された「知覚的知識（perceptual knowledge）」に基づくものと考えられる（Larkin, McDermott, Simon, & Simon., 1980）。

3．感情と記憶

感情と記憶についての研究は，①感情的に異なった語の記憶，ならびに，②気分一致（気分一致効果とも言う）という2つのカテゴリーに分類できるように思われる。

① **感情的に異なった語の記憶（Memory for Words Differing in Affect）**：1900年代の初頭から，心理学者たちは記憶に感情がどのような影響を与えるのか，関心をもってきた。典型的な研究では，参加者たちは，感情的に快の感じをもつ語，不快な感じをもつ語，中立的な感じをもつ語の入ったリストを覚えるように言われた。そして，その後，数分後から数カ月後まで，再生テストを受けた。文献をまとめてみると，快をともなう語は，不快または中立的な語よりも良く再生されているのである。特にその傾向は再生までの期間が長くなればなるほど，強いということがわかる（Matlin & Stang, 1978）。メイトリンとスタング（Matlin & Stang, 1978）は，このように快の項目を選択的に再生する傾向を**ポリアンナ原理**（Pollyanna Principle）の一つと考えている。ポリアンナ原理というのは，快の感情をともなう項目は快でない項目よりもより効率的に，より正確に処理されるというものであり，この原理は，知覚，言語，意思決定などの分野のいろいろな現象にあてはまるものである。

② **気分一致**（Mood Congruence）：感情と記憶についての第二のカテゴリーにあたる研究は，**気分一致**に関するものである。気分一致とは，学習すべき課題が進行している気分と一致している時よく記憶される，というものである。つまり，快で楽しい気分にある人は，快で楽しい課題を，不快な課題よりもよく学習できるであろうし，不快な気分にある人は不快な課題の方をより学習できる（Bower, 1981），というのである。

ブレイニー（Blaney, 1986）が指摘しているように，気分一致を検証するには，主要な2つの方法がある。その一つは，普段の気分で，他の人たちと異なる人々を研究する方法である。この個人差の研究において，うつ状態の人は負（negative）の項目を再生する傾向があるのに対して，うつ状態にない人は正（positive）の項目を再生する傾向があったのである（Blaney, 1986）。この発見は，臨床心理学者にとって重要である。つまり，うつ状態の人は自分に起こったポジティブな経験を忘れる傾向にあり，ネガティブな経験だけ思い出す傾向にあるのなら，そのうつ状態はさらにひどくなる傾向にあるのである。

気分一致を検証する第二の方法は，人の気分を操作するものである。例えば，研究参加者たちに，その人のこれまでの特に幸せな出来事と特に不幸せな出来事を考えてもらうのである。ブレイニー（Blaney, 1986）は，実験的に気分を導入した29の文献を概括し，そのうちの25もの文献で気分一致が起こっていることを見いだした（その他のもののうち3つでは有意差がなく，1つで気分不一致が見られた）。このように，気分は，いろいろな種類の課題の記憶に重要な影響を及ぼし，また同様に，気分は他の認知過程にも影響を及ぼすのである（Mayer, 1986）。

記憶の曖昧さ

1. 自叙伝的記憶（Autobiographical Memory）

自叙伝的記憶というのは，人生の出来事やエピソードについての記憶である（Groninger & Groninger, 1984）。一般的に，自叙伝的記憶についての研究は，実験室の外での自然な形で起こる記憶についての研究である。それに対して，タルビング（Tulving, 1983）の**エピソード記憶**（episodic memory）という用語は，自叙伝的記憶と違い，実験室内での単語リストの学習をも含むものである。

自叙伝的記憶についての研究は，人間の日常的な生活の中での課題を再生す

る能力を検証するものである。この自叙伝的記憶は，エビングハウスが行った無意味綴の記憶とは題材的に異なると考えられているわけであるが（Robinson, 1986），研究方法に関しては，その出発点は非常に似ている。リントン（Linton, M.）は，1972年，自分自身を対象者にして，6年間にわたるプロジェクトを始めた。毎日，彼女は，自分自身の生活の中から，少なくとも2つの出来事を記録し，毎日，その出来事を再生することができるかどうかを試してみた（Linton, 1982, 1986）。六年後，リントンは，累積して5500の出来事を記録し，11,000の記憶について検証したのである。エビングハウス（Ebbinghaus, 1885）は，無意味綴の記憶は時間の経過とともに劇的に落ちるということを見いだしたわけであるが，リントンは，現実生活上での出来事についての彼女自身の記憶は，一年に5％と非常にわずかずつ減少していくことを見いだした。そして，彼女は楽しい記憶をよく再生した。これは，**ポリアンナ原理**に合致している。それらの楽しい記憶は，正しい再生のうち約50％を占め，それに対して，楽しくない記憶は30％，どちらでもないニュートラルな記憶は20％であった。この結果は，われわれが日頃感じる，思い出（過去）は美しい，という感覚と一致するものである。このリントンの研究は，日常生活レベルでの研究（naturalistic studies）を鼓舞したわけであり，われわれはさらに，日常生活レベルでの研究を充実させていかなければならないであろう。

2．目撃者の証言

これまで，日常生活での記憶の曖昧さについて述べてきたわけであるが，曖昧であっては困るのが事件における目撃者の証言である。まず，犯人の顔の確認，いわゆる面通しなどの正確さについて論じ，次に裁判において重要になる情報の再生について考えてみたい。

① **犯人の顔の確認**：シャピロとペンロッド（Shapiro & Penrod, 1986）は，顔の再認について128の研究について報告しているが，それらの研究は，960の実験条件が設定されており，16,950人が参加していた。これらの研究のデータについて，彼らはメタ分析（meta-analysis）――すなわち，ある変数が有意味な効果をもつかどうかを決定するため，同様なトピックについてすべての関連する研究からの結果を組み合わせた統計的な分析――を行っている。例えば，18の研究を統合して，人々は自分の属している人種の顔が他の人種の顔より正しく見分けがつくのかどうかを検討したのであるが，メタ分析では統計的にこれらすべての研究を1,894人の研究参加者のトータルを基本にしながら組み合

わせ，メガ研究（mega-study）に作りあげたのである。

　シャピロら（1986）の研究の分析をもとにしながら，顔の確認（同定）を正確に行うのに影響する要因について検討したい。上記の人種という要因は，アメリカのようなたくさんの人種を抱えている社会では重要であるし，実際に顔の確認（同定）の正確さに影響を与えているのである（Ellis, 1984; Shapiro & Penrod, 1986）。人々は，自分と同じ人種や民族の顔は分かりやすいのだが，他の人種や民族の顔は分かりにくいようである。これは恐らく，自分の所属する人種，民族の顔には慣れ親しんでおり，識別する顔の特徴に注目することができるのに対して，別の人種，民族に関しては，そのような特徴が符号化されていないからではないかと考えられている。

　一般的に，顔を見る時間ならびに注意（attention）が増すにつれて，顔の同定の正確さは，増してくる（Ellis, 1984; Shapiro & Penrod, 1986）。さらに，何か他の事物によって顔から注意をそらすことになると，正確さは減少するのである。例えば，強盗が銃をもっていれば，目撃者は強盗の顔の部分よりも銃に注意を向けがちなのである（Cutler, Penrod, & Martens, 1987; Ellis, 1984; Loftus, 1979）。

② **顔以外の情報の再生**：強盗事件などが起こった時，目撃者はまず犯人の人相を聞かれるので，たくさんの研究は，この話題に集中しているように思われる。しかしながら，目撃者はまた，その事件の起こった状況についても確認を求められる。例えば，その車はどれほどスピードを出していたのか，そのトラックの色は何色だったのか，等々である。そして，いくつかの研究で，情報を再生する際，誤った方向に導く影響について検証している。この分野での古典的実験と言われるロフタスら（Loftus, Miller, & Burns, 1978）の実験では，研究参加者たちは一連のスライドを見せられた。「赤い車が脇道を走ってきて，"STOP（止まれ）" 標識のある大きな道との交差点に差し掛かり，右折したところで横断歩道の歩行者に接触した」という事故のスライドである。参加者は「はい」「いいえ」で答える目撃証言を，オリジナルスライドを見せられた，その日，また，1週間後に求められたのだが，その回答を引き出す際，"STOP" 標識の代わりに "YIELD（道を譲れ）" 標識が半数の参加者に提示されたのだが，気づかなかったのである。オリジナルスライドが "YIELD" 標識であり，"STOP" 標識を提示して目撃証言を求めた場合でも，参加者たちは明確に気づかなかった。そのような予備実験を受けて，ロフタスらは5つの実験を行い，オリジナルの視覚記憶に，その記憶への質問という形での外からの情報が入る

と，参加者は，時間が経過するほど，オリジナルになかった情報を目撃したと証言・報告する傾向が増えると述べている。われわれ人間は，元来の情報そのものからではなく，質問のされ方によってその情報の再生，再認が歪められる可能性があるのである。

上記の研究結果は，何度か追試されている（例えば，Shaughnessy & Mand, 1982）。さらに，他の研究者たちは，どのようにすれば人々が間違いにつながる情報に耐性をつけることができるかを考えた。例えば，その質問項目を読む前に誤情報の可能性について警告を受けると，人々の情報は正確になる，といった報告もある（Greene, Flynn, & Loftus, 1982）。また，その質問項目をゆっくり読んだ人は，矛盾に対抗でき，実験の終わりに正しいスライドを選ぶ可能性が高いという報告もある（Tousignant, Hall, & Loftus, 1986）。

しかし，この誤情報（misinformation）がどのように作用するのか，はっきりしない。その質問項目における誤情報は，単純にスライドからの正しい情報に置き代わる，というのが一つの可能性である。しかしながら，スライドからの元の情報は，決して記憶から失われていないのかも知れない。その古い情報と新しい情報はいっしょに存在し，検査の時の状況によって，人は古い情報か新しい情報のどちらかを基にして，そのスライドを選択するのであろう（Shaughnessy & Mand, 1982）。

③ **記憶にまつわる裁判闘争**：エリザベス・ロフタス（Loftus, E.F.：ちなみにロフタス夫妻はともに認知心理学者である）は，幼い頃の抑圧された記憶の概念に関する研究や後年与えられた情報によって変容する虚偽記憶の生成について研究を行ってきた。彼女は，心理学者であるとともに，法律学の教授であり，スケプティックス（CSICOP）の会員でもあり，いろいろな裁判に関わってきた（本人が TED 2013 June で "How reliable is your memory?" と題して語っており YouTube で視聴可能である。その他，Loftus & Guyer, 2002 などでもケースが紹介されている）。

ロフタスは，i）記憶は自在に変化し，重ね書きが可能であり，無限に書いたり消したりできる広画面の黒板のようなものである，ii）記憶モデルは，記憶を事実そのものだと考えるビデオレコーダー的なモデルから，記憶を事実と空想の入り混じった創造的産物だと考える再構成的モデルへと変化すべきである，と主張している。すなわち，脳内で記憶は認知的事実（見たもの，聞いたもの）が保存されているわけではなく，記憶の想起（思い出すこと）は，動的（思い出す時に再構成されている）なので，（被害者を含めて人間の）記憶は真

実だとは言えない，というのである。

記憶の促進（Memory Improvement）

　記憶についての討論には，記憶の達成を促進するにあたっての2つの重要な事項がある。その一つは処理レベルの話で，情報が「深い」レベルで処理されたならば，再生が優れている，ということを示している。課題を学習すればするほど，その意味に集中し，精緻化した符号化を発展することができるのである。「できるだけその課題とその人の経験を関連づけなさい」と認知心理学者が言うのは，自己準拠枠効果が，符号化に特に効果的であるからである。そして，記憶の促進に関する第2の事項は，**符号化特殊性原理**から来ている。再生の文脈が符号化の文脈とマッチしていれば，遂行成績はよくなる，ということを思い出して欲しい。

　ここでは，そのような点を含みながら，記憶術（mnemonics）について触れてみたい。記憶術というのは，記憶を助けるストラテジーや学習されたテクニックを使用する記憶増進方法であり，従来から知られているイメージを利用する記憶法や他の記憶法による方略（ストラテジー），そして，さらに新しい記憶を促進する方法について述べることにする。

1．イメージを利用した記憶法

　イメージ（imagery）というのは，物理的に提示されるものではなく，対象物や活動についての心的な概念表現である。ペイビオ（Paivio, 1968, 1971）は，非常にイメージ化された言葉（例えば，オーケストラやレモネード）はイメージ化しにくい言葉（例えば，パラドックスや概念）よりも再生されやすいと強調した。記憶におけるイメージの影響は，認知心理学の中ですばらしい現象の一つであり続けている（Paivio, 1983）。実際，文章がランダムに提示される時，人々は高イメージの課題を低イメージの課題よりも約2倍再生するのである（Marschark, 1985）。イメージというのは特に効果的である。というのは，イメージは，記憶における符号化や検索のプロセス双方に関与しているからである（Groninger & Groninger, 1982）。イメージに関わる記憶法には二種類あるように思われる。まず，事物の視覚的イメージを形作る必要がある。複数の視覚的イメージはそれぞれが関係しあっているのである。そして，第二のものは，思い出すべき項目と同様に場所についての視覚的イメージを強調している。

① **事物の視覚的イメージ**（Visual Images of Objects）：ボーワーとウインゼンツ（Bower & Winzenz, 1970）は，次の4つの異なった条件の下に研究参加者にテストをした。まず第1条件は，繰り返し条件であり，参加者は自分自身でだまって，対（例えば，"cat-window"）になっている語を繰り返すのである。第2条件では，参加者は実験者によって準備された文章を読むのであるが，それぞれの「対」は一つの文になっていた。第3の条件は，文章産出条件であり，参加者は各対についての文章を作り，大きな声でそれを読んだのである。第4の条件は，イメージ条件であり，参加者はその対になっている2つの語の心的なイメージ（mental picture）をそれぞれの微妙な関係の中で作ろうとしたのであった。それぞれの条件に基づき対語リストを学習した後，参加者は各対の始めの単語を見せられ，2番目の単語を思い出すように求められた。結果はきわめて顕著であり，15対のうち，繰り返し条件群の参加者はわずか5.2語しか再生できなかったのに対して，イメージ条件群の参加者は12.7語も再生できたのである。

リチャードソン（Richardson, 1978）も心的イメージが他の記憶テクニックよりも効果的であることを実証した。彼の研究でも，参加者たちは対になった単語を学習し，その後再生テストを受けた。最後に，参加者たちはそれぞれの対語を学習した際，どのようなストラテジーを使ったのか尋ねられた。特に，そのストラテジーがイメージに関わっていたのか，リハーサルのような他のテクニックに関わっていたのかを確認された。そしてリチャードソンは，心的イメージを使用した参加者は他の方法を使用した参加者よりも再生項目が多い，ということを見いだした。このリチャードソンの結果は，記憶テクニックとしての心的イメージの優越性を実証したボワーとウインゼンツ（Bower & Winzenz, 1970）の結果を支持していることになる。

奇異で一風変わったイメージについての代表的な研究をウォレンら（Wollen, Weber, & Lowry, 1972）が行った。彼らは，奇異なイメージと2つの事物の関わりを要因としながら，図5-1のように，ⅰ）関わりがあり，なおかつ奇異なイメージ，ⅱ）関わりがあり，奇異でないイメージ，ⅲ）関わりはなく，奇異なイメージ，ⅳ）関わりもなく，奇異でないイメージ，といった条件をもつ絵を研究参加者に見せた。一つの絵の中で対になった単語は，それぞれイメージ化しやすい名詞であり，各対は上の条件にそっていたのである。例えば，関わりのある絵は，2つの物がそれぞれ「ピアノの上に葉巻がある」といったように空間的に関係をもったり，「葉巻をすっているピアノ」というよ

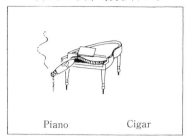

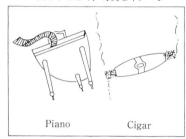
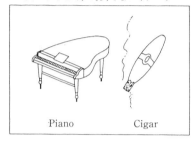

図5-1　ウォレンらによる実験の課題例

〔出所：Wollen, L.A., Weber, A., & Lowry, D.H (1972). Bizarreness versus interaction of mental images as determinants of learning *Cognitive Psychology*, 2, 518-523〕

うに活動的な関係をもっていた。関わりのない絵では，その物は単に並んで描かれていた。奇異で一風変わったイメージの絵では，特に普通でない関係が描かれており，上記のようにピアノが葉巻をすっていたり（関わりがある場合），葉巻の両端に火がついていたり，ピアノの鍵盤が舌のように伸びていたり（関わりがない場合）したのであった。

この研究の結果，研究参加者は関わりのない対よりも関わりのある対の方をよく再生することがわかった。しかし，奇異で一風変わったイメージは再生に特に影響を及ぼさなかった。すなわち，再生はピアノと葉巻をいっしょに見せることによって促進されたが，その2つのものの関わり方が普通であるか，普通でないかによっては影響を受けなかったのである。

クロールら（Kroll, Schepeler, & Angin, 1986）も，もっともらしいイメージと奇異で一風変わったイメージの再生のあいだには，特に何も差を見いだせなかった。しかし一方，いくつかの研究では，奇異で一風変わった項目の方が再生しやすい，という結果になっている。例えば，ウェッバーとマーシャル（Webber & Marshall, 1978）ならびにメリー（Merry, 1980）は，再生を時間的

に遅らせた時，もっともらしいイメージよりも奇異で一風変わったイメージの方が再生しやすい，ということを見いだした。奇異で一風変わったイメージについては，オブライエンとウォルフォード（O'Brien & Wolford, 1982）が，即時再生においてはもっともなイメージの方がすぐれており，再生が1週間後になれば奇異で一風変わったイメージの方がすぐれている，ということを示したわけであるが，このあたりが現段階での結論ということができよう。

イメージを使った記憶法についてはいろいろな応用があるが，そのうちの3つほど，取り上げてみたい。まず，神経システムに障害をもつ人はイメージトレーニングを利用することができる。記憶障害をもつクライエントを治療している医者，パッテン（Patten, 1972）は，彼が与えるインストラクションについて検討した。

　例えば，「パン，人参，卵，ドッグフード，新聞，ベーコン，防臭剤」といった買い物リストをおぼえておこうとしている人がいるとする。もし，パンはわかっており，人参を覚えようとする時，大きな一塊のパンを開き，人参を取り出す。インストラクターは，少し間をおき，クライエントに連想絵（イメージ）を作らせ，心の中で，それが「見える」のか確認する。同様にして，ニワトリが人参を孵化するというイメージによって，卵とニワトリを結び付ける。ドッグフードと卵は，たくさんの卵が革のひもの鎖の周りにころがっている，といったイメージで結び付ける。新聞は，新聞を読んでいる犬を連想することによって，ドッグフードと結び付けられる。ベーコンと新聞は，新聞の代わりにベーコンを読んでいる人を視覚化することによって結びつく。防臭剤は，その人が防臭剤の代わりにベーコンを腕の下に入れる，ということをイメージすることによって，ベーコンと結びつけたのである。(p. 547)

パッテンは，4事例を報告しているが，ウィルス感染で脳にダメージを受けた37歳の映画館支配人は，3項目中1項目以上再生することができなくなっていたが，イメージを使用することによって，記憶スパン（期間）が伸び，単語も毎日10〜25語増加しだしたのである。

イメージを利用した教授方法も面白い。アトキンソンとラウフ（Atkinson & Raugh, 1975）は，ロシア語を教えるのにイメージを使用した。彼らは，学生たちにロシア語の単語それぞれに似ている英語を考えてもらった。例えば，ロシア語のZdanie（意味は「建物」）は［zdawn-yeh］（dawn は夜明けのこと）

のように発音されるのだが，学生たちは高い建物にさしこむ夜明けの光線を視覚化した。学生たちはこの視覚化テクニックをすぐにマスターし，統制群では46％の再生正解率だったのに対して，視覚化群は72％の再生正解率に達したのであった。

ブルとウィットロック（Bull & Wittrock, 1973）は，小学5年生が新しい言葉（単語）を学習する際にイメージが助けになることを見いだした。彼らは，3条件下でbrain（脳），magazine（雑誌），trouble（困難），truth（真実）といった言葉を児童に学習させた。「イメージ発見」群は，それぞれの語とその定義を読みそして書き，それからその語と定義の絵を描いた。「イメージを与えられる」群は，それぞれの語について自分で絵を描くのではなく，与えられた絵を描き写した。また，統制群は，その時間内，その語と定義を単純に繰り返し書いた。一週間後，多肢選択タイプのテストを行ったところ，イメージ発見群は最も成績が良く，統制群が最も成績が悪かった。この結果は，対語を扱ったボーワーとウィンゼンツ（Bower & Winzenz, 1970）の研究結果と合致するものである。

② **場所に関わる視覚イメージ——定位法**（method of loci: ロシはラテン語で場所を表す）：ボーワー（Bower, 1970）は，定位法の使用について次の3つのステップにまとめている。ⅰ）自分が日頃慣れ親しんでいる順序で各場所のリストを記憶する，ⅱ）憶えるべき項目のそれぞれを表すイメージを作り上げる，ⅲ）学習すべき順序でその項目を取り上げ，記憶の中の場所にひとつ一つ対応させながら，項目と場所を結びつける。

何千年も昔，ギリシャ人たちがこの方法を使用していたのであるが（例えば，詩人シモニデス），実際のところ，この方法はうまく作用するのであろうか。グロニンガー（Groninger, 1971）の研究では，ある参加者たちは25の場所を順番に覚えるように言われ，その参加者たちは定位法を使いながら25語のリストを心的に思い描いた（定位法群）。統制群の参加者たちは単純に，自分の好きな方法で，順番に25語を学習したのであった。そして，1週間後と5週間後に参加者がどれほど憶えているのか確認した（図5-2参照）。図5-2から分かるように，定位法を使った群の方が，統制群よりも再生率が高く，特にその両群の差は，5週間後に大きくなるのである。

定位法は，場所のための視覚イメージを使い，記憶を促進する方法としてよく知られているが，他にも場所イメージを使用する方法がある。

試験を受けたとき，ある質問に答えられないけれども，その答はテキストやノートの<u>あそこ</u>に書いてあったということを思い出すことができる，という経

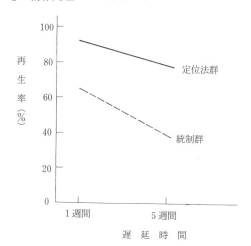

図5-2　正しい順番の再生語の割合（Groninger, 1971）

験がみなさんにもあるのではなかろうか。この<u>あそこ</u>という場所を手がかりとして記憶を確実なものにしておけば，これも立派な記憶法になる。ラブレイスとサウサール（Lovelace & Southall, 1983）は，ページの上とか下の余白の空間に記憶材料・課題を書いてあれば，学生はその記憶材料をより多く再生することができる，ということを確認した。また，空間的な場所（spatial location）についての知識は，散文的な節を再生する手がかりになるとはよく言われていることである。アダムス（Adams, 1985）は，研究参加者がその情報を獲得したもともとの状況を心的に作り出すように教示を受ければ，情報の再生が促進される，ということを示唆したのであるが，それからすれば，テキストを読むとき，その場所に注意を払うことは有効なことかも知れない。すなわち，場所を再生するということは，試験の時，成績を上げる手助けになるかも知れないのである。

2．他の記憶方略

　多くの記憶方略は，視覚的イメージと関係しているが，必ずしもイメージを必要としない記憶方略もある。それらの方略には，構造化（organization），媒介（mediation），その他いろいろなものを含むテクニックがある。

① **構造化**：構造化というのは，学習する課題を順序立ててパターン化する試みである。この章では主に長期記憶に焦点を当てているので，少し話はずれるがすでに短期記憶のところで述べたチャンク（Miller, 1956）に関わるチャンキ

5章　長期貯蔵庫（Long-Term Storage）

ングと呼ばれるものも構造化方略の一つである。ミラーは，情報のいくつかの小さな単位を大きな単位に組み合わせてまとめるプロセス（過程）を意味するために「チャンキング（chunking）」という用語（言葉）を作り出した。例えば，9個の独立した文字（例. m-n-e-m-o-n-i-c-s）を憶えるよりは，それらの文字を組み合わして一つの語（例. mnemonics）にした形で憶えることができるのである。この場合，9個の小さなチャンクの代わりに，1つの大きなチャンクになるのである。このチャンクという構造化をうまく利用すれば，記憶総量を増やすことができるのである。

　記憶に興味のある心理学者たちは，数十年にわたって構造化について検証してきた。一般的に，その研究では，人々は項目を憶えようとする時，特にそうしろと言われなくても，自然と項目を構造化している，ということを示している。例えば，ボースフィールド（Bousfield, 1953）は研究参加者に60個の名詞のリストを提示した。実は，その60個の名詞は，動物，人名，職業，野菜という4つのカテゴリーに分かれていた。その単語（名詞）はランダムな順序で提示されたにもかかわらず，参加者はその単語を再生する時，カテゴリーにグループ分けしていたのである。

　しかしながら，人はそれぞれの項目が関連していない課題の場合，どのように対処するのであろうか。タルビング（Tulving, 1962）は実験者の観点からすれば何の構造化もされないような関連の見あたらない項目を提示したのであるが，研究参加者はそれぞれ自分自身の方法でもって，その項目のリストを構造化していたのであった。そこで，タルビングはその現象を主観的構造化（主観的体制化と訳されることもある：subjective organization）と呼んでいる。

　構造化傾向は非常に強いので研究者たちが研究参加者の構造化パターンを粉砕するのは困難である（Peterson, 1977）。さらに，安定した構造化は研究参加者が再生する課題の総量と関係している。逆に，人がいろいろな単語（言葉）を見る回数は，構造化の安定性より重要ではないのである（Mandler, 1985）。読者のみなさんが課題をうまく構造化する方法を見いだしたら，それを持ち続けるのがよい。新しい構造化方略に移行しようとすれば，再生率は減少するだろう（Matlin, 1989）。題材を構造化する効果的な方法の一つに階層（hierarchy）を構成することがある。階層というのは，項目を一般的なクラスから特別なクラスというように一連のクラスに配列するシステムである。図5-3は動物についての階層の一部を示している。

　ボーワーら（Bower, Clark, Lesgold & Winzenz, 1969）は，図5-3に似てい

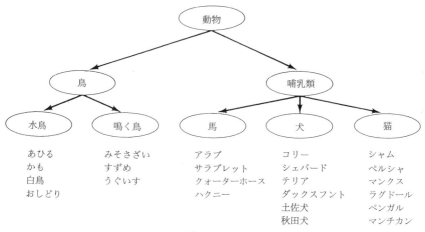

図5-3　動物についての階層の例

る4つの階層に属する単語を学習してもらった。ある参加者は構造化した形態で単語を学習した。その単語は図5-3のようにツリー状の形態で提示されたのである。それに対して，別の参加者は同じ単語を学習したのであるが，ツリー状になっておらず，ランダムにばらばらになっており，パターン化していなかったのである。結果は，構造化した構成で学習した参加者の方が随分よかった。例えば，最初の試みで，構造化した構成で学習した参加者は平均73語を再生したのに対して，ランダムな構成で学習した参加者はわずか平均21語の再生であった。ウィットロック（Wittrock, 1974）の研究などでも，階層的な構造化は辞書からランダムに選んだ単語を再生するのに有効だということが示唆されている。構造化は再生の助けになるのである。

② **媒介**：刺激を見て，それに対する反応を出してくる間に使用する内的符号化は，媒介子（mediators）として知られている。プリツラック（Prytulak, 1971）は，人はどのように媒介子を符号化するのかという，媒介についての重要な研究を行った。彼は，研究参加者に無意味綴を与え，それぞれの無意味綴に対応する英単語の媒介子を書くように求めた。そしてその後，プリツラックは，参加者に媒介子を与え，はじめの無意味綴のリストを再生してもらった。その結果，彼はもし媒介子が同じ順序で，同じ文字を使用すれば，無意味綴は再生されやすい，ということを見いだした。媒介子がすべての文字を使用していなければ，また，文字の順序を並び変えていなければ，参加者は無意味綴を正確に再生しにくくなるのである。このように，xyl という無意味綴を xylophone（木琴，シロホン）という語と一緒に覚えれば，xyl を再生することは容易になるであろう。しかし，pxt という無意味綴を typewriter と一緒に覚えても，すぐ忘れることになるであろう。このプリツラックの研究から指摘されることは，できるだけたくさんの文字を使用し，その文字の元来の順序も維持する媒介子の発見である。

　媒介子を使う記憶法の一つは，頭文字法（first-letter technique）であり，頭文字を手がかりに単語や文を思い出す方法である。天文学の惑星の順番を覚える時に，「水金地火木土天海瞑（2006年，冥王星は惑星から準惑星になった）」（My Very Earnest Mother Just Showed Us Nine Planets）などという覚え方をしているのではなかろうか。

　特別な記憶法を使わずに，単純にものを記憶するということは，なかなか難しい。ボーワーとクラーク（Bower & Clark, 1969）は，研究参加者の一群に覚えるべき一連の単語を結びつけ，物語を作ってもらった（narrative technique：物語法，または物語連鎖法）。時間には制限を設けず，物語を作れるだけ時間を取った。別の群（統制群）は，物語作成群と同じ時間を取り，一連の単語を単純に学習するように言われた。一連の単語を学習した後すぐの段階では，両群の参加者たちはほとんどの単語を再生した。次に，ボーワーとクラークは，その一連の単語を1リストとして12リスト提示し，全リストについての再生を求めた。その結果を図5-4に示すが，その両群の違いは決定的で

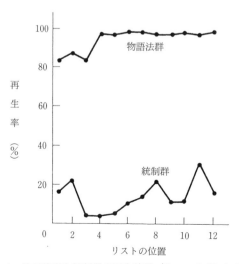

図5-4　物語法群と統制群の再生結果（Bower & Clark, 1969）

あった。つまり，物語連鎖法は，遅延後の記憶を助ける働きをするのである。

ここでは，覚えたい項目にさらに材料を付加する媒介方法，さらには物語を作る物語連鎖法について見てきた。媒介は学習する際また再生時に容易に利用することができる，ということを強調しておく必要がある（Bellezza, 1987）が，物語連鎖法は，それぞれをたいへん荒っぽくくっつけているので，再生時，再構成することができないことがある。

③ **他のいろいろな方法**：他にもいろいろな記憶法が提案されているが，実験的には検証されていない。そのいろいろな記憶法の中で，ここでは置換法（substitution），音韻化法（rhymes），とアドホック（ad hoc），そして外的な記憶援助法（external memory aids）について取り上げてみたい。

置換法では，ある種のシンボルが，覚えたい項目の他のシンボルに取って変わるものである。もし数を覚えようとし，構成化や媒介といった方法が単純に応用できなければ，記憶法の熟練者たちは，1をT，2をN，といったようにそれぞれの数に対して文字を置き換える方法を考えている（詳しくは，Young & Gibson, 1974 参照）。その時，文字は媒介としての単語や文章を作り上げるために使用されているのである。

音韻化法（rhymes）もまた有効である。例えば，英語の綴りで，friend か freind のどちらであるかまよったとき，「c の後を除いて e の前に i 」という一般的なルールを含んで繰り返し発音してみれば，わかるであろう。最後に，われわれはみんな特別な記憶法（ad hoc mnemonics）を使っており，それぞれ独自に物事を学習する記憶援助法を発展させている（Hunter, 1977）。右利きの子どもたちは，「右手で字を書き，もう一つの別の手が左手である」というアドホック記憶法を使用しながら，どちら側が「右」で，どちら側が「左」かを学んだ。アドホック記憶法は綴りを覚えるのにも利用されており，principal（校長：principle と混同しやすい）というのはみなさんの pal（仲間）で，"attend" の名詞の綴りはダンス（dance）に出るかどうかの出席（attendance）を取るのである。また，ハンター（Hunter, 1977）が指摘しているように，Britain（英国）という綴りはtが1つである。というのは，英国人というのは，丁寧に1杯のお茶（tea）を飲むからである。このように，アドホックな記憶法は，ある単一のルールを思い出す手助けとなるのだが，他の場合までは応用できない。

ハリス（Harris, 1978）は，日常生活の中で，人々はこの種の記憶法をあまり使用していない，と指摘している。ハリスの研究では，人々は項目を思いと

どめるために，ショッピングリストやカレンダーへの記入，クッキングタイマーのような外的な記憶援助法を使用しているということがわかる。ハリスは，手がかりは効果という点では一様ではなく，ばらつきがある，という。例えば，カレンダーへの記入は，カレンダーを見ることを忘れると，どうしようもない。つまり，われわれは外的な記憶援助法を利用するのだが，それには，自ずから限界がある。結局，外的な記憶援助法を使用するにあたって大事なことは，どれだけ頻繁に確認をするかである。

3．記憶上達（促進）への新しい方法

　ここ30年程，いろいろな心理学者たちが，記憶促進に向けての記憶法について批判を提出しだした。その研究者たちは，これまでの伝統的なアプローチは単純すぎる，という批判を出してきたのである。ウィルソン（Wilson, 1984）は，重度の記憶障害をもつ患者と接してきて，いろいろな記憶障害にはそれぞれ異なった視点からのアプローチが必要である，と考えるようになった。ウィルソンは，患者に記憶障害の種類を特定するために28項目のチェックリストを順番に並べてもらった。その項目は，患者が何かが起こった時のことを忘れているかどうか，近い親戚の人や友達を認識できなかったかどうか，その物がどこにあったのかを忘れたかどうか，といったことをチェックするものであった。

　これらの記憶障害の人たちに対する治療は，一般的な記憶促進と特別な課題についての訓練であった。例えば，ウィルソン（Wilson, 1984）は，脳卒中を経験し，4種類の特別な記憶問題のトレーニングが必要になった患者について報告している。その4種類というのは，日課表，人の名前，買い物リスト，地理的な道順などを覚え，思い出すことであった。患者は，外的な記憶援助とともに，記憶の困難さについての細かい項目をノートに記入するように求められた。その結果，ウィルソンは，単一の外的な方法ではすべての問題を解決できない，ということを強調している。同様に，プーン（Poon, 1980）は，同じ障害を示している人でも，その原因は異なる，ということを指摘している。例えば，二人の人が数字を提示されてすぐ，その数字を再生できないという同じ障害をもっているとする。その一人の人は数字について十分な学習経験がなく，情報をどのように符号化したらよいのかわかっていなかったのである。そして，もう一人の人は，子どもの結婚が近づいているといった一時的，環境的なストレスのために課題遂行が出来なくなっていたのであり，結婚式の数週間後には，正常に課題遂行が出来だしたのである。

ハーマン（Herrmann, 1988）は "Memory Improvement Technique（記憶促進法）" という本で**多様態アプローチ**（multi-modal approach）を提出した。記憶問題に答えるため，夜を越えて記憶を促進するというものであるが，ハーマンは，本気で記憶を促進したいのなら，完全な方法を採用しなければならないと強調している。この完全な方法とは，例えば，十分な睡眠と適度な日常活動レベルの維持といった身体的ならびに精神的な状態への気配り，典型的な記憶行動として正確な印象を確保するために記憶の日記をつけるといったような記憶態度への関心，ならびに，何か重要な事実を思い出す際，情報を集める間，「時間をかせぐ（buy time）」ための会話をする，そして，社会的文脈への関心などである。

結語：情報処理モデルとしてのまとめ

第2部では，アトキンソンとシフリン（Atkinson & Shiffrin, 1968）の情報処理モデルを軸に話を進めてきた。このモデルは理解しやすいので，心理学の近接領域でもよく説明に使われているが，短期貯蔵庫と長期貯蔵庫からなる記憶情報の二貯蔵庫モデルは短期記憶が長期記憶の前段階であると捉えているがゆえに，例えば，短期記憶障害をもつ脳損傷患者でも長期記憶形成が可能である，という事実を説明することはできない。バドリーとヒッチ（Baddeley & Hitch, 1974）は，二重課題法で実験を行った。すなわち，一次課題として文章の正誤判断課題を行う一方，二次課題として，発話での数字の記憶課題を課せられる場合，記憶する必要のある数字の増加にともない，短期記憶容量が消費されるということを見いだした。もう一度確認するが，アトキンソンとシフリンの二貯蔵庫モデルによれば，二次課題により短期貯蔵庫は数字で満たされているため，一次課題に割り当てられる短期記憶容量は，ほとんど，もしくは，まったく存在しないため，成績は著しく悪化，ないし，遂行不可能になるはずである。しかし，最も重い記憶負荷であっても，課題成績はある程度保たれるし，間違いの割合は軽い記憶負荷の場合とそれほど変わらないなど，影響は限定的であった。このような実験結果は，短期記憶という単に受動的に情報を貯蔵する記憶モデルでは説明できず，記憶の保持と課題の処理とが別個のシステムによって担われている可能性を示すものとバドリーとヒッチは考え，中央実行系と2つの従属貯蔵システムから成るワーキングメモリモデルを提唱した（ワーキングメモリについては8章で論じる）。

第3部

知覚・認知心理学の基礎理論

****

　記憶における情報の表象としては二重符号化説と命題符号化説が考えられてきた。二重符号化説は，ペイビオ（Paivio, 1971）が主張してきたものであり，情報は長期貯蔵庫に視覚的イメージおよび言語的表象として貯蔵されているとするものである。それに対して，命題符号化説は，記憶の中の表象は抽象的であって，特定の感覚様相と結合しないと考える。多くの研究者は命題符号化説を支持しているように思われるが，命題的立場は，①言語コミュニケーションの記憶は正確な言い回しではなく，その意味だけを保持している，②絵の記憶は視覚的な細部ではなく，絵の有意味な解釈を保持している，といったことを根拠としている。ある概念の意味は，他の概念によって表象され，その結びつきによる表象は命題ネットワークとして表される。命題ネットワークの中で，概念間の距離が近いほど，再生の有効な手がかりとなる。

****

6章

スキーマ理論（Schema Theory）

　これまで見てきたように，人間の記憶システムには，感覚記憶，短期記憶（作業記憶），長期記憶という三つの基本的過程があり，そのような形で情報を処理しながら，われわれは知識を獲得している。ただ，これまでの議論は，われわれ人間の認知活動一般に関与している構造としてはあまりにも部分的である，ということが言えるかも知れない。つまり，われわれ人間が身に付けている知識は，それぞれが経験した個別情報の単なる寄せ集めではない。われわれは，丸暗記的に知識を詰め込むこともできるが，人間が日常生活において利用している知識というものは，個々の具体的体験そのものよりも，むしろ，それらの事例を一般化し，抽象化したものと言えるであろう。そのような一般的，抽象的知識を使うことによって，人間は日々，新しい状況を理解し，次にやってくる状況を予期するという構えをもち，その状況に対処することができるのである。

　そのような観点から，より包括的な知識構造を目指したモデルが奇しくも1975年，別個に三人の研究者から提出された。それは，スキーマという用語を用いたラメルハート（Rumelhart, 1975），フレームという用語を用いたミンスキー（Minsky, 1975），ならびにスクリプトを提案したシャンク（Schank, 1975）によるものである。スキーマ，フレーム，スクリプトは，それぞれ名称は異なるが，すべて知識表現システムであり，共通する性質も多い。ここでは，一般に広く使われているスキーマを中心に話を進めたい。

スキーマの特徴

　スキーマ（schema）という概念は，もともとバートレット（Bartlett, 1932）が，かなり粗い規定の仕方ではあるが，「人間は新しい事柄を記憶するときに，自分のもつ記憶構造に関係づけて記憶する」と考え，その記憶構造をスキーマと呼んで，提出してきたものである。また，ピアジェ（Piaget, 1952）も，彼

の認知発達理論の中で，人間の思考行動における組織化された知識の役割の重要性をシェマ（schéma）という言葉を使って指摘していた。しかしながら，そのような概念は，行動主義的な心理学が全盛となる中で無視され，1975年まで話題の中心になることはなかったのである。そして，現在，スキーマという用語は，認知心理学の中でよみがえり，知識の内部表現の研究において中心的概念となっているわけであるが，現在においてもスキーマの概念のもつ未定義性は，完全に除去されたわけではない。ある意味では，それは当然で，スキーマは内部表現の単位として研究されるべき対象であるので，少しでもスキーマを理解することが，人間の知識構造やその利用の理解につながることになるのである。スキーマとは，知識のかたまりである（Norman, 1982）という簡潔な表現もあるが，ラメルハート（Rumelhart, 1975）などの主張をもとにして，スキーマのもつ主要な特徴をまとめてみたい。

1．変数をもつ

　スキーマには，定数ともいうべき固定した内容の情報以外に変数的情報がある。「買い物」を例にした場合を図6-1に示す。

2．埋め込み構造をもつ

　スキーマは，互いに排他的な情報パッケージではなく，あるスキーマに他のスキーマが埋め込まれている。例えば，ある人の「食事スキーマ」は図6-2のような埋め込み構造をもっている。

3．いろいろな抽象度のレベルをもつ

　スキーマは，あらゆる抽象度をもつ情報に対応することができる。すなわち，スキーマが表現する知識は，図形などの知覚的なものから，物語の筋，一連の行動，そして「友情」といったものにいたるまで，いろいろな抽象度をもっている。

```
              ┌─固定情報(定数)：品物を受け取るとき，お金を払う
     買い物───┤
              └─不固定情報(変数)：金額や品物など
                   (その場面，場面で違っており，普段は
                    デフォルト値が与えられている)
```

図6-1　「買い物」スキーマの変数

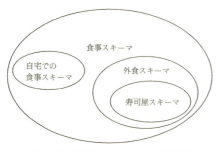

図 6-2 「食事スキーマ」の構造例

4．知識を表現する

スキーマは，公式や規則によって成り立つ定義群ではなく，われわれがこの世の中に関して得る知識の表現である。

5．実働的な認識装置である

スキーマを通して，われわれは世の中を認識している。

*

以上のようなスキーマの特徴をふまえて，以下のデータを紹介しておきたい。

「ウルトラセブン」理解におけるスキーマの関与

円谷プロダクションが生みだしたすばらしい作品，一連のウルトラマンシリーズ，その中のウルトラセブンのシリーズの中に，大人でも考えさせられる作品がいくつかある。金城哲夫の作品である。ここでは，ウルトラセブン終盤の作品「ノンマルトの使者」を取り上げ，若者はどのようにこの作品を読みとるのか，そしてその際，スキーマがどのように働いているのか見てみたい。

調査対象者（視聴者）：18歳から20歳までの若者325名
調査手順：
- ・「ノンマルトの使者」（録画映像からタイトル・バックを除いたもの）視聴
　　──視聴者の思考は，「これは何のドラマだ？」→「ウルトラセブンだ！」→「子ども向けの番組だ」／「ヒーローの番組だ」→「しかし、何かが違う?!」と刻々と変化しながらテーマ捜し等が求められる。
- ・「ノンマルトの使者」第一回目の印象評定
　　──視聴者は表6-1にある項目に答えるよう求められた。
- ・「金城哲夫の生涯について」視聴
　　──調査者は「沖縄人（ウチナンチュ）」「大和人（ヤマトンチュ）」といった言葉を説明し，太平洋戦争についての一般常識を確認した後，調査対象者に「ウルトラマンを作った男と沖縄　金城哲夫」（1993年8月7日　NHKBS放送──録画映像を15分にまとめたもの）を視聴してもらった。

・「ノンマルトの使者」第二回目の印象評定
　——視聴者は再び，表6-1にある項目に答えるよう求められた。
題材の説明：
「ノンマルトの使者」[注1]

　人間は，海底資源をもとめて海底開発にとりかかるのだが，実は，海底には人間より先に地球に住んでいる地球人がいる。それが，「ノンマルト」である。海が好きであった真市という少年がノンマルトの使者になり，ウルトラ警備隊に海底開発を取りやめるよう求めるのだが，人間はそれを無視し，人間とノンマルトの闘いとなる。セブンは，悩みながらも人間の側に立ち，とうとうノンマルトは全滅する。「海底は人間のものだ」と喜ぶ隊員たちをよそに，ダンとアンヌは割り切れなさに浸っていた。

「金城哲夫の生涯」[注2]

　金城哲夫は，1938年生まれ。六歳で沖縄戦を体験。中学卒業後，東京の玉川学園に進学。米軍統治下の沖縄からパスポートをもって日本本土に来るということは，まさに異国に来るというものであった。その高校時代，沖縄人を自覚するとともに，「沖縄と本土との架け橋になりたい」と思うようになった。大学時代から，円谷プロで脚本を学び，1966年から始まったテレビ「ウルトラQ」「ウルトラマン」「ウルトラセブン」で企画，脚本を担当。1969年に突然，帰郷。沖縄でラジオやテレビに出演する一方，沖縄芝居を精力的に執筆。沖縄が日本に復帰した1972年の後，1975年の沖縄国際海洋博では，開・閉会式を手がけた。しかし，その仕事は，常に周囲から理解されたわけではなく，特に海洋博では，激しく反発する地元と本土との摩擦に苦しんだ。次第に酒量が増え，1976年，誤って自宅の階段から転落。三十七歳で世を去った。

調査結果と考察：

　第1回目と2回目の印象評定の結果について表6-1に示す。金城哲夫の立場からすれば，この物語のテーマは，「人間とは何者なのか」である。確かに1回目の印象評定，2回目の印象評定を通して，「人間とは何者なのか」とテーマを読みとった視聴者は多かったが，注目したいのは「海底資源の重要性」と答えた視聴者たちである。調査当時，社会的に環境問題が話題になって

注1）1968年7月21日 TBS系放送，監督：満田 穧（かずほ），脚本：金城哲夫
注2）1993年8月7日　NHKBS　夏休みスペシャル　特撮のヒーロー　ウルトラマンの世界
　　「ウルトラマンを作った男と沖縄　金城哲夫」

表6-1 ウルトラセブン：印象評定

		1回目の評定	2回目の評定
1．この物語のテーマは			
a.魂はよみがえる		7%	12%
b.力は正義である		4%	5%
c.人間とは何者なのか		70%	79%
d.海底資源の重要性		19%	4%
[確信度]	高	22%	49%
	中	59%	43%
	低	19%	4%
2．ノンマルトとは			
a.地球侵略者		3%	9%
b.怪獣の名前		1%	1%
c.人類の別名		11%	35%
d.人類より前の地球人		85%	55%
[確信度]	高	36%	46%
	中	46%	46%
	低	18%	8%
3．この物語にあてはまる言葉			
解放		2%	4%
希望		3%	22%
苦悩		24%	44%
悲惨		15%	8%
勇気		2%	5%
後悔		17%	3%
力		26%	7%
その他		11%	7%
[確信度]	高	13%	40%
	中	42%	44%
	低	45%	16%

いた。したがって，海底とかいうように海の話が出てきただけで，海底資源は重要であり，海や海を取り巻く自然を大切にしなければいけない，という思いが出てくるのである。これは社会的なレベルでのスキーマということができよう。そのスキーマのために，1回目の印象評定の際には19%の視聴者が「海底資源の重要性」がテーマであるととらえていたのに対して，金城哲夫の生涯についての情報が入ることによって，環境問題とは違うテーマがあるということに気付き，2回目の印象評定の際には，その回答は少なくなったと考えられる。

この物語の中で出てくる「ノンマルト」とは何者なのか，という質問に対し

て，多くの視聴者は，「人類より前の地球人」という答を出してきているのだが，この答は全体のストーリーを総合しないと考えられない話の構成になっている。一部だけをとりだすとノンマルトとは，「地球侵略者」であり，「怪獣の名前」であり，「人類の別名」なのである。ウルトラマンシリーズには，地球侵略者が出てきて，怪獣と闘う場面が必ずある，というスキーマが強く働けば，「地球侵略者」や「怪獣の名前」といった回答になるであろう。それにしても，2回目の印象評定で1回目よりもいわゆる正解が減るということは，金城哲夫の生涯についての情報が逆に視聴者の解釈を混乱させたということであり，何でも情報を増やせば人間の認知が正確になるかというと，そうでもなく，逆に情報が多すぎて混乱することも有り得るということを示している。

　この物語にあてはまると思われる言葉を視聴者に選んでもらったところ，「苦悩」という言葉は1回目，2回目通して多かった。「力」は1回目多かったが，2回目多くなったのは「希望」である。「苦悩」というのは，この物語の中でのウルトラセブンの苦悩，真市少年の苦悩，アンヌの苦悩，そしてライターである金城哲夫の苦悩につながっており，この物語ならびに金城哲夫の生涯の背景に流れる共通した感覚であろう。1回目多かった「力」が2回目「希望」に変わったというのは，1回目の印象評定で，「力があれば何をしてもいいのだ」と読みとっていた視聴者が，金城哲夫の生涯を見て，どうも違う，この物語で本当に言いたいのは，「苦悩の中からも未来を見つめる希望」なのではないか，と考え出したためだと思われる。

　それぞれの回答に対して，視聴者の確信度を取ってみたが，全体として1回目の評定よりも2回目の評定の方が，確信度が高くなっている。これは，何かを判断するとき，情報ができるだけ多い方が本人としては確信をもって判断できる，ということを示しているものと思われる。

　以上のように，われわれは何かを判断する際，すでにもっているスキーマを利用して判断するのである。初めて出会った課題に対しても，完全に白紙の状態で向かい合うことは少ないのかもしれない。しかしながら，「金城哲夫の生涯」から金城哲夫の心情を読みとり，この物語の意味を理解しようとする際，当時の日本本土と沖縄の関係が分からなければどうしようもない。つまり，本土‐沖縄関係スキーマが必要なのである。その点で，2回目評定に混乱が起こったと思われる。そして，情報が増えれば増えるほど，確信度は増すが，その判断が正しくなるとは限らない。増えた情報によって判断のミスをすることもありうる。必要なのは，判断事項に関連する適切な情報であろう。

空間認知——地図読みとりの際のスキーマの作用

「長野県の長野市と茨城県の水戸市では，どちらがより北ですか？」と尋ねられて，正解を出せる人は意外と少ない。同様に，「米国のカリフォルニア州のサンディエゴとネバダ州のレノでは，どちらがより西ですか？」という質問にも正解は出しづらい。米国人に尋ねても，正解は簡単には出てこない。それに対して，「静岡県の富士宮市と山梨県の甲府市とでは，どちらがより北ですか？」という質問には，富士宮市と甲府市が具体的にどこにあるか分からないにもかかわらず，正解が出しやすいのである。これらの質問の答については，12章（表12-3）で述べることにして，なぜ，前の二つの質問には正解が出しにくいのに，最後の質問には正解が出しやすいのであろうか。

それは，われわれが日頃もっている記憶情報がヒエラルヒー的なネットワーク構造をもったスキーマになっており，地図情報に関して方向判断を迫られた時にも，このスキーマが働くのではなかろうか。ネットワークの話題については，さらに次章で詳しく述べたいが，われわれ人間の頭の中には認知地図があることは以前から知られており，この認知地図にスキーマが影響を与えているということは，なんら不自然なことではないのである。

岡林とグリン（Okabayashi & Glynn, 1984）は，スティーブンスとクープ（Stevens & Coupe, 1978）の研究成果をさらに発展させて，人間の地図情報処理といった空間認知の際のスキーマの働きについて明らかにした。実験の際，岡林らは次の2つの仮説を立てた。

1．人々の上位概念（例えば，州）についての情報の再生が，下位概念（例えば，市）についての情報の再生を導くので，上位概念どうしの関係が下位概念同士の関係と合致していなければ，地図情報の再生は，歪曲をうけるであろう。

2．地図情報についての記憶は，時間が経てば経つほど，スキーマが働き，抽象的になってくるので，即時再生よりも遅延再生の方が，歪曲が増えてくるであろう。

そのような仮説をもって，岡林らは，図6-3のような条件統制された地図のどれか一つを各参加者に見せた。これらの地図で，X市，Y市，Z市の位置はすべて同じである。問題にしたいのは，X市とY市の位置関係であるが，これら下位概念である市の関係は，上位概念である州どうしの関係によって，X市とY市の意味合いが変わってくる。州の境界線がない地図は統制群の地図

6章　スキーマ理論（Schema Theory）　　91

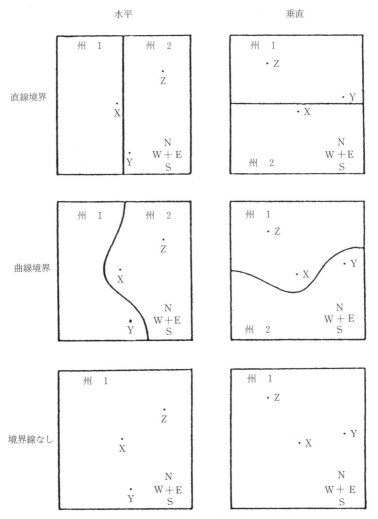

図6-3　地図課題（Okabayashi & Glynn, 1984）

であり，直線の境界線の地図は上位概念と下位概念が合致した実験群であり，曲線の境界線の地図は上位概念と下位概念が逆になっている実験群である。つまり，この直線境界地図は，具体的な例では「静岡県の富士宮市と山梨県の甲府市」との関係にあたり，曲線境界地図は「長野県の長野市と茨城県の水戸市」や「東京都の町田市と神奈川県の相模原市」との関係にあたる。そして，統制群の境界線なしの地図は，「東京都の八王子市と三鷹市」との関係にあたるであろう。水平，垂直は，それぞれの地図を回転させたものである。なお，

この実験はアメリカの大学生を対象に行われたものであるので「州」を使っているが，日本で行うならば「県」を使うことができるであろう。

課題の地図を見て，即時再生，一時間後の再生，二日後に再生を行ってもらったのであるが，X市とY市の関係について歪曲がおこった割合について検討した。その結果，即時再生では三種類の境界線のそれぞれの群に関して有意な差はなかったが（$x^2(2)=4.78, n.s.$），一時間後再生では有意な差が検出され（$x^2(2)=6.45, p<.05$），二日後再生ではさらに大きな差が検出された（$x^2(2)=16.75, p<.01$）。曲線の境界線群では，即時再生の段階からX-Y関係の歪曲が多く，一時間後再生，二日後再生というように時間の経過にともなって，その歪曲の割合が多くなったのであった。そして，境界線なしの統制群では，曲線群より少ない歪曲が出現したのに対して，直線境界線群の場合，即時再生，一時間後再生，二日後再生を通して，ほとんど歪曲が起こっていないのである。なお，課題地図を水平にしようが，垂直にしようが，結果にはあまり変わりがなかった。

このような結果から，上述した仮説は検証された。われわれは実際に，ある市と別の市の位置関係などについて詳しく記憶しているわけではない。きわめて抽象的，スキーマ的に記憶しているのである。そして，その関係について思い出さなくてはならなくなると，不明確で曖昧な部分については他の情報（上位概念など，上記の実験では州と州の関係）から情報を埋め込むことによって，情報の**再構成**（reconstruct）を行うのである。上記の実験などで見られる歪曲は，単なる間違いではなく，理由のある歪曲であり，人間の記憶の特徴，記憶構造の観点からして，**体系的な心的歪曲**（systematic mental distortion）ということができよう。われわれが他の人に情報を伝達するとき，このような体系的な歪曲が起こらないように気をつけなければならないであろう。

また，上述の実験でも時間の経過とともに歪曲は増えており，われわれが情報を記憶する際，符号化された情報がそのまま貯蔵されているわけではなく，これまでにわれわれがもっている既有知識としてのスキーマの影響を受けて，記憶は変容していっているのである。つまり，われわれが情報を取り入れる際，白紙の状態で情報を取り入れているわけではなく，スキーマに基づきその情報を取り入れており，そればかりではなく，貯蔵されてからも情報はスキーマの影響を受け，情報の方からもスキーマに働きかけがあり，より強固なスキーマまたは新しいスキーマが作られていっているのだと思われる。記憶というものは，固定したものではなく，力動的に変化していっているものだと言えよう。

大人と子どものスキーマの使い方の違い

これまで報告した研究によって、スキーマは、人間の認知活動に大きな影響を及ぼしている、ということが明らかになってきた。では、このスキーマの使い方は、大人と子どもで違っているのだろうか。

1. 幼稚園児のスキーマ利用

永井（1993）は、幼稚園の年長児と年中児を対象に、園庭で自由遊びをしながら、「保育室スキーマ」を使用できるかどうかを確認してみた。保育室内部の写真を園児に見せる際、年長児53名、年中児51名をそれぞれ二群に分け、一方の群には、「この写真をよく見てください。これは幼稚園のお部屋の写真です。」と言いながら写真を見せ、もう一方の群には、「この写真をよく見てください。」とだけ言って写真を見せた。

その写真には、保育室の内部が写っており、予備調査で、園児たちが保育室にある物として列挙した「椅子、テーブル、窓、人形、本、ままごとセット、ほうき、絵、黒板」などの他、園児たちが保育室にないものとして列挙した「三輪車、アイロン、やかん、ジュース」などが写っていた。

園児たちは、その写真を2分間見せられ、その後3分経ってから、その写真に写っていたものの再生を求められた。

その結果、「幼稚園のお部屋」と言われた群と言われなかった群の間には、再生量に関して有意差は見られなかったが（$F(1,100)=0.01$ $n.s.$）、年長児と年中児の間には、再生量に関して有意差が見いだされた（$F(1,100)=11.45$ $p<.01$）。また、この2つの要因の交互作用に関しても有意差が見いだされた（$F(1,100)=6.47$ $p<.05$）。この結果は、年長児の再生量が年中児の再生量より多い、ということを示しており、この年頃の子どもにとって年齢差は、記憶をする際、大きな要因になるということである。

さらに、このデータの分析を進めていくと、「幼稚園のお部屋」と言われた群の子どもでも、そう言われたことをすぐ忘れてしまったという子どもが10名ほどいることがわかった。一方、年長児で「幼稚園のお部屋」と言われなかった群の子どもでも、60％の子どもが、その写真を見て、「幼稚園のお部屋」と思ってしまっていたのであった。そのような状況を考慮して、もう一度データを見直してみると、「幼稚園のお部屋」と言われた群の再生量は、言われな

かった群の再生量より有意に高く（$F(1,99)=11.2\ p<.01$），また，年長児の再生量は，年中児の再生量より有意に高かった（$F(1,99)=12.4\ p<.01$）。なお，交互作用に関しては，有意差は見いだされなかった（$F(1,99)=1.63\ n.s.$）。

　この結果から，幼稚園児でも年齢が高くなるにつれて，記憶量は増えていくという以上に，年齢が高くなるにつれて，スキーマをうまく使いだせるようになるということが分かる。年中児でもスキーマを使える子の方が，再生量が多くなるのである。また，保育室の写真には，いつも保育室にあるものと，通常は保育室にはないものとが写っていたわけであるが，「椅子，テーブル，絵」など保育室での活動の際によく用いられるものは，年長児，年中児ともに再生率が高かった。また，「黒板」については，年長児の再生率が高いのに対して，年中児では，「保育室とわかっていた」園児で6％，「保育室とわかっていなかった」園児で0％とかなり低かった。これは，年長児では，日頃の保育活動の中で，黒板を使う機会が多い，ということによるものと思われる。さらに，「やかん，アイロン」も比較的多く再生されたのだが，これらは，保育室の構成要素としては特異的であったために，逆に注意を向けられたのだと思われる。それに対して，「戸棚，窓」といった項目は再生率が低かった。これは，保育室を建築物という視点でとらえていない，ということだと思われる。

　以上のことを，保育室スキーマという観点からまとめてみると，日頃の保育室での活動内容が保育室スキーマに含まれており，そのスキーマに合致したものは再生されやすく，あまり合致していないものは再生されにくいのだが，まったく合致していないと逆に，その奇異さゆえに，再生されやすくなる，ということが言えよう。つまり，幼稚園児でも立派にスキーマを使用しているわけであり，年中児より年長児でうまくスキーマを利用しているように思われる。このスキーマの利用は，おそらく，言語の発達と関わっているのではないかと考えられる。

2．大人のスキーマ利用

　一般的にスキーマに合う情報が記憶されやすいのであろうか，それともスキーマに合わない情報が記憶されやすいのであろうか。ミンスキー（Minsky, 1986）は，スキーマに合った情報を見るのに時間を使うため，そうでないものより記憶されやすい，と考えていたが，上記の幼稚園児の記憶をみてみると，たしかに，スキーマに合う情報は記憶されやすいが，逆にスキーマに合わなさ過ぎる情報も奇異な感じがして，記憶されてしまう可能性があるように思われ

6章 スキーマ理論 (Schema Theory)　95

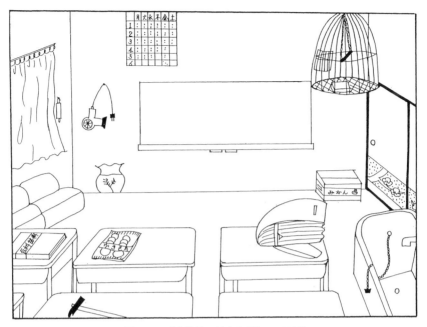

図6-4　「小学校の教室」(浜口, 1988)

る。

　浜口 (1988) は，大学生77名を対象に，スキーマに合ったもの，スキーマに合わないもの，どちらとも言えないもの，の三種類のものが描かれた「小学校の教室」の絵 (図6-4参照) を見てもらった。大学生の参加者は，二群に分けられ，一方の群は，「この絵は，小学校の教室の絵です。」と言われ，もう一方の群は，特にそのようなことは言われなかった。参加者への絵の提示時間は，15秒であった。参加者は，絵の提示から30分後に，その絵にあったものを思い

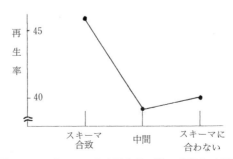

図6-5　スキーマによる再生率の違い (浜口, 1988)

表6-2 「小学校の教室」の再生における誤った
反応の割合（浜口，1988）

手がかり有	割合	手がかり無	割合
椅子	46%	椅子	43%
窓	25%	カレンダー	14%
黒板消し	16%	黒板消し	11%
時計	5%	窓	11%

出すように求められた。

　再生量に関して，「小学校の教室」と言われた群と言われなかった群との間には，有意な差は見いだされなかったが，「小学校の教室」と言われた群の中で，スキーマに合っているものは，スキーマに合っていないものよりも有意に多く再生され，どちらでもないものの再生率が最も低かった（図6-5参照）。また，実際には絵の中になかったが，再生の結果出てきたものについて表6-2に示すが，「小学校の教室」と言われた群も言われなかった群も，ともに半数近い参加者が「椅子」を再生している。椅子は，いろいろな「部屋スキーマ」に存在しがちなものであるため，実際には絵に含まれていなかったのだが，いかにもあったと思い込んでしまったのではなかろうか。

第一印象の強さについて

　上記の幼稚園児と大学生についての研究から，スキーマに合っている情報は残りやすい，ということが分かってきた。そうすると，一度残った情報は，異なった情報が入ってきたとき，どうなるのであろうか。これは，世間で言われている第一印象が変わるのか，どうか，ということに関連してくる問題である。
　依田（1989）は，吉村（1987）の刺激課題に手を加え，知人による山田君の紹介文（ポジティブとネガティブ）と山田君自身の自己紹介文（ニュートラル）を作ってみた（課題6-1，6-2，6-3参照）。ポジティブ文は，読めば，山田君はなんとなく「良い人」だと思えるようになっており，ネガティブ文は，なんとなく「避けたいタイプの人」だと思えるようになっている。そして，ニュートラルな自己紹介文は，特に良くも悪くも感じないような内容になっている。
　山田君を紹介されるとき，ポジティブ文を先に見せられ，ニュートラルな自己紹介文を見ても，山田君の印象はよくなり，その後，山田君に対するネガ

6章　スキーマ理論 (Schema Theory)

課題6-1　山田君の紹介・ポジティブ文〔吉村(1987)をもとに依田(1989)が作成〕

　山田君と僕は，大学の同級生です。彼はあたたかい感じの人で，多くの人から信頼され，好かれているようです。というのも彼は，話し好きの反面，人の話も良く聞いてくれる聞き上手で，相手を理解しようとする思いやりがあるからだと思います。人付き合いは良い方ですが，だからといって，自分の評判を気にし，他人に迎合するというような人ではありません。また子どもが好きで，よく近所の子どもと一緒に遊んであげているようです。行動は活動的で，偏見や感情にはあまりとらわれないタイプですが，すぐ他人に同情し，涙もろくなるという一面もあります。時々言いにくいこともズバッと言いますが，話し方にユーモアがあり，比較的よく笑う明るい感じの人です。

課題6-2　山田君の紹介・ネガティブ文〔吉村(1987)をもとに依田(1989)が作成〕

　山田君と僕は，大学の同級生です。彼はあまり社交的でなく，友人も少ないようです。女の子から見ると，どことなく冷淡で，理屈っぽい人だという感じがするようです。人と話すのは好きなようですが，自分の言いたいことだけを一方的にしゃべり，相手の話を聞くということがありません。また，自分の気に入らないことがあると，すぐ不機嫌になってしまい，こちらの言うことを素直に受け取ってくれないので，彼と話すと気疲れします。行動は活動的ですが，自分本位で，無理にでも自分の考えを通そうとする面があると思います。時々辛らつな調子で，まわりの人の気持ちを傷つけることを，平気で言うことがありますが，本人はそのことに気が付いていないみたいです。わりと気分にむらのある，好き嫌いの激しい人です。

課題6-3　自己紹介・ニュートラル文〔吉村(1987)をもとに依田(1989)が作成〕

　私は，今年で22歳になりました。今，大学の4年生です。家族は4人で，兄弟は弟が1人います。趣味は，テニスと読書です。私は誰とでも気軽に話すほうですが，友達がたいへん多いというわけではありません。友達の前では，かなりきつい冗談を言うこともあります。わりと行動的で，負けず嫌いのところがあると思います。周囲の人の評判は，それほど気にならず，マイペースの傾向が強いですが，時には相手の気持ちがとても気になることがあります。どちらかと言うと，感情のゆれが大きく，自分の気持ちがストレートに出ることがよくあります。

ティブな文を見ても，良い印象はあまり変わらないのである。それに対して，ネガティブ文を先に見せられ，ニュートラルな自己紹介文を見ても，山田君の印象は悪くなり，その後，山田君に対するポジティブな文を見ても，悪い印象はあまり変わらないのである。

実際の社会では，いろいろな要因が絡んでくるのだが，われわれが誰かに対してもつ印象というのは，一度形成されると，なかなか変えることは難しく，強固なスキーマを形づくることがありうるのである。しかし，もし，よっぽど大きな出来事，または，印象的な出来事があれば，それまでのスキーマが崩され，まったく逆の印象が形成されるかもしれない。仲の良かった二人が，ある事をきっかけに反目してしまうとか，これまで「悪女」と思っていた女性にふとしたやさしさを見いだすことによって，すばらしい「魅力的な女性」だと思うようになった，などという例がこの場合である。

スキーマのまとめ

以上のことから，スキーマは，人間の認知に次のような形で寄与していることが分かる。
1. スキーマは，記憶を選択的に操作している。
2. スキーマは，記憶の抽象化を促しており，そうすることによって，もともとの情報の部分は失われるが，その一般的な意味は保持される。
3. スキーマは，記憶の解釈に影響を与える。
   われわれ人間は，もとの提示された課題には存在しなかったものをスキーマから推論して，再生するかも知れない。しかし，スキーマは，不明確な情報の解釈の助けになるのである。
4. スキーマは，記憶における総合的な表現を促進，助長する。
5. スキーマは，記憶への重要な影響をもっているが，記憶はいつもスキーマに基づいて処理されているわけでもない。

7章

意味ネットワーク理論

　知識や意味のある情報はわれわれの頭の中で，どのように蓄えられているのだろうか。本章では，この疑問について言及するとともに，それゆえにどのような現象が起こってくるのかについて考えてみたい。前章で述べたスキーマは，上位－下位，全体－部分などの関係に基づいて互いに呼び出し合うように関連づけられており，全体としてネットワーク状の概念体系を成していると考えられる。そして，概念間の距離が近い場合，ある概念が活性化されると，周辺に活性伝播が広がり，意味連関のある語の認知，判断が促進されることがある。このような現象は，プライミング効果と呼ばれる。プライミングとは「呼び水を差す」という意味で，手続き記憶のひとつである。

意味記憶からの情報検索

　人間の長期記憶には一般に，膨大な情報が入っている。その情報の中には当然，前年の誕生日には何をしたとか，小学校の時いじめられたとかいうような個人的な経験が入っている。このような個人の生活体験の記憶を特に，タルビング（Tulving, 1972）は，**エピソード記憶**と呼んだ。検索する場合に，特定の日時や場所が関係してくるような情報をたくわえているのがエピソード記憶である。人間はまた，エピソード記憶とは違って，特定の日時や場所に関係しない情報，例えば，リンゴは赤いといった「事実」も情報として記憶している。この非エピソード的情報が**意味記憶**と呼ばれるものである。単語や言語的記号，その意味などについての体制化された知識，単語や記号の間の関係や使い方などに関する知識を意味記憶は含んでいる。

1. **検索速度に影響する要因**

　フリードマンとロフタス（Freedman & Loftus, 1971）は，意味記憶の中から適切な項目を見つける過程は継時的走査の過程なのかどうかを検証した。こ

こで継時的走査というのは，記憶貯蔵庫の中で求めている情報を見つけるまで一つ一つ項目を走査していくことである。例えば，「り」で始まる果物の名を聞かれたら，「果物」の記憶場所に行き，「り」で始まる名前にぶつかるまで，しらみつぶしに捜し，「りんご」に行き着く。これが**継時的走査**である。フリードマンらの実験がねらった研究目的は，カテゴリーの事例を連続的に走査して適切な事例を研究参加者たちが見つけるのかどうかを決めることであった。もしそうならば，小さいカテゴリーに属するものを探すよりは，大きなカテゴリーに属するものを探す方が，時間はかかるはずである。例えば，Wで始まる季節名（winter）を探すよりは，Pで始まる果物名（例えば，peach）を探す方が，時間はかかるはずである。しかしながら，フリードマンらの実験結果では，そうではないことが明らかになった。すなわち，フリードマンらの実験結果では，大きいカテゴリーに属する事例の名を検索するのと，小さいカテゴリーに属する事例の名を検索するのと同じくらい時間がかかったのである。そこで，意味記憶から情報を検索する際，人間は継時的走査過程を用いていないのではないかと，フリードマンらは結論づけている。

さてそれでは，検索速度に影響する要因は何であろうか。フリードマンらは，次の二つの方法を使って，参加者に刺激を提示した。第一の方法は，まず文字を示し，間をおいてからカテゴリーを指示する方法である。例えば，文字「p」を示し，少し間をおいてから「果物」というカテゴリーを指示する。参加者は，peach, pear, plumなどと反応するであろう。「果物」という指示が出てから，参加者が反応するまでの時間を測るのである。参加者の心的操作を考えてみると，この文字を先に示す方法では，「果物」というカテゴリーが出されるとすぐに，参加者は三つのことを頭の中で行わなければならない。まず，「果物」の情報がどこに貯えられているか，記憶内を探さなければならない。つまり，記憶内の果物のところにアクセスするのである。このステップのために要する時間をt_1とする。次に，参加者はこのカテゴリーから適切な情報を検索しなければならない。すなわち，「果物」のカテゴリーからpで始める事例を探さなければならない。このステップに要する時間をt_2とする。そして最後に，参加者は反応しなければならない。これに要する時間をkとする。そこで，「p-果物」という刺激が与えられた場合の全反応時間（RT_1）は，

$RT_1 = t_1 + t_2 + k$

となる。

フリードマンらの使用した第二の方法は，文字を指示する前に，カテゴリー

を示す提示方法である。まず,「果物」と指示し,間をおいてから「p」を指示するのである。この場合の反応時間は,pが提示されてから反応するまでにかかった時間である。このカテゴリーを先に出す方法では,「果物」とpとの間の時間中に,記憶内のカテゴリーにアクセスすることができる。そこで,この場合の全反応時間（RT_2）は,

$RT_2 = t_2 + k$

となる。

RT_1とRT_2の差をとることにより,カテゴリーにアクセスする時間t_1を推定することができるわけであり,典型的な実験では,t_1は250ミリ秒と言われている（Loftus & Loftus, 1976）。

2．意味記憶構造と検索との関係

意味記憶理論としての代表的なものには,ネットワークモデル,集合論的モデル,特性比較モデルなどがある（Smith, Shoben, & Rips, 1974）。それぞれに特徴があり,また,問題もあるのだが,現段階で中心になっているのはネットワークモデルである。

コリンズとキュリアン（Collins & Quillian, 1969）は,「カナリアには羽毛がある」,「カナリアは魚である」などの文に対する真偽判断の反応時間を指標として,人間の知識は多数の概念の階層的ネットワーク構造として貯蓄されているというモデルを提出した。そのネットワークは,意味記憶に貯蔵されている内的表象として,多くの概念や属性を,まず三つの概念水準の階層のどれかに位置づけている。そして,各水準での概念や属性は節点（nodes）として表され,また,水準内の概念と属性の関係や水準間にまたがる概念の関係は,リンクと名付けられた指針で表されている。つまり,コリンズらによる記憶構造モデルでは,諸カテゴリーが上位‐下位関係という形で階層的に構造化,組織化されている（図7-1）。例えば,「カナリア」の上位概念は「鳥」であり,「鳥」の上位概念は「動物」である。また,ある一群のものを特徴づける属性は,この群と対応する階層構造内の場所だけに貯蔵されていると仮定している（**認知的経済性**と呼ばれる特徴）。例えば,すべての「鳥」を特徴づける属性（翼がある,飛べるなど）は,鳥のところにだけ貯えられていて,個々の鳥の名のところにはこの属性は貯えられていない。

この構造をもとに,コリンズらは構造内の情報の検索方法を検証するために,研究参加者に次のような課題文を提示し,それに対して「はい」または「いい

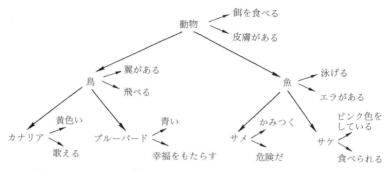

図7-1 階層的に組織された記憶構造の一部（Collins & Qullian, 1969）

え」での反応を求めた。

［課題文の例］
1．カナリアは餌を食べますか。
2．カナリアは飛びますか。
3．カナリアは黄色いですか。

　図7-1からも分かるように，この三つの課題文は，答えるために必要な情報がそれぞれ異なった概念水準に位置づけられている。「カナリアは餌をたべますか」という質問を分析すると，「餌を食べる」という情報は「カナリア」から2水準上の「動物」のところに貯えられていることになる。同様に，「飛べる」と「黄色い」という情報は，それぞれ1水準，0水準上に貯えられている。

　コリンズらの実験結果は，図7-2に示す通りであり，情報の水準が離れる

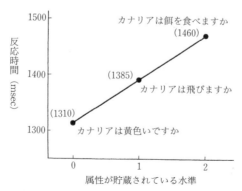

図7-2　いろいろな名詞とその属性とに関する質問に答えるための反応時間（Collins & Qullian, 1969）

のに比例して，検索に要する時間も長くなっている。

3．日本での追試研究

　上述のような先行研究を受けて，岡林と雨宮（1993）は，文の真偽を判定する時間を測ることにより，意味記憶からの情報検索のあり方を確認し，情報の貯えられている構造について言及した。コリンズらの課題文の中には社会的・文化的影響を受けると思われる課題もあり，現代の日本人の若者ならどうなるのか，確認する必要があったのである。

　岡林らは，本実験に入る前に，判定刺激文を選ぶために，大学生50名に文章完成法によって，文を創出してもらった。例えば，参加者は，「動物は……です（ます）」という文の空白箇所を埋めていくように求められた。この時，空白箇所を埋める言葉は，その文章の主語にあたる語（上の場合は「動物」）の特性や属性を表す語，主語から連想される語に限定し，空白箇所を埋めた言葉からの連想語ではないことが教示された。文章完成の個数については限定しない。参加者が終了を表明したところで次の課題に移り，同様な方法で，「哺乳類は……です（ます）」，「鳥は……です（ます）」という文章についても回答を求めた。

［本実験］
研究参加者：大学生45名
手続き：各参加者に個別に，上記の予備調査で選んだ課題文88項目に無関係課題20項目を加えたものをランダム（無作為）に提示し，その刺激課題の真偽判定を求め，その反応時間を測る。
結果と考察：

　刺激課題文として反応時間を測るターゲットとなった文に関する反応時間の平均と標準偏差を項目毎にまとめてみた（例えば，図7-3, 7-4, 7-5）。この中で特に，「動物と鳥類および魚類との関係」についてクローズアップしてみたい。反応時間を，その関係の近さ，遠さの指標として表すと，それらの関係は図7-6のようになる。この図は，コリンズらが提案した図7-1と微妙に違っている。この違いは，人間の記憶構造が，コリンズらが提案したほど理路整然としてはいないということを示唆しているのではなかろうか。実際に，参加者の中には，「動物は動物園にいるもの」とか，「鳥類と鳥，魚類と魚はそれぞれ違う」といった内省報告をしている者もおり，意味記憶といえどもかなり個人的な基準に基づいて情報を整理しているのかもしれない。

104　第3部　知覚・認知心理学の基礎理論

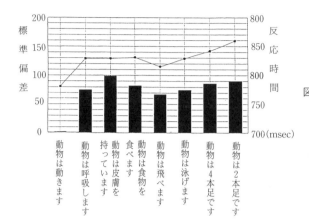

図7-3　課題文に対する反応時間と標準偏差（折れ線グラフ：反応時間，棒グラフ：標準偏差）

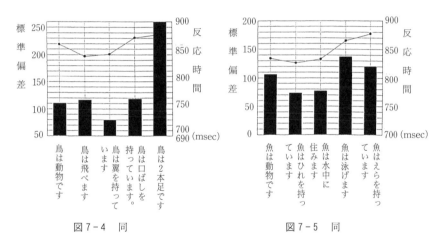

図7-4　同　　　　　　　　　　図7-5　同

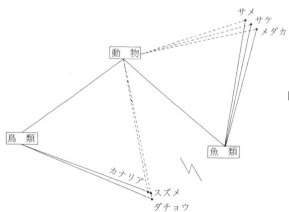

図7-6　動物と鳥類および動物と魚類との関係（注：それぞれの意味距離は，反応時間による。また，鳥類と魚類は同じ平面にはない。）

次に，コリンズとキュリアン（Collins & Quillian, 1969）が問題にした水準の違いによる検索時間の差について考えてみたい。図7-7，7-8，7-9が示すように，概念水準の増加によって必ずしも反応時間は増えてはいない。この問題はリップスら（Rips, Shoben, & Smith, 1973）によっても指摘されているが，この問題を解決する一つの方法として，節点（ノード）間の中間にある節点を除外して，ある概念が他の概念と直接結合するという可能性を許すということが考えられている。例えば，岡林らの実験結果から，「コリー」と「動物」を直接に結ぶラインがネットワークの中に組み込まれている可能性が示唆

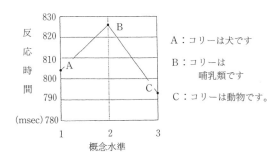

図7-7　概念水準別の課題文に対する反応時間（1）

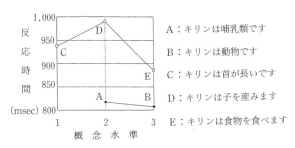

図7-8　概念水準別の課題文に対する反応時間（2）

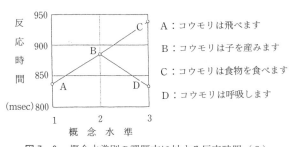

図7-9　概念水準別の課題文に対する反応時間（3）

されるのである。たしかにわれわれにとって，コリーは犬の代表的な概念なのであろうが，同時にコリーは動物の代表的な概念だと考えられるのである。

この概念水準の増加によって必ずしも反応時間は増えないという問題は，コリンズとキュリアン（Collins & Qullian, 1969）の提案した，「ある一群のものを特徴づける属性は，その群と対応する階層構造内の場所だけに貯蔵される」とする認知的経済性の仮定につながっていくと思われる。上位概念のもつ属性をその下位概念はもたないとすることで，コンピュータのレベルから言えば，記憶容量の浪費を防ぐことができるのである。しかしながら，人間の記憶が常にそのような認知的経済性にそって成り立っているとは言えないように岡林らの実験結果からは考えられる。人間は，一見無駄に見えるような記憶構造をとることによって，逆に情報処理能力を高めているようにも思われる。

4．意味記憶の特徴

意味記憶が何らかのネットワーク状に構造化されて蓄えられている，と考えることは現段階では問題ないことだと思われる。ただ，これまで見てきたように，コリンズらが提出したネットワークモデルとは若干違った記憶構造が存在するかも知れないのである。この記憶構造に関しては，今後の脳研究などのデータを加味しながら考えていかなければならないだろうが，そもそも記憶というものはかなり個人的なものであり，意味記憶といえどもエピソード記憶と不可分な部分があるのかもしれない。しかしながら，この個人的なものという要因は，意外に小さい問題なのかもしれない。いくら個人的なものでも，最大公約数的なものを考えていくことは可能だからである。

それよりも大きな問題は，記憶のもっている抽象性なのではなかろうか。記憶はイメージである。「動物」という言葉を聞いた時，われわれは，何かをイメージするはずである。「鳥」にしても「魚」にしても，われわれはそれぞれについて何らかのイメージをもっている。問題は，そのイメージである。イメージというと，まず絵（picture）のように具体的ではないかと思われるが，どうもそれほど簡単なものではなく，抽象的ではないかと考えられている。イメージ論争については，ペイビオ（Paivio, 1971）とアンダーソン（Anderson, 1980）の論争があるが，記憶のもっている抽象性が意味記憶構造に影響をおよぼす可能性は十分にあると思われる。

プライミング効果

　われわれは，日常生活の中で，プライミング効果といった現象を体験することがあるのだが，このプライミング効果は，意味記憶がネットワーク状に構造化されている，ということをサポートする現象なのではなかろうか。プライミング効果とは，ある単語があらかじめ提示されていると，それに関連する単語が認知しやすくなる，といった現象を言う。

1．ある検索が他の検索におよぼす影響

　ある事項を記憶から検索すると，それが他の事項の検索にどのような影響をあたえるのであろうか。コリンズとキュリアン（Collins & Quillian, 1970）は，「カナリアは鳥である」といった文を研究参加者に示して，この文が正しいか誤っているかを判定させ，次に「カナリアは飛びます」という文を判定させた。その結果，このように同じ主語が使われていれば，二番目の文に対する反応時間は，最初の文に対する反応時間よりも0.5秒以上も短縮されることになるということが分かった。また，あるカテゴリーに属する事例名をあげ，後でまた別の事例名をあげさせるような実験でも，この反応促進効果が見いだされている（Loftus, 1973; Loftus & Loftus, 1974）。

　このような反応促進効果は，最初の検索が，その記憶場所周辺に対するアクセスのしやすさ（アクセシビリティ）を高め，その検索事項に関連する記憶場所を活性化させる結果なのではなかろうか。ただ，このようなある記憶場所に対するアクセシビリティの高まりは一時的なものであり，永久に活性化していることはありえない。

2．地図情報に関するプライミング効果

　6章のスキーマ理論のところで述べたように，他の意味記憶情報と同じように地図情報も上位から下位概念へと階層的に広がったネットワークを構成している可能性があるように思われる。そこで，岡林（Okabayashi, 1989）は，プライミング効果を利用しながら地図情報の構造を明らかにしようとした。すなわち，地図情報においてある項目を活性化させると，その次の反応として，その周辺の項目はその周辺にない項目より反応しやすくなるであろう，と考えたのである。

岡林（1989）は，40名の大学生たちに30秒間，項目を記憶してもらい（学習期），その後，いくつかの項目を提示し，それらが先ほどの学習期に記憶したものであるかどうか，できるだけ速く，正確に答える（テスト期）ように指示した。実は，このテスト期の項目は，研究参加者には分からないように，先行項目とターゲット項目の対になっており，それぞれの対は，図7-10のような条件のもとに設定されていた。条件1と5は強い直接プライミング関係と言ってよいであろうし，条件2と6は弱い直接プライミング，条件3と7は連想的プライミング，条件4と8はプライミング関係にはない，と言うことができよう。

それぞれの対のターゲット項目に対する参加者の反応時間を表7-1に示す。そこから分かるように，条件1（先行項目とターゲット項目が同じ国の中にあ

学習期（30秒）

JAPAN	AUSTRALIA	U. S. A
TOKYO	ALBANY	LOS ANGELES
OSAKA	PERTH	ATLANTA
KOCHI	MELBOURNE	NEW YORK

テスト期

〔実験課題〕　　　　　　　　　　＊正解：「はい」　(1)＝条件1〜4
〈条件〉　　　　　　　　　　　　　　　：「いいえ」　(2)＝条件5〜8

1	同国内	：先行－TOKYO
		：ターゲット－OSAKA
2	異国間	：先行－KOCHI
		：ターゲット－ALBANY
3	連想プライミング	：先行－KOALA
		：ターゲット－MELBOURNE
4	無関係	：先行－SKI
		：ターゲット－LOS ANGELES
5	同国内	：先行－KYOTO
		：ターゲット－SENDAI
6	異国間	：先行－PERTH
		：ターゲット－FUKUOKA
7	連想プライミング	：先行－KANGAROO
		：ターゲット－SYDNEY
8	無関係	：先行－TENNIS
		：ターゲット－BRISBANE

〔統制課題〕

9	直接プライミング	：先行－MILK
		：ターゲット－JUICE
10	無関係	：先行－COMPUTER
		：ターゲット－BED

図7-10　学習期とテスト期の課題ならびに条件設定

表7-1 反応時間の平均[注1]と標準偏差[注2]

先行−ターゲット	実験課題				統制課題
	同国内	異国間	連想プライミング	無関係	
〈正反応〉	(1)	(2)	(3)	(4)	(9)
「はい」	470.5	472.4	471.9	502.0	575.5
	(35.0)	(36.6)	(23.2)	(23.2)	(239.2)
〈正反応〉	(5)	(6)	(7)	(8)	(10)
「いいえ」	484.3	484.5	496.1	493.4	588.6
	(34.6)	(29.9)	(14.5)	(90.2)	(233.4)

(注1) 単位はミリセカンド
(注2) ( ) 内はSD

り,「はい」と答える場合) が最も反応が速く,条件10 (先行項目とターゲット項目は関係が無く,「いいえ」と答える場合) が最も反応が遅かった。一般的に,統制課題よりも実験課題で反応が速く,無関係課題を除いて「はい」と答える方が「いいえ」と答えるよりも反応が若干速かった。

この実験は,地図情報に関する実験であるので,学習期において記憶してもらった項目も地図に関するものであった。したがって,統制課題は地図に関係しない項目であったので,この実験での参加者の意識としては,統制課題は相容れない課題であり,それゆえに反応が遅くなったのではなかろうか。情報を検索する際,人間の意識は重要なものになってくると思われる。地図に関する実験課題では,地図ネットワーク状で近い所にある対ほどターゲット項目は速く反応できる傾向にあり,これらの先行項目はプライム項目と考えてもよいであろう。また,条件3 (Koala-Melbourne) でもターゲット語の反応はかなり速くなっている。これは,コアラという先行項目がオーストラリアという国を導き,その国の中のひとつの市というターゲットを検索しやすくしたのだと思われる。

これらのことから,地図情報はおそらく階層的なネットワーク状に記憶されており,それゆえに,ある項目が意識されるとその周辺の項目が活性化されるというプライミング現象が生じる,ということがわかる。そして,そのネットワークは,閉じられたものではなく,地図情報以外のカテゴリー (上の例では,コアラ等の動物カテゴリー) とも結びつく開放的なシステム (open-type system) をとっているものと思われる。

8 章

ワーキングメモリ

　ワーキングメモリ（Working Memory：作動記憶）とは，情報を一時的に保ちながら，その情報を使って操作する能力や過程，そして，その構造を指す構成概念である。認知心理学では，バドリー（Baddeley, 2007）によって有名になった概念であるが，その特徴についてはジェームズ（James, 1890）の時代から話題になっていた。"100－36＋25"などの計算を暗算で行う際，100から36を引いて，その部分解答64を保持しながら，それに25を足し，最終解答の89を得ることができる。「64を保持しながら」というところが，上の概念規定の「情報を一時的に保ちながら」に対応するところであるし，「64に25を足す」というところが，「その情報を使って操作する」に対応している。

　ワーキングメモリのとらえ方は，研究者によって異なる，ということも事実であるが，従来の短期記憶や長期記憶の概念に入りきらない「もうひとつの（alternative）」記憶があるのも確かなので，本章では，短期記憶や長期記憶に当てはまらない記憶を総称する形で，ワーキングメモリを話題にする。近年，認知症が発症する時点で，ワーキングメモリがダメージを受けるということが分かってきて，認知症診断検査としてワーキングメモリの検査が実施され，社会がワーキングメモリに注目し出しているのである。

〈情報 BOX　8-1〉
認知症の記憶障害
　人間だれしも年齢を重ねると，もの忘れが多くなる。このもの忘れはいわば良性の健忘である。それに対して，認知症の記憶障害はワーキングメモリが働かなくなっているので，日常生活に混乱をきたし，進行する。診断のために使う長谷川式認知症スケールなどには，「100－7, 93－7, ……」といった課題が入っている。

　　　　［加齢による物忘れ］　　　　　　［認知症の記憶障害］
　　　・物忘れを自覚している　　　　　・物忘れの自覚がない

・体験したことのある一部を忘れる	・体験したこと自体を忘れる
・ヒントがあれば思い出す	・ヒントがあっても思いだせない
・日常生活に支障はない	・日常生活に支障がある
・判断力は低下しない	・判断力が低下する

アルツハイマー型認知症

認知症の中で最も多くみられ，脳内にたんぱく質がたまり，脳全体が徐々に萎縮していく。初期症状として，もの忘れが出現し，同じことを言ったり，聞いたりする。症状が進むと，薬の管理を自分でできなくなったり，きちんとした服装ができなくなり，トイレの使い方や家族がわからなくなったりするので，周囲との連携が必要である。

レビー小体型認知症

脳の神経細胞にレビー小体という物質がたまることが原因。もの忘れ症状もあるが，幻視（実際にないものが見える）が起こってくることが多い。気分や態度の変動が大きく，一日の中でも興奮状態と無気力状態を繰り返すこともある。

脳血管性認知症

脳梗塞や脳出血などの脳血管の障害により起こる認知症の総称。脳の一部に障害が生じるので，記憶がまだら状態になることがある。服の着替えなど日常生活ができなくなることが目立つ。高血圧や糖尿病，高脂血症，喫煙，過度の飲食など，脳梗塞や脳出血につながる要因を日頃から予防しておくことが重要である。

ワーキングメモリの提案

1. ワーキングメモリという用語の登場した背景

ワーキングメモリという用語が初めて用いられたのは，心をコンピュータプログラムで表現しようとした1960年代だと言われる。ワーキングメモリは，注意制御のもとでの一時的な貯蔵システムであり，人間の複雑な思考のための能力を支えるものである（Baddeley, 2007）。ワーキングメモリの研究は，当初，単純な一元論的，一時貯蔵庫である短期記憶（STM）の概念に基づいていた。したがって，かつては短期記憶の一種だという表現が用いられてきた。しかし，研究を進めると知覚と記憶の間の，そして，注意と行為の間の不可欠な相互作

用を効果的に形成するシステムには，単純な貯蔵をはるかに超えた心的作用が必要であることがわかってきた。

詳述すると，1960年代後半には，第2部で述べたアトキンソンとシフリンモデルに代表される情報処理モデルが提案され，人間の情報処理を簡潔に説明できるようになっていた。ただ，問題もあり，第一の問題は，長期貯蔵庫に情報を転送するには短期貯蔵庫に情報を保つだけでよく，情報を短期貯蔵庫に長く保つほど転送の確率が高くなり，うまく学習されるはずだったのに，そうはならなかったのである（Craik & Watkinson, 1973; Tzeng, 1973; Bjork & Whitten, 1974）。その「学習されるはずの仮定」と言われる出来事が検証されなかった理由は，単なる時間の経過より大事なのは，課題を学習する際の操作であり，物理的外観に関して処理しただけの項目はあまり保持されず，言語化した課題は多少再生されたが，最も再生されたのは意味に関して符号化した課題であった。クレイクとロックハート（Craik & Lockhart, 1972）は，その結果を処理水準の観点から検討し，学習の程度は，符号化の深さ，すなわち，処理水準の深さと関係するものであり，アトキンソンとシフリンが仮定したように，記憶課題を短期貯蔵庫に保った時間の長さによるものではないと主張した。短期貯蔵庫と長期貯蔵庫による従来のモデル理論の第二の問題は，短期貯蔵庫が学習のプロセスにおける決定的な段階であれば，短期貯蔵庫に障害のある患者は長期記憶関連のパフォーマンスの損傷もあるはずなのだが，そのような事実は認められなかった（Shallice & Warrington, 1970）。実験的には，単純に1つの課題項目を繰り返すように求められると，研究参加者は音声リハーサルを妨げられるが，最小の貯蔵負荷しかかからない。課題項目の数字の個数が3から6に増やされれば，参加者の短期貯蔵庫容量の大部分は占領されるはずである。このように同時提示された数字を連続的に増加させると，参加者のパフォーマンスは，ワーキングメモリに依存するどのような課題に対しても阻害されるはずである。参加者が，視覚的に提示された数字の系列を口頭でリハーサルしながら答えるというバドリー（Baddeley, 1986）の研究では，数字系列が長くなるほど反応は遅くなったが，正確さという面ではなんら有意差は見られなかった。

そのようなことから，バドリーの場合，一元論的な短期貯蔵庫という仮定を放棄し，多様態システムに置き換えることに決め，それをワーキングメモリと名付けたのであった。ワーキングモデルという用語は，人工知能（AI）におけるプロダクションモデル（Newell & Simon, 1972）の構成要素にも適用され，そのようなモデルを支える if-then プロダクションルールを保持する，容量に

限界のないシステムを指している。また，一方では，短期記憶という用語は，少量の直後再生を要求する課題を記述するのに用いられ続けており，ワーキングメモリという用語は，注意制御に関わり，短期貯蔵庫に保持した情報の操作を可能にするシステムを指すのに用いられている。

2．ワーキングメモリの容量限界

コンピュータにはワーキングメモリ容量限界はないという方向で考えられているが，人間のワーキングメモリには容量限界があると考えられている。前述したように，短期記憶には「マジカルナンバー7±2（チャンク）」(Miller, 1956)が容量限界として報告され，その後の研究で，その容量は課題の種類に依存し，数字なら約7個，文字なら約6個，単語なら約5個であり，長い単語よりも短い単語の方がたくさん覚えられるという現象（語長効果と呼ばれる）も，それぞれの単語を記憶するのに必要なワーキングメモリ容量の違いによって説明される可能性が指摘されている。言語的課題（数字，文字，単語）の記憶容量は，その人がその素材を声に出して読んだときにかかる時間と関係があると考えられ，その単語を知っているかどうかといった課題についての知識状態にも依存する(Baddeley, 2007)。したがって，人間のワーキングメモリの容量を定量化することは難しい。

ワーキングメモリのモデル

ワーキングメモリがどのように作用するのかについて，いろいろな立場から様々なモデルが提案されてきた。

1．バドリーとヒッチのモデル

バドリーとヒッチ(Baddeley & Hitch, 1974)は，ワーキングメモリのマルチコンポーネントモデルを提案した。このモデルは，注意制御システム，すなわち，中央実行系と2つの従属貯蔵システム，つまり，音韻ループと視空間スケッチパッドを備えている。音韻ループは，音声情報を格納し，その内容をリハーサルすることで情報の消滅を防ぐ。例えば，電話番号を何度も繰り返し，記憶痕跡を維持し続けようとするのである。視空間スケッチパッドは，視覚的または空間的情報を格納する。例えば，心の中でイメージを作り操作したり，メンタルマップを表現したりする。スケッチパッドは視覚システム（形，色，

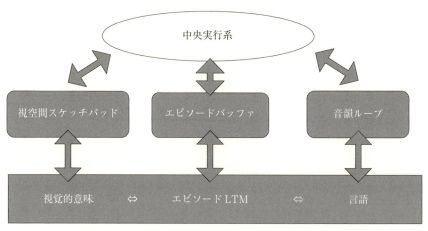

図 8-1　バドリーのワーキングモデル（Baddeley, 2000）

質感などを取り扱う）と空間システム（位置を取り扱う）に分けられる。音韻的な干渉課題は，音韻ループの機能を損なうが，スケッチパッドには影響を与えないこと，視覚的な干渉課題による抑制の効果は，スケッチパッドの機能にだけ明確になることが示されてきた。

　中央実行系に対して，下位システムである音韻ループと視空間スケッチパッドは独立していると考えられ，中央実行系は，その時点での生体の目標にとって適切な情報に注意（attention）を向け，大したことがないと思われる情報や不適切な行動を抑制し，同時に複数のことをしなければならない際の下位認知プロセス間の調整を行う。その後，バドリー（Baddeley, 2000）は，このモデルに第4のコンポーネントであるエピソードバッファ（episode buffer）を加えた（図8-1参照）。これは，音声・視覚・空間情報を統合した表現を保持し，さらに，長期記憶情報（意味情報等）へのアクセスと統合を担当する。エピソードと呼ばれるのは，エピソードとして関連する情報を統合すると考えられているからであり，エピソードバッファは短期的な記憶であるので，長期記憶のエピソード記憶とは異なるとされている。

2．コーワンのモデル

　コーワンら（Cowan, Elliott, Saults, Morey, Mattox, Hismjatullina, & Conway, 2005）は，ワーキングメモリを独立したシステムではなく，長期記憶の一部と見なす。長期記憶は3つの状態があり，①通常の長期記憶，②活性化した長期記憶の一部に対応し，活性化は量的には限界がなく，同時的にいくつもの情報

が活性化することがある，③注意の焦点（focus of attention）と呼ばれ，注意の焦点には容量限界があり，同時に注意を向けられるのは活性化した長期記憶の構成要素のうち最大で4つのチャンクである。

コーワンのモデルでは，情報を注意の焦点にもってくることがリハーサルに相当する。これらの状態は入れ子状になっており，長期記憶の活性化していない部分，長期記憶の活性化している部分，注意の焦点，といった順番に階層が深くなっていく。そのため，ある情報を注意の焦点にもってくるには，いったんその情報を活性化しなければならない。

オベラウアー（Oberauer, 2002）は，コーワンのモデルを拡張し，ひとつのチャンクにだけより大きな注意を向ける第3の状態を導入した。コーワンのモデルでは，人は同時に4つの数字に注意を向けることはできるが，4つの数字を使い同時にそれぞれ足し算をすることはできないであろう。オベラウアーのモデルは，4つの数字から1つだけ高次レベルの焦点に選び，処理を行うとすることで説明している。

3. エリクソンとキンチの理論

エリクソンとキンチ（Ericsson & Kintch, 1995）は，人間は日常的な活動において日頃，訓練された記憶を使っていると考えた。小説や論文を読む際，内容を理解するためには，7個以上のチャンクが関与していることは確実であろう。エリクソンらは，この場合，読んだ内容のほとんどは長期貯蔵庫に保持され，それらを何らかの検索構造でリンクしていると考えた。ワーキングメモリは，少しの概念しか保持できないが，それが検索手がかりとなって長期記憶を検索できるようになっているとして，このプロセスを長期ワーキングメモリ（Long-term Working Memory）と呼んでいる。

また，エリクソンらが研究対象とした人は，スポーツに関する記録を詳細に記憶していた。いくつかのチャンクを上位のチャンクで結合し，チャンクの階層構造を構成していると考えられた。この場合，階層の上位の一部チャンクだけをワーキングメモリに持ってくればよい。ここで，ワーキングメモリ内のチャンクは数字への検索手がかりの役割を果たしている。例えば，数秒で50桁の数字を覚えられる記憶のエキスパートであっても，数字以外の記憶課題については普通の人と変わらない（10章チェスならびに音楽のメロディ記憶参照）。トレーニングによって短期記憶の容量そのものが増えるのではなく，ある目的に特化した，その分野のスキーマに関わる記憶を開発していると考えられる。

ワーキングメモリのトレーニング

認知症の発症ならびに進行にワーキングメモリが関係しているという報道がなされ、そこに脳研究の技術的進歩によって、脳の作用の細かな変化をとらえることができるようになったため、何らかのトレーニングによって脳が変化することが見て取れることが期待されるようになった。

1. オルセンたちの研究

これまでの研究で、前前頭皮質はワーキングメモリ機能と関係していると考えられているのだが、オルセンら（Olesen, Westerberg, & Klingberg, 2004）の研究では、Cogmed RMと呼ばれるプログラムを用いてトレーニングをすることにより前頭前皮質での脳の活動が増加していることが見出された。脳の可塑的な変化を成人においてはじめて科学的事実として明らかにした論文である。

実のところ、ワーキングメモリを研究してきた研究者たちは、多くの認知機能の重要な基盤とされるワーキングメモリは一定値であり、何かの障害等で減少することはあっても、増えることはないと考えてきた。それが人為的なトレーニングで改善するということは大きな衝撃であった。

2. クリンバーグたちの研究

クリンバーグら（Klingberg, Fernell, Olesen, Johnson, Gustafsson, Dahlström, Gillberg, Forssberg, & Westerberg, 2005）は、25日間のトレーニングによってワーキングメモリが改善するとともに、流動性知能（問題解決、レイブンのプログレッシブマトリックス）が8％改善されたと報告している。この研究は、「ワーキングメモリ機能が知能に影響している」という言説を裏付けることとなった。

＊

このような研究成果を受けて、学校教育現場において学業成績を伸ばすためにワーキングメモリのトレーニングが試みられたりしているが、これまでの研究は目的が限定され、そもそも対象者が絞られ、また、その結果も微妙なので、ワーキングメモリのトレーニングが全般的な学習成績の向上につながるというように般化することは難しいかもしれない。

ワーキングメモリと感情

　感情が認知と関わるメカニズムはどのようなものなのだろうか。かつて，「感情が先か，認知が先か」論争（例えば，Zajonc, 1980, 1984; Lazarus, 1982, 1984) があったのだが，この論争は，ザイオンクとラザルスの感情ならびに認知の定義が違っていたという根本的なところでのずれが明らかになり，論争は腰砕けになってしまった。しかしながら，結果依存感情（受験のような出来事は，結果そのものが成功したのか，失敗したのかによって悲喜こもごもの感情を味わうことになる）や帰属依存感情（その結果をもたらした原因の帰属のあり方によってさまざまな感情が経験される）があるように，そのときそのときの出来事に対する認知と感情の対（ペアリング）を保持しながら，次の出来事に対する認知と感情への操作が行われるわけで，そこにはワーキングメモリが作動しないと成り立たない心的メカニズムがあるように思われる。また，幼稚園や保育園時代などの昔の楽しい思い出などが長期貯蔵庫に入っていても，その情報が活性化され，ワーキングメモリに乗っかってこないと何も起こらない。その上で，認知スキーマの他に感情スキーマも存在するのではないかと考えられている。

1．実験的研究

　処理効率理論（Processing Efficiency Theory: Eysenck & Calvo, 1992）は容量限界のあるワーキングメモリシステムを仮定しており，人は脅威を感じる場面では，うまくいかないという思いで頭がいっぱいになり，課題を遂行するための容量が少なくなると主張する。頑張っても遂行がうまくいかないと，新たな方略が採用されるが，それもうまくいかなければ認知的低下が生じる（Eysenck & Calvo, 1992）。不安の高い人は，潜在的な脅威からの注意散漫に悩まされ，ストレス下では，**心配仮説**（Worry Hypothesis）と呼ばれる認知的な問題を示すことになる（Baddeley, 2007）。カルボら（Calvo, Eysenck, & Estevez, 1994）は，不安傾向の高い人は文章を読んだ後，再生する課題で，読んでいる間の再帰的眼球運動を行うことで理解レベルを維持していることを見いだした。単語を一語ずつ提示して，再帰的眼球運動を抑止してみると，不安傾向の高い人は，理解レベルは維持したが，反応は遅くなった。さらに，単一語提示と無関連言語音および構音抑制を組み合わせることによって再帰的眼

球運動と心内音声化リハーサルを妨げると，高不安傾向のある人は明らかに理解レベルが下がったのである（Calvo & Eysenck, 1998）。

2．臨床的研究から日常の心理へ

不安と認知の関わりについてはいろいろな臨床報告がなされており，ウイリアムズら（Williams, Chambless, & Ahrens, 1997）の研究では，不安状態は，患者が自分の注意を恐怖の対象や状況に向けてバイアスをかける傾向から生じるとする。不安は，患者の周囲の状況のとらえ方（当然，そこには患者自身の過去経験をふまえての思考の仕方が関わってくる）から出現するものであり，知覚する対象自体に注意バイアスがかかっているのである。

このような臨床例から，認知と感情は入れ子になっているのではないかと考えられる。認知と感情の入れ子は，心理にとってのミクロタイム，マクロタイムといった複数の時間レベル（Fogel, 2008；Lewis, 1995；岡林，2008 参照）から説明できるであろう。ルイス（Lewis, 1995）は，感情を軸にして，パーソナリティ形成論を展開している。日常生活で刻々と（例えば，秒単位）移り変わる時間の中で，人はいろいろな出来事に遭遇し，いろいろな情報を得て，その出来事や情報についての感情，すなわち，情緒をもつことになる。出来事や情報についての理解・解釈（すなわち，認知）と情緒が対になりながら，生活をしているので，週単位のレベルになると，気分という感情が出来上がってくる（これが，創発と呼ばれる自己組織化現象である）。ある気分のもとで，いろいろな出来事や情報に出会うと，その気分を基に出来事や情報の理解・解釈を行うことになろう。当然，注意バイアスも働いているはずである。ある気分（複数でも単数でも）を基に何カ月から何年か過ごしていくと，その人の特徴であるパーソナリティというものが出来上がってくる。これが，ルイスの感情を基にしたパーソナリティ形成論であり，そこには，ミクロ時間と呼ばれる情緒レベルの時間の流れ，メソ時間と呼ばれる気分レベルの時間の流れ，また，マクロ時間と呼ばれるパーソナリティレベルの時間の流れが仮定されている。マクロ時間は，発達時間とも呼ばれ，発達心理学者が話題にする発達段階はこのレベルの変化であるし，パーソナリティ心理学者が話題にするパーソナリティ変容もこのレベルでの心理特徴の変化である。この3つの時間について，ミクロ→メソ→マクロの方向への影響もあるが，逆に，マクロ→メソ→ミクロの方向への影響も考えられる。すなわち，あるパーソナリティ特徴をもつ人は，そのパーソナリティ特徴に派生する気分をもっていることが多いし，ある気分

が何カ月か，何週間か持続すれば，その日，その時の情緒に影響を及ぼし，その時々の出来事や情報の理解・解釈といった認知に作用することを容易に想像できる。論理療法のエリス（Ellis, 1984）が指摘したビリーフシステム（信念／思い込み体系）におけるイラショナルビリーフ（非合理的思考）は，クライエントの上位時間レベルで作りあげられてしまった感情 - 認知システムが，その場，その時の判断を狂わしてしまい，不適応現象を生じる様を示している。このように，認知と感情は，入れ子になりながら，関わり合っている。

感情と認知の協働作用にワーキングメモリが関わってくることが考えられる。これまで何度も，いろいろな観点からのワーキングメモリについての概念規定，いわゆる定義を見てきたのだが，「ワーキングメモリとは，情報の一時的な保持とともに，課題遂行のための処理をも兼ね備えた記憶システム，課題についての情報を絶えず更新しつつ，いつでも利用できる状態に保持され処理されている。課題遂行後はリセットされ，ただちに新しい課題の遂行へ向けて書き換えられるため，メモ帳記憶（scratched memory）などと表現されることもある」（『医学大辞典』医学書院，2009）。この観点からすれば，日常生活の中で，ある瞬間，瞬間に起こる出来事についての感情（とくに，情緒と呼ばれる）と認知の相互作用（マッチングと競合）には，ワーキングメモリが関わっていると考えられる。

朝，登校し，教室に入ったとき（出勤し，職場に入ったときを考えてもらってもよい），すでに来ていた人がいて，その3，4人がクスクスと笑った。すると，あなたは，どう思うであろうか。ネガティブ感情状態にある人は，「あの人たちは私のことを笑ったのではないか」と疑うであろう。しかし，ネガティブ感情をもっているがゆえに，「どうして笑ったの？」と聞くことができないのである。そして，その疑いは，自分の頭の中で繰り返していると，「私のことを笑ったのに**違いない**」という確定事項に変わっていく。すると，彼らのとる行動すべてが「私を嫌っている」ことを裏付けるようになっていく。ワーキングメモリを介した認知と感情の協働である。ルイス（Lewis, 1995）が指摘した3種の時間の流れにおいて，ひとつ上の段階の時間の流れに相当する感情が生成されるにあたってもワーキングメモリが関わっているのではなかろうか。下位時間（例，ミクロ時間）での感情（情緒）の相互作用によって上位時間（例，メソ時間）の感情（気分）が創発される（Lewis & Granic, 2000）と言われるが，そのような自己組織化現象が生じるにあたっては，何らかのエネルギー，または，きっかけが必要であるし，そこに関わっているのがワーキ

ングメモリなのではなかろうか。

〈情報 BOX 8-2〉
感情
　感情（feeling）とは，経験の情感的あるいは情緒的な側面を表す総称的用語である。感情に関する現象を記述する用語として，情緒（emotion），気分（mood），パーソナリティ（personality）がある。これらの用語は，時間を軸に考えることができる。情緒は，ある刺激や要求の変化によって一過性の急激な表出や自律神経系の変化をともなって生じる現象で，「秒」ないし「分」の単位の現象である。それに対して，気分は，明るい気分，暗い気分というように「数日」から「数週間」の単位で持続する比較的，弱い感情だと考えられる。さらに，こうした傾向が「数カ月」や「数年」といった長い時間経過の中で持続する場合，その特徴はパーソナリティと呼ばれる。

第4部

知覚・認知心理学の応用

****

　第4部で取り上げる言語（9章），思考（10章），そして，シミュレーションとAI（11章）は，それぞれが独立しているようで，実際は関連しており，これからの知覚・認知心理学としては総合的に考えなければならないものであろう。言語研究は，かつては言語学の中で行われてきたものであるが，古い言語学の枠組みからのアプローチではうまくいかず，認知心理学や認知科学の影響を受け，認知言語学と呼ばれる心理学，認知科学，言語学等のボーダーレスな学問領域が登場してきている。人間は，言語を使うことによって思考を発展させることができる。その一方で，言語によって思考が制約を受けているのも確かである。今や，言語研究は，人間が話す自然言語だけでなくコンピュータのコンピュータ言語（機械言語）も研究対象になり，機械言語を構築することによって逆に人間の言語の特徴が認識されるようになってきた。自然言語認識の計算モデルとして拡張遷移ネットワーク（ATN）が用いられることがあるが，ATN文法の基本は，オートマトンの状態遷移として言語理解のプロセスをとらえようとするものであり，小林・西野（1997）は，脳をしきい値回路として表現し，任意に与えられたATNを模倣するしきい値回路を構成するためのアルゴリズムを示している。このような研究は，ATNから脳による言語認識の計算モデルを導き，シミュレーションを可能にしている。さらに，ダートマス会議をきっかけに始まったAI研究は，人間の認知過程の理解と構築が大きな目的であった。抽象的で概念レベルの複雑な情報に意味を与える高次の知覚過程は，人間の認知過程の重要な要素であり，この高次の知覚過程によって環境情報は心的表象へと組織化されていく。しかしながら，これまでのAI研究は，この高次の知覚過程を無視し，既成の表象を予め作ることで対処しようとしたことによって，人間の認知過程の理解という点ではうまくいかなかった。AI研究の基礎の部分では，知覚的認識論と非身体的・非知覚的認識論のせめぎ合いがあり，「概念の表象と構造」，「創発システム論から見る記号」といった話題は，今でも，大きな争点をもって論じられている。

****

9章

言語

　今日，この世界には7,000の言語があると言われているが，そのうち2,500が消滅の危機にさらされている（BBC, 2014）。言語は，それぞれ異なっているが，次のようないくつかの共通性が見られる（Brown, 1965; Clark & Clark, 1977; Glucksberg & Danks, 1975）。①言語は，共有する人同士のコミュニケーションが成り立つようにする。②言語は，シンボル，アイデア，物，プロセス，等々の任意な関係を作り出す。その意味で，表象的であり，象徴的であり，記号的である。③言語は，構造をもっており，パターン化した配列は意味をもっており，異なった配列は異なった意味を生み出す。④言語の構造は，複数のレベルで分析される必要がある（例．単語，句，文章）。⑤言語構造には限界があるが，その中で，言語使用者は新しい発言を生み出すことができ，新しい発言を創り出す可能性には限界がない。その意味で，言語は，生成的である。⑥言語は恒常的に発展する。そして，力動的である。

　言語は，人間の思考，生き方，すなわち，心理に密接に関係する重要なものである。言語を認知心理学が研究対象にするようになるにあたっては，1章で述べたように言語学と心理学のやりとりがあった。本章では，認知心理学の言語研究に影響を与えた言語学の研究を概観し，そして，言語研究の王道，統語論，そして，無視されてきた意味論を取り上げ，認知心理学における言語研究へのアプローチを取り上げる。

言語学概観

1．言語学の流れ

　言葉を科学の対象としてとらえようとする言語学は，19世紀，比較言語学として始まった。言語は，人間が意識的に作り出した文化ではなく，文化・文明以前から存在したものである。そこで，言語は「人工」ではあるが，「自然」に近いととらえられた。その後，現代言語学の基礎を確立したソシュール

(Ferdinand de Saussure, 1916, *Cours de linguistique générale*, 小林英夫訳,『一般言語学講義』岩波書店, 1972) は,「言語にあっては何もかも心理的」,「言語は社会的事実」だととらえた。それに対して, 20世紀のアメリカ構造主義言語学は, 言語を研究するにあたり, 対象は音として観察されるものであるとし, それより踏み込むことを避けた。つまり, 言語から心を排除したのである。ここで, アメリカ構造主義言語学は, 大きなジレンマに陥ることになる。科学理論の考え方という意味で行動主義心理学・S-R心理学と同時代にあたるアメリカ構造主義言語学は, 言葉には「意味」が先にあるのではなく, 意味とは, 話し手が発した音声により聞き手が示した反応の観察により説明されるものだととらえたのである。言語は, 意味を伝達する手段なのだが, 意味は心的な要素をもつので, アメリカ構造主義言語学は, 言葉を研究対象としながらも, 意味を論じないということになってしまった。

そこに出現したのがチョムスキー (Chomsky, 1953, 1955, 1967) の生成文法である。チョムスキーは, 言語とは人間が生得的に備えているものであり, 言語能力は生得的であると主張した。この主張が, S-R心理学批判につながり, 認知心理学誕生の大きなきっかけのひとつになったのである。

2. 統語論

統語論 (syntax) とは, 言語学で文が構成される仕組み, すなわち, 語が句や文節を形成して文を構成する規則を明らかにする分野である。統語論の解析においては, 文の階層構造の単位として構成要素 (constituent：構成素とも訳されるが, 心理学では構成要素の方が馴染みである) を考える。次の文を考えてみよう。

Mary left her child Harry to her mother.

[Mary……her mother] という構成要素の内部に [left……her mother] という構成要素があり, その構成要素は [her child Harry] と [to her mother] という2つの構成要素で成り立っている。さらに, [her child Harry] の中には [child Harry] という構成要素, [to her mother] の中には [her mother] という構成要素が存在する。

*

語の連続が構成要素であるかどうかを判断する手法のひとつに直接構成要素分析 (immediate constituent analysis) というものがあるが, 直接構成要素分析は, 文を直接, 構成する要素に分けていき, 文を構成する最小要素である

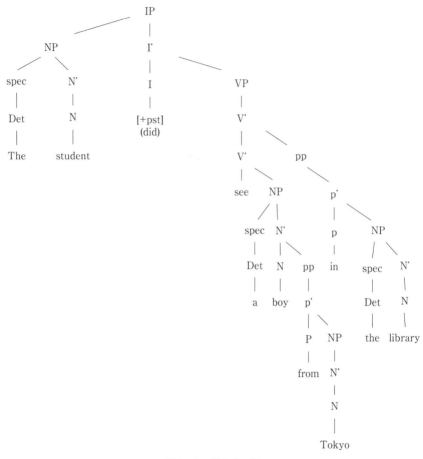

図 9-1 構文木の例

語・形態素にたどり着くまで続けるもので，最小要素が文を構成する，その構成の成り立ちを示すものである．次の文を考えてみよう．この文を構文木で示したのが図 9-1 である．

The student saw a boy from Tokyo in the library.

　図 9-1 では，saw a boy from Tokyo in the library という動詞句（VP）の内部に，a boy from Tokyo という名詞句（NP）ならびに in the library という前置詞句（PP）が含まれていることを示している．さらに，a boy from Tokyo の内部に from Tokyo という PP が存在する．VP, NP, PP というまとまり（句）になっているものは，それぞれ別々に抜き出さるので構成要素である．しかし，

その一部だけを抜き出そうとすると非文になる。例えば，a boy を from Tokyo から分離させて抜き出すことはできないため，a boy のみでは構成要素だとは言えない。in the library という前置詞句は VP の一部ではあるが，a boy from Tokyo という NP から独立しているため構成要素として抜き出すことができる。a boy from Tokyo in the library は複数の下位ツリーにまたがっているため構成要素ではなく，抜き出せないが，上位ツリーの see を主要部とする VP は構成要素である。from Tokyo については，"The boy that the student saw in the library was from Tokyo." という言い換えが可能なため，構成要素である。

　アメリカ構造主義言語学の統語論，直接構成要素分析は，一見，自然科学的に割り切っていく思い切りの良さはあるものの，二義文といったあいまい性をもった文の解析はできないという欠点がある。例えば，"light house keeping" といった句（構造体）の分割は，"light／house keeping（軽い家事）" と "light house／keeping（灯台守）" という2通りが考えられる。分割が一意に決まらないということも問題であるが，どちらの分割が正しいのかを決定するには，その意味からとらえるしかない。構成要素のつながりから構造を明確にして，その意味を捕まえようとしているのに，意味がわからないと構造が明確にならないという循環論的な問題にぶつかってしまった。

　統語論では，意味は言語が表すものであり，言語規則のメタレベルにあるので，意味を考える前に，語と語の結びつきを構造的に分析することによって，意味は自ずからついてくる，ととらえているのである。

3．意味論

　意味論（semantics）とは，言語学では統語論に対置される分野であり，語，句，文，といった文字列が示す意味について論じるものである。「意味」という用語の意味は規定しづらく，文字が対象や状況に対してもつ関係（指示的意味：reference），または，文字が他の文字（とくに概念と呼ばれる心的記号）に対してもつ関係（内包的意味：sense）としてとらえられている。次のような意味論が提出されている。

① **形式意味論**：文の意味は，その文が真になる条件（真理条件：「海が青い」が真なのは海が青い時であり，その時に限る）であり，複合表現の意味は，その構成要素から一定の合成手続きにしたがって一意的に決定される（構成性原理）とする。「海が青い」というのは，「海が青くない（黒い，白い，茶色）」

等の相対する意味があるので，それをフォーマル（formal：形式的）に表現しようとする考え方である。アリストテレスの三段論法や1970年代論理学を起源としており，言語を構成的なものと捉え，意味の断片を定められた関係に従って結合することで文（ないし談話）の意味が演繹できるとする枠組みをもっている。意味の構成や解釈は恣意的でなく，形式的に行う。自然言語の研究だけでなく，数理心理学や数理論理学とも関係している。一般量子化理論（論理式 $A, B, \cdots$ から論理記号 $\forall$（「すべての」を意味する），$\exists$（「存在する」を意味する）によって $\forall x A$（すべての x で A が真），$\exists x A$（A が真となる x が存在する）なる論理式が作られる。形式意味論は，言語と世界（外界）が直接結びついていると考え，実際に言語を用いている人間の認知活動を無視している。したがって，認知意味論の研究者とは相容れないところがある。

② **語彙意味論**：語や形態素の意味構造を扱うものである。語や形態素が担う意味を意義素と呼び，意義素が意味論における基本単位だと考える。その研究方法には2つのアプローチ方法があり，ひとつは同じ意味場に属する二つ以上の語の関係を明らかにしようというものである。この方法では語彙の体系におけるある語の価値が確定される。もうひとつはある語を，それより原始的な要素によって分析するアプローチである。成分分析や語彙分解がこの例であり，語彙概念構造（LCS）の分析などが知られる。

③ **認知意味論**：認知主体である人間が，客観世界をどのようにとらえ，どのように言葉にするのか，という課題に注目したものである。日常言語の概念体系の多くは，客観的な解釈によって構築されているのではなく，そこに言語主体の身体的経験や言語以外にも見られる一般的な認知能力が反映されている。すなわち，メタファー，イメージ形成，スキーマ変換，カテゴリー化などの認知プロセスを介して構築されているのである。この認知プロセスによって，通時的意味変化，多義性，構文の拡張などが動機づけられている，という観点である。「牛乳が半分も残っている」と「牛乳が半分しかない」「半分残った牛乳」はどれも同じ客観的な世界を捉えた言語表現であるが，その牛乳の状態（客観世界）を認知主体（人間）がどのようにとらえるか——認知プロセスを反映——によって，このような言語表現の差異が生まれる。アプローチは多岐にわたるが，共通しているのは形式意味論のような人間の主観や認知を廃した形式的な枠組みに対するアンチテーゼとなっている点である。語用論，談話分析などのほか，ゲシュタルト心理学や認知心理学，発達心理学，そして，脳科学と近いところにある。

④ **概念意味論**：生成文法の意味論部門と言うことができよう。ジャッケンドフ（Jackendoff, 1983, 1990）が推進している意味理論で，意味構造は概念構造に等しい，という考え方に立脚する。認知心理学との相互交流も盛んであり，音楽の理論や視覚の理論とも結びついている。**モジュール論**に立ち，意味構造を解釈部門ととらえず，生成的と仮定している。意味役割の理論，照応の理論，量化の理論など提案している。

〈情報 BOX　9-1〉
モジュール

　言語研究において，モジュール論，モジュール説と呼ばれる考え方が鍵になっている。モジュールというのは，心の働きを情報内容の違いに対応したいくつかの独立した処理単位（モジュール）の集合として考えようとするものである。ミンスキー（Minsky, 1986）はモジュール説を発展させて，それぞれは簡単な処理しかしないが，全体としては，適応的な高次の処理をするエージェント（agent）集合としての心という「心の社会（The Society of Mind）」を提起した。言語にしても，認知そのものにしても，ある部分では単純なことしかやっていないのだが，それらが集まり働くことになると（相互作用，協働などと呼ばれる），すばらしい高次の情報処理になっているということは理論的に十分考えられることである。

④ **解釈意味論と生成意味論**：1960年代に生成文法（当時は「標準理論」と呼ばれていた）が統語論と意味論との関係に言及を始め，その関係をめぐり，意見の対立が表面化し，いわゆる「言語学戦争」の時代へ突入する。それまでの生成文法の流れを踏襲し，意味論に対する統語論の優位や，統語論の自律性を主張するグループは，意味論として「解釈意味論」を打ち立てたのに対し，意味の重要性に気づいたグループはまず定められるべきは統語構造ではなく意味構造であるとし，「生成意味論」を打ち立て，意味論を言語研究の中心にすえた。

　生成意味論は，生成文法の標準理論の仮定「変換は意味を変えない」を基に，深層構造を唯一の意味表示として，それに適用される変換によって語，文が導出された。量化，語彙分解など重要なテーマを提起したが，次第に扱う領域が膨大になりすぎ，変換が無制限に立てられ，大局的制約という理論的負荷の大きい装置を持ち出し，論理学や心理学への還元主義的傾向が見られた等々，い

ろいろな問題が生じていた。解釈意味論が理論的優位に立ったことで，失敗理論と見なされることもあるが，その後もレイコッフ（Lakoff, G.）などを中心に研究が続けられている。認知心理学や脳神経科学などの知見なども取り入れつつ，近年，生成文法の代案として，「認知意味論」や「認知文法」など，いわゆる「認知言語学」という新しい理論パラダイムを提示し，意味の内部構造，ならびに，多義語の意味ネットワーク構造を明らかにしている。

そもそも，生成文法の標準理論では，統語論と意味論の相互接続は深層構造が担うとされていたが，量化現象などにおいてモデルの矛盾が指摘された。こうした生得的アプローチ内部の理論的対立は，根本的には生成文法が意味論を軽視してきたことが原因となっていた（森山, 2002）。

〈情報BOX 9-2〉
生成文法と格文法

生成文法（generative grammar）理論は，チョムスキーが提案した言語理論で，人間には生まれつき言語獲得装置（Language Acquisition Device: LAD）が備わっており，言語能力は生得的なモジュールに基づくと仮定している。LAD は，人間の言語に普遍的に存在する特質であり，これを普遍文法（universal grammar）と呼ぶ。初期の生成文法理論（標準理論，Chomsky, 1965）では，意味に対応する深層構造（deep structure）から，変形規則によって音に対応する表層構造（surface structure）が派生すると仮定する。

格文法（case grammar）は，フィルモア（Fillmore, 1968）が提唱した文法理論であり，一種の変形生成文法だと言われている。①格助詞で示されるような主格や目的格などは表層格（surface case），②動詞が名詞概念との間にもつ意味関係は深層格（deep case），③深層格による名詞概念への意味的な制約は選択制限（selectional restriction）と呼ばれる。代表的な深層格としては，動作主（agent: 動作を引き起こす主体），対象（object），道具（instrument），場所（location）などがある。普遍的な格の概念を設定し，文が基底部門において動詞と1個以上の格範疇に展開されるとする点が特徴とされる。

なお，生成文法理論では言語能力が生得的なモジュールに基づくと仮定しているのに対して，**コネクショニストモデル**では，言語のために特別な仕組みがあるのではなく，一般的な認知能力の発達との相互作用の結果として言語能力が形成されると考える（Elman, 2005）。

言語音の認知と単語認知のメカニズム

　言語音の認知とは，音声の物理的パターンから言葉を認識するメカニズムであり，音声はどのように言葉として認識されるのかが話題となる。近年，スマートフォンやPCでの音声に関する機械認識は非常に進んだのだが，その精度はなかなか完璧なレベルまでいかない。その原因のひとつに，音声の物理的パターンから言語音を判別することは難しいことがある。

1. 音素のカテゴリー的知覚

　ムーア（Moore, 1989）は，"I can see you."とネイティブスピーカーに発音してもらい，その音声のスペクトログラムを解析した。すると，"see"と"you"の間には明確な境がないのである。これにより，言語音は，それを認識する人間に依存したカテゴリーだということがわかる。

　日本語を母語とする人にとって，英語の/r/と/l/の音を区別することは難しい。どちらもラ行音に聞こえるのである。それに対して，英語を母語とする人にとって，/r/と/l/は別々の音として聞くことができる。つまり，英語を母語とする人は/r/と/l/を別の音素カテゴリーとして知覚するが，日本語を母語とする人は，同じ音素カテゴリーとして知覚しているのである。

　ちなみに，生後6カ月の乳児は，母国語に存在しない音素も弁別できることがわかっている（Lloyd, 2007）。その後，母国語に含まれる音素しか弁別できなくなっていく。乳児は，周囲の人たちの発話を聞くことによって，言語音をいくつかのカテゴリーに分割すべきかを学習するのである。逆に，使う必要のない能力は衰退すると考えられる。

　物事を細かく分けていき，分析すれば理解できるという考え方から，言語を細かく分けていき，語の意味を区別できる音声の最小単位である音素が研究されたが，言語理解にはなかなか難しいものがあった。音素を組み合わせることによって，音節やモーラが作られる。英語では音節が，日本語ではモーラが発音の基本的単位になると言われている。どのような言語でも，有限の種類の音節またはモーラの組み合わせによって，単語の意味が決まってくる。下位の要素の組み合わせによって，上位の要素を作り出すことができる，ということが言語の生産性の源になっている，ということができよう。

〈情報 BOX　9-3〉

音素
　語の音素意味を区別できる音声の最小単位を音素という。

モーラ
　音韻論上，一定の時間的長さをもった音の文節単位。「拍」と言われることもある。

音節（シラブル）
　連続する言語音を区切る文節単位。音声のきこえのまとまりである。

＊

　音節は，音韻の構造によって定められ，すべての言語が音節をもっているが，モーラをもつ言語ともたない言語がある。

2．単語の中の文字を認識するよりも単語を認識する方が先

　モートン（Morton, 1980）は，個々の単語を認知するロゴジェンと意味情報を取り扱う認知システムから構成されるロゴジェンモデルを提案した。単語を読むとき，聞くとき，感覚系からの情報入力によってロゴジェンが活性化し，その値が，ある閾値以上になると発火するというものであり，ロゴジェンの発火は，その単語が認識されたことに対応する，というものであった。ラメルハートとマクレランド（Rumelhart & McClelland, 1981）は，ロゴジェンモデルを精緻化し，視覚的単語認知についての相互作用活性化モデルを提案した。このモデルは，特徴レベル，文字レベル，単語レベルの3層から成り，各層は神経細胞と同様な振る舞いをするユニットから構成されており，ユニット同士は，興奮性または抑制性の結合で結ばれている。このモデルは，単語優位効果を定量的に再現することに成功し，コネクショニズムに大きな影響を与えた。

　単語優位効果とは，単語の方が，単語に含まれる文字（例."work"の中の"k"）よりもすばやく容易に認知できるという現象である。相互作用活性化モデルでは，単語レベルから文字レベルに向かう結合によって，単語が提示された場合の方が，その単語に含まれる文字のユニットの活動は強くなる，ということを示している。

3．心的辞書

　心の中に保存されている単語に関する情報の集合は，心的辞書（メンタル

レキシコン）と呼ばれる。レキシコン（lexicon）というのは，ある人の言語レパートリーにおける形態素（morphemes: 意味をもつ最小の言語単位）のセットである。心的辞書に収められている情報として，その単語がどのような音素，または，文字から構成されているのか，どのような意味的，統語的カテゴリーに属するのか，さらに，心的辞書は，視覚的認知，聴覚的認知，統語解析，意味処理など，さまざまな処理プロセスに分散して存在するのか，あるいは，情報を統合した1つの心的辞書が存在するのか，論争が続いている。

言語理解のモデル

1．文脈および単語の意味に関するモデル

　言語学からの理論では，多義語の認知を説明できないという弱点があった。スウィニーら（Swinney, 1979; Swinney, Onifer, Prather, & Hirshkowitz., 1979）は，感覚様相間（cross-modal）プライミング法を用い，意味的な文脈が語彙的多義性の解消過程に及ぼす効果について実験的に検討した（例．プライム語：bugs ——虫と盗聴器の意味がある）。"bugs" のような多義語を含む刺激文を聴覚的に提示し，プライムの提示終了からターゲットの視覚的提示を開始する前までの時間間隔を変化させ，研究参加者はターゲットに対して語彙決定課題（lexical decision task）を行った。そして，語義的多義性の解消過程の初期段階において，文脈とは独立に多義的アクセスが生じるということが明らかになり，そのデータはモジュール説を支持すると解釈された。モジュール説は，言語における自律的で高速なボトムアップ処理を重視する（Fodor, 1983）ものである。

　単語の意味は，文脈とも関係しているので研究が困難な問題のひとつであったが，ランダウアとドゥマイス（Landauer & Dumais, 1997）は，百科事典のすべての文章における単語と見出し項目の共起頻度に，特異値分解に基づく**潜在意味分析**（Latent Semantic Analysis: LSA）を適用し，数百個の次元からなる単語のベクトル表現を構成した。

2．文理解のモデル

　生成文法理論（Chomsky, 1965）では言語能力が生得的なモジュールに基づくと仮定しているのだが，それに対して，コネクショニストモデルでは，言語のために特別な仕組みがあるのではなく，一般的な認知能力の発達との相互作

用の結果として言語能力が形成されると考える（Elman, 1990）。エルマン（Elman, 1990）は，3層（入力層，隠れ層，出力層）のネットワークに，一時点前の段階として，隠れ層の内容を保持する文脈層を追加した**単純再帰ネットワーク**（Simple Recurrent Network: SRN）を提案した。文脈層から隠れ層へのフィードバックがあるため，文脈層の情報は，次の入力と隠れ層で統合される（図9-2）。文を構成する単語が次の単語を予測できるようにSRNを訓練し，学習後の隠れ層にクラスター分析を行った結果，単語の品詞や文法構造を獲得できることが示された（Elman, 1993）。

SRNは，文の構造を単語間の線形関係によって近似している，と考えることができる。そこで，言語学者のジャッケンドフ（Jackendoff, 2002）は，"The little star's beside a big star."（その小さな星は大きな星のそばにある）という例を挙げ，音韻構造，統語構造，概念構造の関係に発火の共時性のみで対処できるのかと疑問を呈している。

3．文章理解モデル

文章理解についての認知心理学の研究は，文の意味内容に関わる心的表象と心的プロセスに焦点をあてている。心的表象は，認知心理学の得意分野である記憶の話題につながる。文章理解についての研究は，構文解析の話題を捨象することができるため，研究しやすさがある。

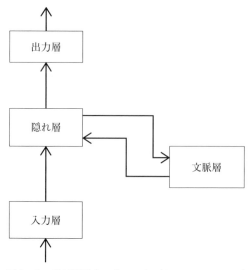

図9-2　単純再帰ネットワーク（Elman, 1990, 1993）

キンチ（Kintsch, 1992, 1998）は，記号的コネクショニストモデルの例である，文章の処理に関する**構築 - 統合モデル**（construction-integration model）を発展させた（図9-3）。構築 - 統合モデルでは，個々の文は意味を表す命題に変換され，短期記憶のなかで命題のネットワーク（text base）が構成される。そして，さらに，個々の命題に関連した情報が長期記憶の知識ベースから検索される。そして，文章自体から構成された命題に，長期記憶から検索された情報や，推論で得られた命題が付加され，**精緻化命題ネット**（elaborated prepositional net）が構成される。ここまでの処理は，構築プロセスと呼ばれる。精緻化命題ネットには，文章のテーマと無関連な命題も含まれる。なお，知識に基づいた推論には"if-then"のプロダクションシステムが用いられる。

次の統合プロセスでは，活性化拡散によって意味表象が選択され，文脈的に共起しているものは強められ，矛盾を含んだ要素は取り除かれる。その結果，一貫性のあるネットワーク表象（text representation）が作られる。こうして形成されたテキスト表象は構造化されており，エピソードのテキスト記憶に保持される。

構築 - 統合モデルは，状況モデルの構築を目指すプロセスモデルで，ボトムアップの連想に基づく構築プロセスを重視し，統合プロセスによって文脈効果

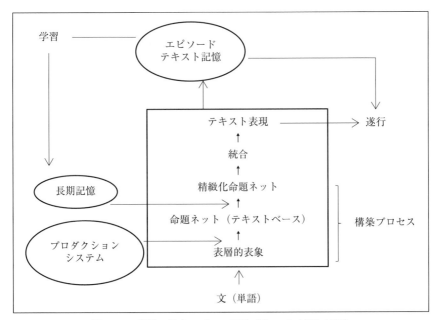

図9-3　構築 - 統合モデルの概略（Kintsch, 1992, 1998）

を処理している。その後，文章理解についての推論や状況モデルの特性に関してランドスケープモデル（landscape model: Yeari & van den Broek, 2011）などが提出されている。

〈情報 BOX　9-4〉
メンタルスペース理論

　メンタルスペース理論（theory of mental spaces: Fauconnier, 1994）は，メンタルスペースと呼ばれる文の処理によって作られる局所的意味領域とスペース間の結合により可能になる認知的操作を問題にする。すべての文の処理には基底スペースが作られ，スペース導入表現と呼ばれる言語表現は基底スペースとは異なるスペースを設定する。新たに導入されるスペースは，基底スペースに従属し，基底スペースとの間で様々な結合が行われる。人が考え，話す際，文の意味，文脈や背景知識に対応しスペースが作られる。そして，そのスペースの中で，構造が複雑になり，スペース間の結合が生まれ，談話・会話の展開につれて作られるスペースのネットワークは，ある対象を示唆するのに，それと結びついた対象の表現を使う物事の隣接性に基づく比喩・メトニミー（metonymy：換喩），ある領域の知識で別の領域を理解するメタファー（metaphor：隠喩）などの言語現象を支えている。

言語研究の今後

　生成文法などの生得的アプローチでは，生得的に備わっている普遍文法とは統語的なものであると考えるため，統語（文法）的な言語知識の内容やその習得に関心が向けられ，意味や語彙の習得は軽視された。しかし，認知心理学が貢献することによって新しく登場してきた認知言語学のアプローチでは，生得的アプローチが主張する言語能力のモジュール性（modularity）や自律性（autonomy）を否定し，言語は認知プロセスに基礎づけられ，認知と言語は密接な関係があるとする。また，言語にとって最も大切なものは意味であり，意味とは，認知する主体としての人間が自らと環境世界との関わりの中から作り出す概念（concept）であると考える。そして，意味の習得やそれが言語化された語彙（lexicon）の習得を重視する。すなわち，認知主体としての人間は，環境世界に対し主体的に関わり，その結果，環境世界に対し主体的な意味づけ

(meaning) を行い，人間主体にとって同じ意味を持つものをひとまとまりにする形で分節化（segmentation）を行う。分節化により人間の脳内に形成されたカテゴリーには，認知主体としての人間の身体性（embodiment）が反映されるが，身体性はさまざまな制約を持っており，そうした制約はカテゴリー化にも影響を与える。

身体性とは，言語分野においては，レイコッフ（Lakoff, 1987）やジョンソン（Johnson, 1987）などにより提示された考え方であり，心身二元論のように人間の心（mind）と身体（body）は別ではなく，心で生み出される概念は，人間の身体が深く関わっていると考える。例えば，人間の身体が直接関わる経験は，人間の経験の中で最も基本的なものであり，こうした直接経験は，概念体系において中核を形成するようになる。一方，人間の身体が直接経験しない抽象的なものは，直接経験を土台にしたメタファーを通して理解され，概念体系の非中心部（周辺部）を形成する。

その結果，概念には中核的なもの（プロトタイプ）と周辺的なもの（非プロトタイプ）といった区別が生じる。そして，カテゴリー内では，カテゴリーを構成する要素間でプロトタイプを中心とした秩序や構造が生まれる。また，カテゴリー相互間で，「基本レベル」のカテゴリーを中心とした構造が生まれる。こうした秩序（「プロトタイプ効果」と呼ばれる）が言語に反映し，語彙もまたプロトタイプや基本レベルを中心としたネットワーク構造が形成される。そのため語彙習得はこうしたプロトタイプ効果に合った形で行われる。具体的には，語彙の内部においては，プロトタイプ的な意味・用法から周辺的な意味・用法へ，拡張の方向に沿って習得が行われ，さらに，語彙間においては，基本レベルのカテゴリーを中心として，上位カテゴリーの方向へと進む抽象化（Langacker, 1991 の認知文法では特にこれを「スキーマ化」と呼ぶ）に合った習得とともに，下位カテゴリーの方向へと進む「具体化」に合った習得が進行していくと考える。

このように認知言語学では，言語を習得するプロセスにおいて重要なのは，語の意味を習得するプロセスであり，それは概念形成のプロセスだと考えるために，意味や語彙の習得を何よりも重視する。認知言語学のアプローチでは，言語の秩序性とは，人間の認知のはたらきに基づいたカテゴリー化の秩序性が反映したものと考えられ，カテゴリーの秩序性は，まず語彙（意味）の秩序性を生み，さらにそれが形式の秩序性をもたらしていくと考える。

今後の言語研究においては，認知と言語の相互関係を積極的に認め，認知の

構造が言語の意味構造に反映することを明確に示すことにより，認知心理学の知見がより重要視されることになろう。

10章

思考

　認知心理学における思考研究では，問題解決，推論，意思決定，創造性などをテーマに，人がある場面でどのように考えるのか，さらに，ある場面だけではなく継時的にどのように考える特徴があるのか，まさに，人のこころのあり方を問う研究を行っている。

問題解決

　問題解決について，まずはモデルから考えてみよう。

1．アナロジーモデル

　今，目の前にある問題が過去に経験した問題と類似しているとき，人間はアナロジー（類推）を用いる。つまり，別個の問題でも，状況に類似性があるとき，アナロジーが生じるのである。対象になる問題をターゲット（target）と呼び，ターゲットと類似した過去の問題対処知識をソース（source）と呼ぶ。ヒュンメルとホリアーク（Hummel & Holyoak, 2003b）の例から考えてみよう。
　　「ジョンはメアリーが好き」，「メアリーはサムが好き」，「ジョンはサムに
　　　ジェラシーを感じている」
という状況がある。これは，**ソース**となる知識である。ここで，
　　「サリーはトムのことが好き」，「トムはキャシーのことが好き」
ということがわかった。これは，**ターゲット**に相当する。これらのことから，「サリーはキャシーにジェラシーを感じる」というのが妥当なアナロジー，すなわち，**類推的推論**である。
　つまり，アナロジーによる問題解決過程には，次の3段階がある。
① ターゲット問題を理解し，ソースを長期記憶から検索したうえで，ターゲットとソースの間の類似関係に気づく段階
② ソースとターゲットを対応づけるマッピング（対応写像作成）の段階

③ 対応関係をターゲット問題にあてはめ，解の生成に適用する段階

2．スキーマ帰納モデル

前述のヒュームルとホリアーク（Hummel & Holyoak, 2003a）の例をもとに，ソースとターゲットの共通性から「もし，人物 X は Y が好きで，Y が Z を好きならば，X は Z にジェラシーを感じるだろう」と一般化できる。こうした複数の問題にまたがる，すなわち，般化できる概念を問題スキーマ（problem schema）と呼び，スキーマを利用可能にするプロセスをスキーマ帰納（schema induction）と呼ぶ。

〈情報 BOX　10-1〉
思考の演繹と帰納，そして，スキーマ
思考には演繹（deduction）と帰納（induction）の方向性がある。
演繹思考とは，普遍的な前提から個別事象のあり方をつかもうとする思考方法であり，トップダウン思考とも呼ばれる。
帰納思考とは，個々の具体的な事象から共通点を探り，そこから一般的な原理や法則を導く思考であり，ボトムアップ思考とも呼ばれる。

スキーマを作り上げていく思考はボトムアップの帰納思考であり，スキーマを利用して考える思考はトップダウンの演繹思考である。ピアジェ（Piaget, J.）は，フランス語を使うので，シェマと呼んでいるが，個々の事象に関わる同化と調節からシェマが作られ，そのシェマの変容が発達段階になっているわけで，スキーマは決して固定してあるものではなく，変容するものであり，力動的な見方が必要である。

3．問題解決技能の符号化と思考の固着

問題解決では，目標を達成するため心的手続が適用され，その手続は産出システムとして符号化される。過去経験をもつ場合，すでに心的手続が既有知識（スキーマと呼ばれる）として存在するが，新しい問題に直面すると，それを解決するため新しい産出システムを作り出す必要がある。ルーチンズ

（Luchins, 1942; Luchins & Luchins, 1959）の水汲み問題を日本の人向けに調整したので試して欲しい。

〈情報 BOX　10-2〉
ルーチンズの水汲み問題（Luchins, 1939）

前提：池から家に水瓶を使って，水を汲みたいと思います。水瓶は水を満杯にすると何リットル入るかわかっていますが，計量スケールが入っていません。したがって，水瓶は満杯にするか，まったく入れないかというように使います。汲みたい水の量が以下のように決まっています。どのように水瓶を使えばよいでしょうか？

練習：水瓶2つで練習します。水瓶Aは29ℓ，水瓶Bは3ℓ入るのがわかっています。汲みたい水の量が20ℓの場合，水瓶AとBをどのように使えばよいでしょう？

解法：水瓶Aで水を汲んでおき，水瓶Bで3回くみ出せばよい。したがって，"A－3B"と記入する。

本番：それでは，水瓶を3つ準備してあります。次のような事態をどのように解決しますか。問題を順番に解いていき，解法を記入してください。

問題	水瓶 A (ℓ)	水瓶 B (ℓ)	水瓶 C (ℓ)	汲むべき水の量 (ℓ)	解法
1	21	127	3	100	
2	14	163	25	99	
3	18	43	10	5	
4	9	42	6	21	
5	20	59	4	31	
6	23	49	3	20	
7	15	39	3	18	
8	28	76	3	25	
9	18	48	4	22	
10	14	36	8	6	

読者の皆さんが初めてこの水瓶による水汲み問題に接したとき，問題の性質を分析し，問題に対処する何らかの手続を作り出し，それを適用する必要がある。考えられる産出プロダクションは次の4つであろう。①満杯プロダクション：もし，水瓶が空で，その水瓶の容量が目標（汲むべき水の量）より大きいならば，水瓶を満たす，②加算プロダクション：もし，ひとつの水瓶の容量が目標より大きく，もうひとつの水瓶の容量が目標より小さいならば，第2の水瓶に水を満たし，それを第1の水瓶に注ぐ，③減算プロダクション：もし，ひとつの水瓶の入る量が目標より大きく，もうひとつの水瓶の容量が第1の水瓶の容量より小さいならば，第2の水瓶を空にして，その中に第1の水瓶から水を注ぐ，④終了プロダクション：水瓶の量が目標の汲むべき水の量であるならば，終了する。

ルーチンズ（Luchins, 1939）の水汲み問題には，仕掛けがあった。問題8を除くすべての問題は，$B-2C-A$ で解法が可能である。たしかに，問題1から問題5までは，この方法が最も簡単な解法であろう。しかし，問題7と問題9は最も簡単な解法は $A+C$ である。臨界問題と呼ばれる問題8は，$B-2C-A$ では解法とならず，$A-C$ で解法となる。問題6と問題10は，$B-2C-A$ よりも $A-C$ で解答することもできる。10個の問題すべてをやってもらったルーチンズの研究参加者は，83％が問題6と7で $B-2C-A$ を用い，64％が問題8の解答に失敗し，79％が問題9と10に $B-2C-A$ を用いた。10題すべてを行った研究参加者の成績を，最後の5問だけ行った研究参加者の成績と比較してみたところ，最後の5問だけの研究参加者（$B-2C-A$ の解法バイアスを掛けられなかった統制群）で $B-2C-A$ を使用したものは1％以下であり，問題8を解答できなかった者はわずかに5％であった。

このように，最初の5問で，特定の解答を目指す強力なバイアスが形成されたことがわかる。このバイアスは問題6から問題10までの解答を妨害する。このような影響を「構え（セット）効果」と呼ぶのだが，ルーチンズの水汲み問題では，問題1から5までの解法の間に，「加算の構え（セット）」が作られていたことになる。構えの効果が加算よりも減算をするという一般的バイアスの作成を含まないことが指摘される（Anderson, 1982）。臨界問題8も減算を含んでいた。研究参加者たちは，特定の操作系列（例. $B-2C-A$）を想起しており，これによって他の可能性に気づかなくなっていたのである。思考の硬さ，などと言われる現象であるが，認知制御のトレーニングによって解消させることは比較的容易である。ルーチンズは問題5の後に，研究参加者に「固定的な

考えに陥るな（Don't be blind）」と警告するだけで，50%以上の参加者が$B-2C-A$の解答の構え（セット）を克服したと報告している。

　日常生活において，思考の硬さ，また，思考の固着というのは，問題解決を妨げる習慣的な構え（セット）から生じる。構えのひとつである，「ひとつの対象があらかじめ1つの機能を果たすように経験を与えられると，次に別の機能を果たすように使用することが禁止される傾向がある」という機能的固着（functional fixedness）の話題は，ハーロー（Harlow, 1949）の学習の構え（learning set）に結びつき，動機づけ（motivation; White, 1959）の再考につながった。

4．コネクショニストモデル

　ホリアークら（Holyoak & Thagard, 1989, 1996）は，アナロジーの問題を，要素が興奮性や抑制性のリンクで結合させたネットワークで表現し，多重制約理論を用いて，並列的に活性化の拡散を収束させるモデル（ACME: Analogical Constraint Mapping Engine）を提案した。多重制約理論（Holyoak & Thagard, 1996）では，①問題中の対象の意味的類似，②問題中の対象が形成する関係の構造的一致，③問題が同一の目標をもつというプラグマティックな類似性，といった3要因が類推に際してソースの検索に影響を与えると考えた。

　その後，ヒュームルとホリアーク（Hummel & Holyoak, 2003b）は，コネクショニストモデルの一つであるLISA（Learning and Inference with Schemas and Analogies）を発表した。LISAの知識表象は，①分散表現による意味ユニット，②対象と役割を示す局所的ユニット，③命題ユニット，の3層から構成されており，各ユニットは発火パターンを同期させることによってダイナミカルに結びついている。

5．まとめ

　問題解決は，人が行ういろいろな目標指向性の認知操作であり，幅広い思考が関係している。なお，新しい手続等の開発を必要とする問題解決は創造的問題解決と呼ばれ，すでにある手続きを使用する問題解決はルーチン問題解決と呼ばれる。

① 問題解決は問題空間の探索である：問題空間は解決者が達成可能な物理的状態また知識状態で構成され，問題解決作業は，その初期状態を目標状態に変換する一連の認知操作である。

② 人は今の状態（例．初期状態）を目標状態に変換する際，ヒューリスティックス（heuristics）を用いることが往々にしてある：ヒューリスティックスとは，発見学習，試行錯誤などの経験によって得られた知識であり，必ず正しい答えを導けるわけではないが，ある程度のレベルで正解に近い解を得ることができる方法である。ヒューリスティックスでは，答えの精度が保証されない代わりに，回答に至るまでの時間が少ないという特徴がある。

③ 手段‐目標分析は問題空間の探索を導くひとつの方法である：今の状態と目標状態の差を低減するのに役立つ。

④ 問題解決のひとつの鍵は，必要な認知操作が適用できるようにその問題を再定義することができるかどうかである：機能的固着や構えからの思考の硬さの問題は，環境内の対象を新たな視点で提示しえないことに原因がある問題解決の失敗である。

⑤ 問題解決に使用しうる知識は，その人の問題解決の経験とともに変化する：適合知識の可用性の増大によって問題解決は促進され，不適合知識の可用性の増大によって問題解決は抑制される。

＊

問題解決は，本来，人間が行う思考であるが，機械に知能を植え付けようという動きの中からAI研究に引き継がれた。ハノイの塔などの課題から，今や，高次の課題を解くところまで来ている。AIについては，後の章で触れたい。

意思決定

意思決定研究には，規範的理論（normative theory）と記述的理論（descriptive theory）という2つのアプローチがある。規範的理論は，最適で合理的な選択をどのように行うべきかを取り扱う。それに対して，記述的理論は，人が実際にどのような選択を行うかを理解することを目的とする。サイモン（Simon, 1957）は，現実の人間の認知能力には限界があり，時間や環境から制約があるため，完全合理性ではなく，限定合理性（bounded rationality）しか持ちえないと主張し，1970年代以降，記述的意思決定研究は人の意思決定が必ずしも合理的決定基準を満たさないという証拠を多く示してきた。つまり，規範的には同一の選択課題であっても，いろいろな要因によって異なる選択がなされるのである。

1. 多属性意思決定での文脈効果

　かなり高価なもので，同時に2つのものを購入できないので，どちらを買うか意思決定をしなければならないという状況を考えてみよう。「自動車」を商品カテゴリーとする。「燃費」と「走行性能」が2つの属性である。図10-1を見てみよう。そこへ，新たな第3の選択肢（商品C，この場合，自動車C）を入れる。すると，先の2つの選択肢に対する選択比率が変化する。

　つまり，多属性意思決定における文脈効果を検討する研究においては，①2つの属性において大きく異なるターゲット（高性能，燃費が悪い），コンペティター（両者の選択比率は，ほぼ等しく約50%）を設定し，そこに，②ターゲットまたはコンペティターを参照して，属性を操作した第3の商品を加えた3つから1つを選択する場合と比較してきたのである。

　従来，2属性3肢選択意思決定における非合理的選択現象として**妥協効果**（compromise effect: Simonson, 1989）と**魅力効果**（attraction effect: Huber, Payne, & Puto, 1982）が注目されてきた。これら2つの文脈効果は，2つの選択肢が2属性においてトレードオフ（別の属性でやや優れているという複数の条件を同時に満たすことができないような二律背反の関係）である場合，新たな第3肢を追加することによって，元の2選択肢の選択率が変化するという現象である。

　妥協効果とは，第3選択肢（C）が2属性において，ターゲットとコンペティターの中間に位置するならば（総合的な期待効用は3者とも等しい），第3選択肢の選択比率が3つの中で最も高くなり，ターゲットとコンペティターの選択比率が減少する効果を指す。妥協効果は無関連な選択肢からの独立性公理（principle of independence from irrelevant alternatives）に反する（Rieskamp, Busemeyer, & Mellers, 2006）ため，非合理的選択の一種である。

カテゴリー：	自動車　A	自動車　B
長所：	燃費・良	走行性能・良
短所：	走行性能・劣	燃費・劣

（前提：商品 A と B，この場合は自動車 A と自動車 B に関して，研究参加者による選択比率が等しい。）

図10-1　コネクショニストモデルによる説明

p(A|A, B)=p(A|A, C)=p(B|B, C) であるならば，p(A|A, B, C)=p(B|A, B, C) となるはずであるが，実験結果は p(C|A, B, C)＞p(A|A, B, C)=p(B|A, B, C) となる。

ダーとサイモンソン（Dhar & Simonson, 2003）は，妥協効果が生じるとき，2属性の一方のみ評価する単一の決定基準は用いられず，トレードオフ関係の2属性に基づいた認知的に複雑な処理が行われる，と報告している。妥協的選択は，単一の決定基準に基づいた意思決定に比べ，相反する基準を一致させようとするのに困難な判断（Simonson, 1989）なのであろう。妥協効果は，一方の属性の低い効用値を他の属性の高い効用値で補うといった評価の補償性（compensatory）にともなう判断の困難さに起因するのである（Dhar, Nowlis, & Sherman, 2000）。

魅力効果とは，第3選択肢が，2属性両方においてターゲットよりもやや劣る（期待効用が総体としてやや低い）ならば，ターゲットの選択比率が増加することを指す。こうした選択肢はターゲットに対する囮（decoy：おとり）と呼ばれる。魅力効果は，合理的選択公理（regularity principle）に反する（Rieskamp et al., 2006）ため非合理的選択現象の一種である。合理的選択公理とは，集合 W の任意の選択肢を x，W は U の部分集合とすると（x∈W⊂U），選択肢 x が集合 U から選ばれる確率 p(x|U) は，集合 W から選ばれる確率 p(x|W) よりも小さくなければならない：p(x|U)＜p(x|W)。したがって，ターゲットを A，コンペティターを B，第3選択肢を D とすると，p(A|A, B, D)＜p(A|A, B) となるはずであるが，実験結果は，p(A|A, B, D)＞p(A|A, B) かつ p(A|A, B, D)＞p(B|A, B, D) である。

魅力効果は，非対称的支配性に注意が集中することによって生まれると考えられる（Simonson, 1989）。ダーとサイモンソン（Dhar & Simonson, 2003）は，魅力効果は低次の知覚過程に基づいており，第3の選択肢の追加による無意識的影響に起因すると示唆している。すなわち，均衡を崩す第3の選択肢を追加すると，人はトレードオフを吟味するような認知的負荷の高い処理ではなく，認知的負荷の低い単純なヒューリスティックスや決定ルールを用いると考えられる（Luce, 1998）。

その後の研究から，意思決定時，トレードオフを知覚することによって，感情的な負担が大きくなることが示唆されている（Luce, Bettman, & Payne, 2001）。fMRI を用いてトレードオフの知覚にともなうネガティブ感情の喚起について検討した研究においては，第3選択肢を加えた群のネガティブ感情と関

連した脳領域活動は，第3選択肢を加えなかった群より有意な低下が示された（Hedgcock & Rao, 2009）。このことにより，トレードオフ回避（trade-off aversion）が，魅力効果の有力な誘因のひとつだと考えられている。

2．意思決定における二重処理

前述の2種類の文脈効果は，特定の選択肢の選択率を上げるところは同じであるが，生起メカニズムが異なると考えられる。これまで，人の推論や思考に関する研究では，①無意識的・自動的で素早いヒューリスティックスを用いるプロセスと，②ルールに従い，熟考的で，時間をかけるプロセス，という2つのプロセスがあると考えられてきた（Evans, 2008; Kruglanski & Orehek, 2007; Stanovich & West, 2000）。こうした2プロセスモデルは，近年，意思決定研究でも注目されている。

二つのプロセスをもつという**二重過程理論**（dual process theory）では，人の推論システムを「自動的システム」とそのシステムを監視し，基準に従う「論理的システム」を考える（Kahneman & Fredrick, 2002; Sloman, 1996）。その二つのシステムは提携しており，特定の状況では，「自動的システム」が迅速で，認知的経済性でもって労力を使わず，結論をもたらす。しかし，複雑な分析処理が必要な状況では，「自動的システム」は適切な判断をもたらさない。すなわち，二つのシステムは，時には対立し，異なった反応を起こすことになる。こうなった場合，「論理的システム」は「自動的システム」によって導かれた反応を覆す必要があり，認知資源（cognitive resource）を使い，消費することになる（Stanovich & West, 2000）。

二重過程理論についての研究は，自己統制（self-control）や実行機能（executive control）に必要とされる共通した認知資源を操作的に増減させることによって理論の妥当性を検討してきた。その例として，ストループ課題（Stroop task）がある。ストループ課題では，研究参加者に単語の色の同定を求める。不一致情報（例．赤色の書体で書かれた"青"という文字）が提示された場合，優勢反応（"青"と声に出す）を正反応（"赤"と声に出す）によって抑制する必要があるため，ストループ課題の遂行には，認知的葛藤が生じる。つまり，こうした競合課題における抑制が必要となる試行では，研究参加者は認知的資源を消耗すると仮定できる。

3．意思決定時の認知方略

前述のように，意思決定は「自動的システム」と「論理的システム」という2つのシステムの相互作用によって行われるのだが，選択場面における情報探索（information search），取得（acquisition），評価（evaluation），統合（integration），などによる意思決定方略（decision strategy）も重要な要因になる。具体的には，①属性の相対的重要性の比較（例．快適さより安全性を重視する），②最低限受け入れることができる属性値の設定（例.20km/ℓ の燃費は譲れない），③属性を超えた特異なこだわり（例．2千円失うことは2千円得るよりも嫌だ）等が指摘されている（Payne, Bettman, & Johnson, 1993）。

意思決定方略において，情報探索の補償性[注1]は重要である。多属性・多肢選択意思決定方略は，補償性の有無によって，補償的決定方略と非補償的決定方略に大別される（Venkatraman, 2011）。補償的決定方略は属性間のトレードオフを必要とするが，非補償的決定方略は属性間のトレードオフを必要としない（Riedl, Brandstätter, & Roithmayr, 2008）。補償的決定方略としては荷重加算型方略（weighted additive rule）と呼ばれるものがあり，選択肢がもつすべての属性の値を，それぞれの属性の妥当性（他の属性との弁別力，重要度）で乗算し，その値を合算することによって選択肢の効用値を算出する。そして，各選択肢で算出された効用値を比較し，最も値の高い選択肢が選ばれる。すべての選択肢と属性を考慮するこの方略は，補償的決定方略の典型例であり，ある意味，悉皆探索的な意味合いをもっているのかもしれない。

それに対して，非補償的決定方略においては，TTB（take-the-best）方略（Gigerenzer & Goldstein, 1996）と呼ばれる属性の高い順に属性を探索し，最も属性の妥当性が高く，属性値が高い選択肢を選ぶ方略がある。商品を買う際，例えば，価格を最も優先する属性とするTTB方略を用いると，価格以外の属性とその属性値を無視して，最も価格の安い商品を選択することになり，打ち切り探索的な意味合いをもっているのかもしれない。したがって，TTB方略は荷重加算型方略と比較すると，判断手順が大幅に少なくなるのである。

4．意思決定に至る認知プロセス研究方法と意思決定研究の今後

意思決定に至る認知プロセスを明らかにすることは心理学にとって重要な課

注1）補償性とは，意思決定による選択が失敗した際，失敗や損失の自尊感情，情動，動機づけへの否定的な影響を緩和すること／ものである。選択性を保つための方略とされる。

題である。したがって，これまでいろいろなプロセス追跡法が用いられてきた。

マウスラボ（Mouselab）を用いた研究においては，選択肢や属性は，行列内に隠されて提示され，研究参加者はマウスを用いて行列のセルをクリックし，ポインターを動かしセル上に乗せたりすることで，隠された選択肢の情報を取得することができる（Johnson, Payne, Schkade, & Bettman, 1989; Payne, Bettman, & Johnson, 1988, 1993）。しかしながら，マウスラボは，刺激の提示が構造的で，研究参加者に情報の直列的な処理を促すことになる（Lohse & Johnson, 1996）。

また，言語プロトコル法（verbal protocol）は，研究参加者に意思決定に至る思考の言語報告を求め，その決定方略を同定しようとする手法である（Svenson, 1979; Payne, Braunstein, & Carroll, 1978）。だが，言語プロトコル法は，発話による思考の妨害や，誤謬（作為的なねつ造，無作為的な忘却）が指摘されている（Russo, Johnson, & Stephens, 1989）。

眼球運動測定は，前述した「自動的システム」と「論理的システム」によってもたらされる意思決定の質的差異をとらえるのに役立っている。というのは，視覚情報は，関心領域（AOI：Area of Interest）に眼球の停留（fixation）が出現するときに処理されると考えられ（Russo, 2011），停留の推移は意思決定方略の解釈に役立つと考えられている（Arieli, Ben-Ami, & Rubenstein, 2011; Russo & Dosher, 1983）。しかし，眼球運動も，注視（gaze），サッカード（短時間高速眼球運動），微小眼球運動，追従眼球運動，等々の同定ならびに解釈が容易ではなく，測定機器自体が研究参加者の思考の妨げになっているところがある。

意思決定に至る認知プロセス研究方法はどれも一長一短のところがあるのだが，これはそもそも人間の意思決定という複雑で，ときには単純で，しかも，それが高次の精神機能であるという研究対象であるので，一筋縄ではいかないということを示している。これまで，意思決定の分野では，ベイズ理論，ファジー理論，階層分析法（AHP：Analytic Hierarchy Process）などによる数理的な理論研究が行われてきた。しかし，これまでの理論では，その非線形的で文脈依存的な特質を十分にとらえきれていない。今後の研究を考えると，この非線形性がひとつの鍵になるかもしれない。

創造性

　認知心理学は，問題解決（problem solving）の分野ですでに大きな成果をあげている。しかしながら，それは，問題解決の際の思考を**集中的思考**（convergent thinking）と**拡散的思考**（divergent thinking）に分けるならば，集中的思考の方であり，拡散的思考に関しては依然，残されている問題は多い。集中的思考と拡散的思考の区別をもう少ししてみると，前者は，多くの資料から論理的に筋道をたてて，一定の結論を導き出す場合であり，後者は，かぎられた資料や手がかりから，多種多様の，しかも独創的な答を出してくる場合である。そして，この拡散的思考が創造性と結びついてくるのである。

　創造性に関して，基礎研究はそこそこに，企業などで新しい発想が欲しいといった，「現場的」要望が先立ち，「創造性開発セミナー」や「創造性訓練」などのワークショップがいろいろな企業でなされている。たしかに，人間の生活にとって，創造性は重要である。われわれの生活の中で，創造的思考がなければ，何も生活様式は変わらないし，新しい人間関係も生まれないであろう。しかし，創造性研究は難しい。米国・州立ジョージア大学（UGA）には，創造性の分野で世界的権威であるトーランス（Torrance, E.P.: 1915-2003）がおり，世界中から創造性研究を行いたい研究者が集まっていたが，博士論文を書き上げることができたのは10年にほんの数人だったのではなかろうか。その理由として，「創造性とは何なのか？」といった定義または概念が明確ではないという問題がある。そしてまた，創造的思考とは，その所産（product）に対していうのか，それとも，それを生み出す過程（process）に対していうのか，意外と難しい。

1．創造性の定義

　創造性の定義に関して，次の4つの基準が提起されている（Newell, Shaw, & Simon, 1963）。
① 新奇性と有用性があること。
② 以前，受け入れていたアイデアを拒否するレベルのものであること。
③ 強烈な動機づけと持続性に基づく結果であること。
④ 本来，曖昧であった問題を明確にすることから出てきていること。

　あるアイデアが創造的であると判断されるにあたって，上記の基準の1つ以

上のものを満たしている必要がある，ということである。ただ，この他にもいろいろな定義が考えられており，一般に，「創造性とは新しい，しかも価値のあるものをはじめて作り出す能力」と言われている。

2．問題提起に関する因子と問題解決に関する因子

ギルフォード（Guilford, 1950）は創造性に関して，**問題提起に関する因子**と**問題解決に関する因子**から，そのコンポーネントを次のように考えている。問題提起場面と問題解決場面を分けたことは，人間の情報処理・認知プロセスから考えても妥当だと思われる。

① 問題提起に関する因子
  ⅰ）問題への敏感性：問題点を発見する能力。着眼点の良さ。
  ⅱ）再定義する能力：何が問題かをつかみ，問題を言い替える力。
② 問題解決に関する因子
  ⅰ）流暢性：アイデアがすらすらと，よどみなく生まれてくること。
  ⅱ）柔軟性：現実の条件に即しながら，いろいろな角度から考える力。
  ⅲ）独創性：めずらしい考えを生み出す能力。
  ⅳ）細密構成力：アイデアを具体化するとき，細目を規定し，綿密な計画を立てる能力。企画力。

たしかに，そのような因子が考えられ，創造性テストも作成されているが，「実際の生活場面で独創的だと推測できる一貫性をもった創造性テストはまだできていない。」（Matlin, 1989. p.347）のである。

3．創造思考の段階

創造がどのようにすすめられるのか，その過程については，ワラス（Wallas, 1926）が次の4つの段階を示している。

① 準備期：問題場面に出会ったとき，検討したり，必要な資料を集めたりと解決に向かってあれこれ思いめぐらす時期。
② 孵化期：困難に出会い，行き詰まったとき，早急に解決しようとしないで，しばらく休むとか，他のことを考えるといった時期。
③ 啓示期：問題を解決する考えが突然ひらめく時期。
④ 検証期：ひらめきによって得られた解決についての考えを吟味する時期。

4．創造性を高める方法

創造性を高める方法としては，オズボーン（Osborn, 1957）の**ブレーンストーミング**（brainstorming）やゴードン（Gordon, 1961）の**シネクティクス**（synectics）が有名である。ブレーンストーミングは，集団場面で適用され，課題を解決するための思いつきをできるだけ多く提出させるのである。その際，
① そのアイデアについての評価や批評はしない，
② そのアイデアは練れてなくても良いし，実行不可能と思われるものでも良い，
③ アイデアの数が多ければ多いほど良い，
④ いくつかのアイデアを組み合わしても良いし，他人の思いつきを変形しても良い，
といったガイドラインが設けられている。

一方，シネクティクスは，創造的思考に向けてアナロジーを使用する。この方法は，個人的アナロジー（personal analogy），直接的アナロジー（direct analogy），記号的アナロジー（symbolic analogy），空想的アナロジー（fantasy analogy）といった4種類のアナロジーを通して，思考を自由に解き放つのである。

しかしながら，近年，このようなテクニックに対して懐疑的な意見が出されており，例えば，ワイスバーグ（Weisberg, 1986）は，ブレーンストーミングのグループは，批判的に考えろと言われたグループより確かにアイデアの数は多く出してくるが，そのアイデアの質はむしろ低いと報告しており，ブレーンストーミングはある環境のもとでは効果的だが，創造的なアイデアを産出できるかどうかの保証はないと考えている。

また，日本人研究者の名前の付いた創造的問題解決の方法として KJ 法（川喜田，1970）と NM 法（中山，1980）があり，ブレーンストーミング，シネクティクス，KJ，NM，を総合的に比較した論文が，トーランスら（Torrance, Goff & Okabayashi., 1990）によって出されている。

5．創造的思考の応用

このように，基礎研究がもう一つ弱い創造性分野であるが，学校教育現場では創造的教育，創造的教授（creative teaching）が必要になり，臨床現場では創造的カウンセリング（creative counselling）の必要性が叫ばれている。われわれ自身の生活が創造的でなくなってきているのかも知れない。特に，日本の

教育は，受験のあり方を中心に膠着化している。中には，試験の問題を「創造的」な問題にしようと頑張っているところもあるが，多くは暗記中心の問題である。本書で見てきたように，記憶自体は人間にとって大事な心的操作であるが，現在の丸暗記学習は行き過ぎているように思われるし，最近では，数学までもが受験においては暗記科目と考えられている，と受験担当者から聞いて愕然とする思いである。暗記しておかなければ，問題を見て，さっと反応できないというのである。

　現実的に考えてみて，創造性を実際の授業の中などに導入していくのは，非常に難しい。筆者がトーランスの授業を受けたとき，カルチャーショックならぬ思考差ショックを感じた。これは，他のアメリカ人の受講者も同じ感想をもっていたので，トーランスの思考ならびに授業の組み立てが，われわれの「授業スキーマ」と違っていたのだと思われる。トーランスの授業は，神経症者の話あり，世界各国の子どもの話あり，ペーパーフォールディング（折り紙）の話ありと話題が豊富な上，一つの授業が終わったとき，ポイントが集中していないのである。一般に，授業というものは，今日の授業のポイントはこれだ，というように，授業が終わったときに受講者の頭の中には，ある程度のまとまりをもった収束感があるものである。それに対して，トーランスの授業は，授業が終わったとき，収束感どころではなく，何か思考が宇宙に向かって広がり，飛び出していく，といった不思議な感覚をもったものである。現在，認知心理学は，この創造性にアプローチをしているわけであるが，難解でありながら人間らしさが出てくる分野ではなかろうか。

6．創造的問題解決に向けての孵化効果

　ワラスが述べていた孵化（incubation）という考え方は，いろいろな分野での発見・発明に関わり，よく出てくる話題である。創造的思考を行う問題解決者は，ある問題の解決を試みてどうにもならない時，その問題を数時間，数日，そのままにしておき，その問題に戻った時，または，ある瞬間ふと，その解決策がひらめくことがある。フランスの数学者ポアンカレ（Poincaré, 1928）の"（解けずに残った問題のもっとも簡単なものを選び）散歩に出かける"などもその例であろう。

〈情報BOX　10-3〉

安いネックレス問題（Wickelgren, 1974 より引用，改編）

インストラクション：それぞれ3個の環の長さの鎖の断片を4つ（A, B, C, D）差し上げます。環を開けるのに200円，環を閉じるのに300円かかります。最初は，全部の環が閉じています。あなたの目標は，鎖の12個の環の全部をつなぎ，1本の環にすることです。使えるお金は，1500円までです。

A　Initial State

B

C

D

Goal State

最初の状態

↓

目標状態

シルベイラ（Silveira, 1971）が「安いネックレス問題」と呼ばれる実験で，孵化効果の立証をしている。シルベイラは統制群と2つの実験群を準備した。統制群は，30分間，この問題に取り組み，解決したのは55％であった。実験群1は，30分この問題に取り組み，30分の中休みがあり，その間他の活動を行

い，問題解決したのは64％であった。実験群2の中休みは4時間であり，問題を解決したのは85％であった。どちらの実験群の参加者も中休みが終わり，この問題に立ち戻る際には完全な解答を持っておらず，休みが終わってからもはじめの30分の取り組みと同じようにやろうとしていたことが報告されている。しかしながら，結果は，実験群の方が統制群より成績が良く，実験群の中でも，中休みを多くとった方が，成績が良かった。

孵化効果は，構え（セット）効果に結びつけて説明すれば分かりやすい。問題を解く最初の段階で，参加者は，ある方法で考えるように自分をセットすることによって，ある知識構造をもつようになるだろう。もし，このセットが適切であれば，その参加者は問題を解決する。しかし，もし，最初のセットが適切でなければ，参加者はそのセッション中，不適切な手順に固執するであろう。中休みによって，その不適切な知識構造の賦活が消失し，参加者は，問題に対する新しいアプローチをとることができると考えられる。なお，「安いネックレス問題」の解法は，1本の鎖の3つの環をすべて開き（3×200＝600），開いた3個の環を使って3本の鎖をつなぎ合わせる（3×300＝900），というものである。

問題解決の中断による孵化効果を立証しようとした試みは多数あるが，立証に成功したのは，その一部である（Dominowski & Jenrick, 1972; Murray & Denny, 1969）。時として，中断による成績の悪化が見られ，創造的な問題解決思考の持続と中断・休憩の最適バランスを取るということが課題になるであろう（Anderson, 1980）。

7．専門的技術（熟練者のスキル）の活用

ここまで検討してきて，創造的問題解決を考えるにあたっても基本的な知識レベルが関わるルーチン問題解決が基盤に必要なことがわかる。ある分野で創造的思考を行うにしても，基礎的知識がないとどうしようもないのである。そこから，専門的技術とはどのようなものなのか，熟練者のスキルは初心者のスキルとどのように違うのかという研究が必要になり，その成果を活用すれば，人手不足，後継者不足になる今後の社会に役立てられるのではないかということでAIに結びついていく。

専門的知識についての練習の重要性は，5章でも触れたチェスの研究から指摘された。どのように知能の高い人であっても，チェスの熟練者になるためには長年の練習が必要である。チェスの熟練者と初心者を区別するものは何なの

かを調べた研究では，熟練者は5秒間見ただけで20以上の駒の陣形を再構成することができたのに対して，初心者はわずか4または5個の駒しか再構成できなかった（de Groot, 1965, 1966）。チェイスとサイモン（Chase & Simon, 1973）は，熟練者は約50,000種の異なるチェスパターンを獲得しており，チェスボード上で瞬間的に認知できるという能力がチェスにおける優れた記憶成績の基盤をなしていると報告している。さらに，ニューエルとサイモン（Newell & Simon, 1972）は，熟練者は多くのパターンを学習する以外に，そのようなパターンがあるとき何をなすべきかの学習もしていると述べており，熟練者は50,000種のチェスパターンからの何らかの産出をもっているはずで，その場合の産出の条件はチェスパターンであり，その作用はそのパターンに対する適切な反応である（Anderson, 1980）。このようなことから，チェス初心者は，それぞれの局面を分析しなければならないのに対して，チェス熟練者は，多くの問題に対する解法を蓄えており，①正しい解法を蓄えているため，目の前の問題で解法に誤りをおかす危険性が少ない，②多くの陣形の正しい分析を蓄えているため自分の問題解決への姿勢をチェスのより高度な方略に向けることに集中できる，ということがわかる。

　また，岡林と斎藤（1988）は，音楽の熟練者と初心者の認知的スキルの違いについて研究を行った。調整感の高いメロディと低いメロディを用い，6音ならびに12音のメロディ記憶について実験を行ったのだが，調性感の高いメロディに関しては6音ならびに12音ともに，熟練者は音楽スキーマをうまく使えるので非常に再生成績がよいが，調性感の低いメロディに関しては，熟練者と初心者の再生成績にあまり差がなかった。つまり，音楽の熟練者のもつ認知的スキルは，単なる記憶能力ではなく，調性感という音楽らしい感覚を構成している音のつながりの学習・獲得とともに，ある音のつながりがあれば次にどのような音がくるのかを洞察することができるという高度な音楽スキーマの獲得とそれを使用するスキルだと考えられる。

　どのような問題解決分野においても熟練者になるためには，それなりの研鑽が必要である。初心者は，創造的問題解決を必要とする多くの側面をルーチン化することによって，熟練者になり得るのである。そのようにして，人は誤りをおかす傾向が減少し，そして，問題のルーチン化できない側面に対して注意を向けることができるのであろう。

11章

シミュレーションとAI

　認知心理学，そして，認知科学では，モデル論を展開した。モデル論のメリットは，モデルの理論さえしっかりしていれば，実際に人間にやってもらわなくても（実際に，実験を行えば，倫理問題や人権問題に引っかかってくるようなこともある），条件により，どのようなことになるのか見ることができる，という点である。つまり，モデル論によってシミュレーションが可能になったのである。

シミュレーション

1．心の計算理論

　認知心理学が誕生した段階から，心の計算理論（computational theory of mind）という考え方はその背景に存在していた。心の計算理論は，人の心をデジタルコンピュータと同じ，または，よく似た情報処理システムとみなす考え方である。言い換えれば，思考は自己再生可能なハードウェア（例．神経回路）が行う心の計算であると，とらえるものである。この考え方は，認知心理学をはじめ，進化心理学などいろいろな近接領域で見られる。

　マー（Marr, 1982b）は，認知レベルに3段階の記述レベルがあると述べた。まず，**計算論レベル**（computational level）：課題の要求の一般的な分析とその要求されたものに向けてのすべての方略の形成に言及している。つまり，認知プロセスによって計算される問題を記述する。次に，**表現とアルゴリズムのレベル**（algorithmic level）：前レベルでとらえられた問題を解決する一連の機械的ステップの記述によって構成されており，使用される表現の特定化を含んでいる。つまり，計算レベルで提示された問題を計算するのに必要なアルゴリズムを提示する。最終レベルとして，**ハードウェアによる実現レベル**（implementational level）：これまでのレベルで特定される一連の遂行に必要な身体的なハードウェアからなり，前段階で提示されたアルゴリズムが生物学的実体

でどのように実現されるのかを記述する。

　つまり，心の計算理論という考え方を具体化するにあたっては，計算システムモデルに少なくとも3つの要素，または，段階が必要である。まず，計算の最小単位要素を指定するデータ構造を特定する。次に，その最小データ構造がしたがう規則（文法規則と表現できるかもしれない）を特定する。最後に，そのようなデータ構造についての脳・神経細胞の説明が必要なのである。

　心の計算理論は，シミュレーション仮説と関係する。しかしながら，時代の流れとともに，計算理論，計算主義という呼び方は古典的な記号的計算手法を指し，記号で表現できないレベルの分析はコネクショニズムや本章でこれから述べるニューラルネットワークなどの呼び方に変わってきている。

2．カオス・複雑系としての脳のモデリング

① カオス・複雑系としての脳

　脳がカオス性をもち，複雑系であるということは以前から指摘されていたのだが（合原, 1993；金子・津田, 1996；Waldrop, 1992；山口, 1996），近年，位相空間にアトラクタの振舞いを示す技術の進歩により可視化することができるようになった（情報 BOX14-1 参照）。

② 連想記憶とモデル

　記憶は，符号化（encoding），貯蔵（store：計算機科学では「書き込み」と言われる），想起（retrieval）の3過程から成る。多くの連想記憶ニューラルネットワークモデルにおいては，分散パターン表現への符号化，そして，共分散学習則による書き込み／貯蔵が仮定される。そこで，マッカロック・ピッツ型ニューラルネットワークや甘利・ポップフィールド型ニューラルネットワークを構成することによって，その想起のダイナミクスは，記憶パターンに対応する力学系（ダイナミカルシステム）の安定平衡点への収束過程だと考えられる。

③ 記憶の想起に関するカオスニューラルネットワーク

　このモデルは，ヤリイカ巨大神経膜のカオスダイナミクス（Aihara, Numajiri, Matsumoto, & Kotani., 1986；Matsumoto, Chua, & Tokunaga., 1987）を参考に，実際のニューロンが示す複雑さの一側面を抽出して定式化された（Aihara, Takabe, & Toyoda., 1990）。

$$y(t+1) = ky(t) - \alpha \frac{1}{1+\exp\left(-\frac{y(t)}{\varepsilon}\right)} + a$$

(式1)

$y(t)$：時刻 t ($t=0, 1, 2, \cdots\cdots$) におけるニューロンの内部状態

k：ニューロンの不応性，もしくは，自己フィードバック抑制入力の減衰定数

α：不応性，もしくは，自己フィードバック抑制入力項をスケーリングするパラメータ（$\alpha>0$）

ε：神経膜の入出力特性の急峻さを表すパラメータ

a：外部入力バイアス

　式1のモデル式は，その数式表現は単純なのだが，その解の挙動（シミュレーションを行った結果の動き）は複雑である。例えば，外部入力バイアス a を 0 から α へと増加させると，線形概念では考えられない解の分岐図が描かれるのである（合原・安達，1997, p.128 参照）。

3. 神経回路網モデル

　神経回路網モデルとは，脳の振舞いを模倣する表現である。数式を使って表現される場合が多いのだが，数式は『心理学におけるダイナミカルシステム理論』（金子書房）に譲ることとし，ここでは極力，数式を使わず話を進めたい。神経回路網モデルは，具体的には，ニューラルネットワーク（neural network）モデル，PDP（parallel distributed processing）モデル，また，コネクショニスト（connectionist）モデルと呼ばれる。

　ニューラルネットワークモデルを中心に考えてみよう。ニューラルネットワークは，人間の脳神経系のニューロンを数理モデル化したものの組み合わせである。ニューラルネットワークモデルには，学習方式による分類と結合方式による分類がある。

① 学習方式による分類

　「教師あり」，または，「教師なし」がある。外部からネットワークに望ましい出力（教師信号）を与え，ネットワークに同じ出力を返すように学習させることを「教師あり」学習という。パーセプトロンなどがその例である。それに

対して，明示的な教師信号を用いない学習を「教師なし」学習と呼ぶ。ネットワークは入力信号の統計的性質を学習することになる。自己組織化がその代表である。

② 結合方式による分類

神経素子間の結合方式による分類は，「階層型」と「相互結合型」である。入力信号が特定の方向にしか伝播しないような回路を階層型の回路という。それに対して，信号が回路内を循環したり，逆方向に伝播したりする回路を相互結合型という。順方向への信号の伝播をフィードフォワード，逆方向への信号の伝播をフィードバックという。さらに，連想記憶と呼ばれる回路については，相互想起型，自己想起型と呼ばれるものもある。

〈情報BOX 11-1〉
ニューロン（neuron：神経細胞）
　脳は膨大な数（10^{10}個以上）の神経単位（ニューロン）から成り立っている。ニューロンが脳の情報処理における基本単位である。複数のニューロンが結合し，ニューラルネットワークが形成される。個々のニューロンは単純な処理しか行わないが，脳はこのニューロンが相互に結合された並列処理システムである。

　ニューロンからニューロンへ情報が伝達される部分はシナプス（synapse）と呼ばれるが，シナプスに興奮が到達するたびに送り手側のニューロン（シナプス前ニューロン）からある種の化学物質が放出される。この化学物質は受け手側（シナプス後ニューロン）の膜電位をわずかに変化させる。化学物質の種類によって，膜電位を高めるように作用する場合（興奮性のシナプス結合）と逆に低めるように作用する場合（抑制性のシナプス結合）とがある。この他のシナプス結合としては，別の興奮性のシナプス結合の伝達効率を抑制するように働くシナプス結合（シナプス前抑制）が存在することが知られている。送り手のシナプスの興奮が興奮的に働くか抑制的に働くかは，送り手の側の細胞の種類によって異なることが知られている（Daleの法則）。ひとつのニューロンには多いもので数万個のシナプス結合が存在する。多数の軸索にシナプス結合を通して興奮（あるいは抑制）が伝えられると細胞体を伝わる途中で重なり合う。すべての膜電位の変化の総和によってニューロンの膜電位の変化が決定される。すべてのシナプス結合の和のことを空間加算という。あるシナプスに

よって膜電位が変化し，その変化が減衰する前に次の興奮が伝達されれば，まだ残っている直前の電位変化に加え合わされて膜電位の変化が起きる。これを時間加算という。樹状突起を介したニューロン間の結合の強さは，しばしば変化する。これを学習という。心理学との関連で，シナプス結合の強度変化は長期記憶であり，ニューロンの活動が保持されている状態は短期記憶が対応するのではないかと言われている。

　人間の行う行為・思考はすべてニューロンの活動とニューロン間の結合の強度として表現可能であると考えるのがニューラルネットワークである。ニューラルネットワークの特徴は，**分散表現**（知識はユニット集団の活性化パターンとして表現される。つまり，単語の意味は別の意味とは異なる活性化パターンとして表現され，類似した概念は互いに類似した活性化パターンとして表現される），**構造の漸進的学習**（長期的な知識はユニット間の結合強度としてネットワーク内に埋め込まれており，ユニット間の結合強度は学習によって変化する），そして，**相互作用**（ユニットは連結されており，相互に影響し合う）などが考えられるであろう。

＊

　ニューラルネットワークで，学習とは出力層で正解（人が望む結果と言えるかもしれない）が出るよう，パラメータ（重みとバイアス）を調整することである。なお，「重み」という用語は，特定の個体ごとに値を設定するのに対して，「バイアス」は，回路に信号を与えて動作させるとき，基準になる点を決めるための電圧を与えておくこと，また，信号電圧に一定の電圧を加える（『ブリタニカ国際大百科事典』小項目辞典，2014）ということである。機械学習で，ニューラルネットワークを学習させるアルゴリズムは**誤差逆伝播法**（バックプロパゲーション）であり，損失関数の微分を効率的に計算する方法である。ニューラルネットワークにおいて，重み，または，重みづけはシナプス結合の強さを表しており，学習によって，重みはシナプス毎にその値が変化することになる。ニューラルネットワークには，ニューロンの感度にあたる判定基準として閾値が必要で，これは基本的に変化しないものである。

　毎回，正解が出せるようになるには，ニューロンの入力に対する重みが最適化されねばならず，そのためには通常，何百万回もの学習が必要である。このスピードが近年，著しく向上した。この学習段階を経て，ニューラルネットワークは正解にたどり着くためのルールをつかめるようになる。同時に，正解

の出力に必要な入力層と出力層の間にある隠れ層，それぞれにおける入力データに対する適切な重みと勾配が分かってくることになる。当然のことながら，学習用のデータが多いほど，出力の精度は高まる。

*

ローゼンブラット（Rosenblatt, 1958）は，入力層と出力層の2層からなる（単純）**パーセプトロン**という考え方を提案した。ロジスティック回帰とともに懐かしい響きであるが，形式ニューロンを複数並列に組み合わせ，出力ニューロンで束ねるという構造をもっており，入力層の形式ニューロンは，入力それぞれに重みを掛け算して，その値が閾値を超えていれば出力は1，そうでなければ出力は0，神経細胞が発火するかしないかの弁別で考えられた。入力に掛け算する重みは，**ヘッブ則**（または，ヘッブの法則）から考えられたものであり，パーセプトロンは，入力と出力の組み合わせを学習し，正しい答を出すというものであった。

たしかに一時期，パーセプトロンは広がったものの，パーセプトロンでは教師あり学習の線形分離可能な問題しか解けない（つまり，この世の中の大部分はパーセプトロンでは解けない）ことがわかり，すたれてしまった。

その後，1986年，ラメルハートら（Rumelhart, Hinton, & Williams, 1986）がパーセプトロンを改良した，前述のバックプロパゲーションを提唱したことで，非線形分離可能な問題も解けるようになった。パーセプトロンを組み合わせて3層構造にしたバックプロパゲーションによりニューラルネットワークは脚光を浴びることになった。

ニューラルネットワークにも種類があり，ディープニューラルネットワーク（DNN）は，深層学習モデルでニューラルネットワークを多層，重ねたものである。近年，コンピュータの処理能力が向上したことによってニューラルネットワークの大規模版が構築できるようになった。畳み込みニューラルネットワーク（CNN）は，画像認識でよく用いられ，また，自然言語処理にも利用されているモデルである。再帰型ニューラルネットワーク（RNN）は，時系列データを扱うことができるもので，文脈を考えることができ，機械翻訳や音声認識に使われている。近年，翻訳の精度が向上したGoogle翻訳にも使われている。近年，ディープラーニング（深層学習）といった言葉が断片的に広がっているのだが，そのディープラーニングはニューラルネットワークモデルに組み込まれている。そのディープラーニングを2つ準備しておき，敵対的ネットワークを組ませると，あたかも贋金づくりの技術とそれを見破る技術が

競い合って向上するようにレベルアップが見込まれるのである。

〈情報 BOX　11-2〉
ヘッブの法則
　神経の可逆性の理論で，脳のシナプス可塑性に関する法則である。神経細胞 A が神経細胞 B との接合部・シナプスで，ニューロン間を頻繁に発火させると神経細胞 A の情報伝達効率が良くなるが，長い間発火が起こらなければ神経 B との情報伝達効率は下がる，というものである。心理学者ヘッブ（Hebb, 1949）が1949年に提起した。繰り返し動作は強化され，行われない動作は減退するということから，形式ニューロンで，入力の強化は重みを大きくし，入力の減退は重みを小さくすると考えられる。

4．リズムの同期モデル（蔵本モデル）

　心のあり方を考えるにあたって，もうひとつ参考になる研究がある。リズム同期研究である。リズム同期研究は，ホイヘンス（Huygens, C.）の知見をウィンフリー（Winfree, 1987）そして蔵本（Kuramoto, 1984）が科学理論として発展させ，現在，いろいろな分野で研究が行われているのだが，岡林（Okabayashi, 2016）は，生きているものにはリズムがあることに注目した。例えば，心筋細胞は，それぞれ別個に存在しているとばらばらに活動しているのだが，いっしょに存在すると同期が始まり，同じリズムで活動しだすということが知られている（甲斐，2005; Winfree, 2001）。心筋細胞のリズムが同期しだすと血液の流れが生まれ，リズムをもった血流によって交感神経と副交感神経による自律神経系などが作動する。このような現象の現われ方は，自己組織化と呼ばれるものであり，いくつかのシステムレベルで同じ現象が起こり，下位層から上位層の秩序を作っていることがわかる。生きているシステムには常に拮抗する力が働いていることが知られており，無秩序に向かう流れ（熱力学第 2 法則）に逆らい，システムがエネルギーを取り込みながら，自らを組織だて，秩序を生んでいくのである。岡林（Okabayashi, 2016）は，人はひとりでいる時よりも会話をしている時の方が，生体リズムが活発に働き（最大リアプノフ指数で表現される：Lyapunov, 1992a, b），さらに，会話中の二者がお互いのポイントをつかみ，話題を共有し，それと同時に，相手の話に興味を持ち，聞いていますよという感情的な雰囲気を作ることが出来ると二者の生体信号のリズ

ムが似てくる。つまり，二者の生体リズムが同期してくることによって相互理解が成り立つのではないか（Okabayashi, 2017）と述べている。二者のリズムが引き込みを起こし，同期するということは，別個の人だとはいえ，ひとつのシステムとしてとらえられるのではなかろうか。さらに，会話中，ほとんどの人の自律神経系のリズムは引き込みを起こし，同期に向かうのに，指尖脈波で示される生体信号全体のリズムは，対人恐怖心性の高い人などは同期しにくいということが見いだされている（Okabayashi, 2016）。

　安定性と応答性という一見相矛盾する2つの重要な性質をもつリズム（郡・森田，2011）は，応答性でもって他とのリズムを作り出し，たしかに一時的には安定に向かうこともあるが，常にリズムのゆれによってさらなるリズムを作り出す，ということを繰り返しながら，現象的には，階層的に異なったレベルのもののリズムとして，細胞レベルのリズム同期，自律神経系レベルのリズム同期，生体信号レベルのリズム同期が作り上げられてきていると考えられる。このリズムは決して，安定性だけの一定のリズムではなく，常にゆれをともなっているダイナミカルなリズムである。そこに，ニコリスとプリゴジン（Nicolis & Prigogine, 1977）の提唱したエントロピーと秩序が同時に存在する散逸構造，近年では松本（1984）や山口（1984）が言及した非線形非平衡系の特徴が現れており，それがゆえに，リズム同期の繰り返しによって，階層的に異なる現象が生じることが可能となるのである。線形理論ではゆらぎは誤差である。しかし，実際の世界では，リズムのゆらぎは，生きているシステムの証であり，雄山（2012）は認知症の高齢者ではゆらぎが少なくなることを報告している。

　会話研究においては，9章で見たように，一時期は，会話をしている両者の会話内容を質的分析することによって，両者の話が合っている，相互理解をしている，共感ができている，といったことをとらえようとしてきたのだが，その試みはうまくいかなかった。会話自体が統語論的には整っておらず，主語がなく，目的語が「あれ」や「それ」で表現されたり，曖昧であったり，何種類にも解釈可能な表現が頻繁に出てくるのである。さらに，会話の話し出しのタイミングを調べてみると，相手の話を聞き終わる前に話し出している。すなわち，会話というのは，時間の流れからとらえれば，話の内容をフィードバックしながら理解しているだけではなく，フィードフォワードしながら理解し，会話しているのである。そこで，会話をしている両者の生体信号の同期を確認できるのが蔵本モデル式である。式2において，各々の振動子は固有振動数を持ち，他の全ての振動子と等しく相互作用している。ここで，系はN個のリ

ミットサイクル振動子から構成される。この式は，生体信号を使っているので，心拍の同期（昔の人は，「息が合う」と表現していた）や副交感神経・交感神経の自律神経バランスの同期といった感情的なリズム同期を示すことになる。

$$\frac{\partial \theta_i}{\partial t} = \omega_i + \frac{K}{N}\sum_{j=1}^{N}\sin(\theta_j - \theta_i), \quad i = 1...N \quad (\text{式}2)$$

若者の会話中の生体信号・指尖脈波から具体的なデータを示しておく。Aさんが「小学校のとき，友だちといろいろ楽しいことがあって……」と喋っているのに対して，Bさんが「どんなことがあったの？」と尋ねる。Aさんは，それには答えず，「2年のとき，家族と旅行に行って……」と話を進める。会話全体を通して，Aさんは自分の思いだけで話を進めており，Bさんは質問しているのに答えが返ってこないので，最後は，相槌をうつだけになっていた。図11-1は，二者（AさんとBさん）の会話中の生体リズムを示したものであり，会話の形式的なやりとり（一方の人が喋るのを他方の人が聞き，反応している）がわかる。図11-2と図11-3は，二者の生体信号からのアトラクタ（情報BOX14-1参照）を示したものである。そして，AさんとBさんの生体信号の波（動き）は，次の式で示すことができる。

Aさん：$f(x) = 2033.13 + 124.82\ sin\left(\pi\ \dfrac{x+3.74}{7.94}\right)$

Bさん：$f(x) = 2029.27 + 85.57\ sin\left(\pi\ \dfrac{x+7.88}{11.04}\right)$

それに対して，中学時代のクラスは仲が良かったという話で，こんなこともあった，あんなこともあったと共感し，話が合ったCさんとDさんの会話では，生体信号の波は

Cさん：$f(x) = 2061.55 + 207.65\ sin\left(\pi\ \dfrac{x-3.27}{38.36}\right)$

Dさん：$f(x) = 2069.60 + 135.76\ sin\left(\pi\ \dfrac{x-5.08}{135.76}\right)$

と表現され，この両者のアトラクタの振舞いは，AさんとBさんのものより似通っていた。

　AさんとBさん，CさんとDさんの生体信号の波の式を蔵本モデル式（式

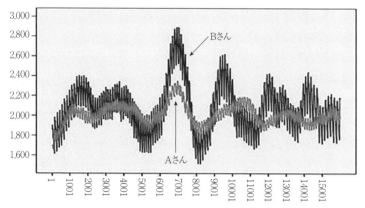

図11-1　AさんとBさんの会話時の指尖脈波：オリジナル波
　　　　（Okabayashi, 2017）

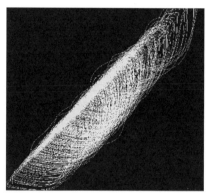

図11-2　Aさんのアトラクタの動き
　　　　（Okabayashi, 2017）

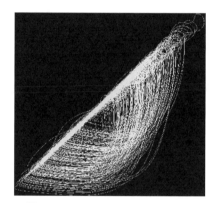

図11-3　Bさんのアトラクタの動き
　　　　（Okabayashi, 2017）

2）に入れ，シミュレーションしてみると，AさんとBさんの場合は，なかなか収束せず，同期するのは困難であることがわかる。他方，CさんとDさんの場合は，容易に収束し，同期していることがわかる。

　若者の対人関係が希薄化してきたと言われるように，若者の会話が表面的になり，表面的な同調でとりあえず，その場をやり過ごし，本当の会話がなされていないのではないかと心配されている昨今，公認心理師として臨床現場に出ても，クライエントと向き合い，きちんと会話ができなければどうしようもない。意思疎通ができる会話とはどのような会話なのか，可視化そしてシミュレーションは，その確認のためにも役に立つ。会話というコミュニケーションによって，人は育ち，発達するということを心しておく必要があろう。

AI 研究

　将棋の羽生善治竜王（棋聖）や藤井聡太棋士の活躍によって，彼らの強さはAI将棋の影響を受けているのではないかという話題になり，さらに，彼らと対局するAI将棋の戦略に人々の興味が向くことになった。また，AI技術が導入された車が自動走行で，危険を察知して止まり，障害物を検知し，人に危害を加えないようになり，高齢者が運転する必要がなくなる，等々の社会的期待が先行する形でAIがもてはやされるようになった。

〈情報BOX 11-3〉
ダートマス会議
　初めてAI（人工知能）という言葉が定義された会議。1956年，米国ニューハンプシャー州ダートマスカレッジで開催された。登場して間もないコンピュータに，人間のように知的な情報処理をさせたいと考えたマッカーシー，ミンスキー，シャノン等の研究者たちがロックフェラー財団の援助を受け議論した。マッカーシーはAIの課題として，
① コンピュータがシミュレーションできるように知能の機能を正確に記述すること，
② コンピュータが人間と同じように言語を操作できるようにすること（自然言語処理），
③ 神経回路網（ニューラルネットワーク）を使って，高次のタスクを遂行できるようにすること，
④ 計算の複雑さに関わる理論を作ること，
⑤ コンピュータが自己の能力を改善する学習能力を実現すること，
⑥ 抽象化の機能を実現すること，
⑦ 示唆に富むヒントを用いた創造的思考を実現すること，
を提示した。　　　　　　　（ブリタニカ国際大百科事典　小項目辞典，2014参照）

1. AI とは

　われわれ人間は日頃，知能というものをほとんど意識せず，見る，歩く，走る，考える，等々を行っているが，例えば，目の前の取りたいものをとる

(リーチング：Thelen, Corbetta, Kamm, Spencer, Schneider, & Zernicke., 1993)，障害物を避けて歩く，模型を組み立てる，などの運動や行動は，感覚器官と連動した複雑な知的活動であり，機械としてのコンピュータが簡単にできる話ではなかった。知的なコンピュータを実現するという立場から人工知能（AI: Artificial Intelligence）という用語が1956年のダートマス会議から登場してきたのだが，AIは，現実世界の多様性に柔軟に対応する行為者を設計するための原理を求めており，世界は多様なので，人手による設計で直接，対処することはできない。AIにおける最大の課題は，いかにして過設計を避けつつシステムの適応能力を高めるかである（橋田，1995）と指摘されている。また，AIには次のような分野が存在し，互いに関連しあっている。本書でこれまで見てきた事項がちりばめられているので，振り返りながら，ご確認いただきたい。
① 知識表現：知的なコンピュータを実現するためには，知識をコンピュータ内に持っている必要がある。2章では，知識の宣言型表現と手続き型表現等について論じたが，さらに，ここでは，どのような形で知識をもたせ，知識をどのように表現するのかが問題になってくる。人間の場合，「総理大臣の電話番号は？」と聞かれ，即座に「知りません」と答えるであろう。さて，AIの場合はどうなのか，という話である。知識表現にともなうデータベース検索の仕方が関わってくる。
② 論理と推論：推論とは，知識の集合から，それらの知識に明示的に表示されていない結果を導き出すことである。命題論理や述語論理の範囲では，推論された結果は正しいものになるのだが，人間の行う論理と推論は違っており，思い込みによる誤解はよく起こってくる。

〈情報 BOX 11-4〉--------

命題論理と述語論理

　AIは論理をもっていないと作動しない。その最も単純なものが命題の真偽を1つの記号で表現する**命題論理**（propositional logic）であり，命題を主語・目的語で表現するオブジェクト（名詞）とそれらの関係を表現する述語（動詞）に分解し，複数の記号で1つの命題を構造的に表現する**述語論理**（predicate logic）がある。**命題論理**の関心事は，個々の命題の「意味」よりも命題を「かつ」「ならば」などの論理演算子で関係づけたときにどんな推論ができるか，ということである。命題論理とちがい，主に個々の命題の意味を扱うのは**述語論理**である。

----

③ 学習：本などにまとまった知識は，言語や記号で表現できるので，それをコンピュータに移植することは可能である。しかし，人間の知識というものは，日常生活の中から，視覚情報，聴覚情報などを処理しながら得られる知識や身体，運動を介した知識が非常に多く，そのような知識は記号や言語で表現することができず，コンピュータへの移植は不可能だった。この問題を解くただ一つの方法は，コンピュータが自分自身で学習することである。幸いなことに，近年，コンピュータの演算スピードが著しく向上し，人間なら10年もかかるような経験を1週間で行うことも可能になってきている。この学習スピードが，例えば，将棋の熟達者である棋士をして，この前に対戦したときよりも格段に強くなっていると驚かす，驚異の成長を示す学習能力になっているのである。

④ 自然言語理解：本書でこれまで見てきたように，人間にとってもコンピュータにとっても，言語は重要なテーマなのだが，自然言語となると統語論上，主語，述語が不明確だったり，意味論上，文脈から解釈・推論をしなければならなくなり，理解するには，非常に難易度があがるという特徴がある。英語から日本語，日本語から英語へ翻訳をしてくれれば人間にとって有難いのだが，コンピュータは本当に理解しているのか，記号接地問題（記号がどのように実世界において意味をもつのかという問題：Harnad, 1990）などの論点がまだ解決できずにいる。

⑤ 画像理解・音声理解：画像分析，音声解析は，技術上，かなり進歩したが，カメラを通して得た画像という情報を，人の視覚系が行っているように正しく認識し，その場面を理解することは，単に画像情報処理技術の向上だけではうまくいかない問題である。音声理解にしても同様のことが言え，本書でこれまで見てきたように，人間は，その対象としているもの／場面に対して，背景情報，文脈情報，推論情報も含めて膨大な知識をもとに理解しているのである。

⑥ 知能ロボット：現在，何かの分野で優れている，または，役に立つ，というAIが考えられているが，最終的には，いろいろな状況において自分で判断し，行動できる自立型の移動ロボットが実現されるであろう。たしかに，ある分野というように部分的にでもうまく作動できれば，家庭に入り，家事や介護を手伝ってくれるAIとか，無事故で行きたいところに連れて行ってくれるAIなど現実化するであろうが，そこまで到達するにあたっても，本書でこれまで検討してきた膨大な情報を得なければならず，さらに，その情報が生きて使えるように，応用ができる状況にしておかなければならない。家事ロボットや自動運転ロボットをルーチンで作業を行うレベルのものと考えると可能なのだが，

168　第4部　知覚・認知心理学の応用

そこに自分で考え，状況を判断し，対応をしていくという応用能力を求めるAIの考え方からすれば，越えなければならないハードルが今なお，いくつも存在している。

2．AIの段階とレベル

　AIは新奇なるがゆえに，何度か話題になり，もてはやされ，そして，限界を露呈し，失望され，忘れられてきた。それをブームと呼ぶか，世代と呼ぶかはともかく，それぞれの段階で，社会の側にAIに対する希望・期待があったのは確かである。

① AI第1段階（1960年代）：推論・探索の時代

　迷路やパズルを解くAIが発表され，話題になったものの，理論的に学習できない問題が存在した。そのため，現実的に，問題解決・課題解決には使えないことがわかり，第1次AIブームは急速にしぼんでしまった。

　AIとしてはうまくいかなかったが，MITのワイゼンバウム（Weizenbaum, J.）が1964年から1966年にかけて作成した初期の素朴な自然言語処理プログラムELIZAは心理学徒にはぜひ知っておいて欲しい対話型（ただし，音声による対話ではなく打ち込み式である）コンピューティングである。ちなみに，ELIZAという名前はバーナードショーの戯曲『ピグマリオン』の労働者階級の花売り娘でヒギンス教授から上流階級のアクセントでの話し方を教えられるイライザから来ている。スクリプトとしては，DOCTORというロジャースの来談者中心療法のカウンセラーが行う会話のシミュレーションをモチーフ（ワイゼンバウムは「パロディ」だと言っていたようであるが）にしたものが装備されていた。ユーザーが「頭が痛い」と打ち込めば，「詳しく教えてください」と返ってくる調子で，単純なパターンマッチングの技法を使っていただけなのだが，なかには実際の人間と話すよりもELIZAと話すことを好むユーザーが出てきた。人間にとって会話とは何か，人は対人関係で何を求めているのか，考えなければならない問題を突きつけられることになった。人は，意味を理解してくれなくても，自分の話を聞いてくれる相手を求めているのかもしれない。そして，ELIZAとうまく会話ができたと報告したユーザーは，コンピュータの出してきた文に，自ら意味を見いだしていたのであった。1966年当時，対話型コンピューティングは斬新であったし，パーソナルコンピュータが普及する15年程前のことであり，インターネットなどでの自然言語処理が一般化する30年も前のことであった。

② AI 第2段階（1980年代）：知識表現の時代

　エキスパートシステムが注目され，専門家・熟達者の知識や思考プロセスを組み込んだシステムを使うことで，素人・初心者でも専門家・熟達者レベルの対応ができるようになった。この時期，知識工学が世の中の期待を集め，若者の羨望を受けることになった。

　しかし，ハードウェアの性能の問題，システムを作るためのコストの問題，フレーム問題と呼ばれる「人間には簡単に解決できることが，プログラムのフレーム（枠組み内）で推論できない場合，コンピュータはお手上げになる」状態を克服できない等々から再度，AIブームはしぼんでしまった。

③ AI 第3段階（現在）：機械学習・ディープラーニングの時代

　高性能なハードウェアの登場によって演算速度がとてつもなく上がり，ディープラーニングと呼ばれるコンピュータが自ら学ぶ／経験するスピードが断然，速くなった。同時に，インターネットの普及により，ビッグデータと呼ばれるデータによって，コンピュータが学び，経験することが急速に増えたのである。

　性能の上がった AI についてメディアがどう伝えたか，また，それを人々がどうとらえたか，という反応が，現在の AI への関心を高める要因になっている。つまり，Google の認識能力の話題，Alpha 碁がプロ棋士に勝利した話題，将棋の世界で強い棋士は AI 将棋を使っているという話題，自動運転技術の話題，等々，メディアが好意的に取り上げ，その一方で，シンギュラリティ（AIが人間の知能を超える）の到来やそれにともない，AI の職場への進出により人間は失業する，AI が人間を犯罪予防のために拘束するといった映画などで取り上げられてきた懸念を学者・識者が真剣に提起するなど，良し／悪しの論点が提起され，一般の人もブログ等で意見を出し，それを AI は学習していくという構図ができてきたのである。

〈情報 BOX　11-5〉
コンピュータ，AI の進化

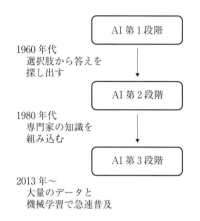

1960 年代
選択肢から答えを
探し出す

1980 年代
専門家の知識を
組み込む

2013 年～
大量のデータと
機械学習で急速普及

1946 年　世界初のコンピュータ
「エニアック」登場
ペンシルバニア大学
米国陸軍の弾道計算や風洞設計
天気予報

2011 年　米 IBM「ワトソン」が
クイズ番組でクイズ王
に勝利

2016 年　「アルファ碁」
（Google・Deepmind 社）
が囲碁のトップ棋士を破る

2017 年　公道での自動運転の試行

　ここまで見てきて，皆さんは逆に，AI とは何なのか，という疑問を持たれたのではないだろうか。実は，AI についての簡潔な定義・概念規定は存在しない。その理由は，上記のように，AI の中身が時代とともに変遷しているからである。その変遷から，松尾（2015）は，AI には 4 つのレベルがあるとする：**レベル 1 - 単純な制御プログラムの AI**（制御工学やシステム工学から出てきているマイコン制御のエアコンや洗濯機であり，マーケティング用語としてメーカーが AI としている製品のカテゴリーである），**レベル 2 - 古典的な AI**（診断プログラムに使われるエキスパートシステムなどであり，将棋のプログラムや掃除機など），**レベル 3 - 機械学習を取り入れた AI**（事前に学習した対応パターンを使い，新しいインプットをアウトプットと結びつけ学習していく AI であり，検索エンジンやビッグデータ分析に使われる），**レベル 4 - ディープラーニングを取り入れた AI**（プログラム自らが大量のデータのインプットと特徴量抽出を繰り返しながら学習を行う。初期設定の段階で，ある程度の学習は人間がさせる必要があるのだが，レベル 3 と異なり，コンピュータが自ら学習していく特徴をもつ。Facebook の写真自動タグ付け機能などの顔認識や天気予報など）。

　認知科学の理論や技術によって，ここまできた AI。これからは，人間の叡智が，どのように AI を育てていくかの鍵となることであろう。

第5部

さらなる発展に向けて

****

　心理学理論のメインストリームである知覚・認知心理学は，ここまで見てきたように，人の心の作用についてモデル化し，シミュレーションができるところまできた。

　これまでの理論から，教育現場（12章）や臨床現場（13章）への応用がなされているので報告しておきたい。さらに，知覚・認知心理学の今後を考えると，認知革命が起こったとき，何を目指していたのか，何が達成できて，何が達成できていないのか，原点に立ち返って考察しておく必要があろう（14章）。脳をいくら分析しても心の在処はわからない。心というのは，人体・臓器を結ぶネットワークを介して，情報伝達物質がやり取りされる中で起こってくる自己組織化現象なのではなかろうか。そして，どの学問でも，今，「生きている」とはどういうことなのかという基本的な問題にぶつかっている。**生きている心**を研究対象としている心理学。要素主義や線形理論の限界を乗り越える研究フレームが必要になってきている。

****

12章

教育現場への応用

　何かを理解するには，スキーマを使うことが必要である。教科指導を行うにあたって，スキーマをはじめ認知心理学の知見を活かすことが重要になってきている。学習者の立場からしても，主体的に学習し，PISA型学力観の応用を目指すならば，従来の刺激と反応の条件付けによる反復学習では追い付かず，同化と調節から，洞察を組み込んだ創造的思考が求められることになろう。教科の学習に関しても，認知心理学は，教育現場の学習に密接な関係をもちだしている。本章では，英語ならびに社会科の学習について考えてみたい。

英語学習

　これまであまり手がつけられていなかった，英語の聴解力の学習に触れてみたい。

1．聴解力の向上を目指して

　外国語を教え，学ぶということは容易なことではない。日本では，英語がいろいろな教育場面で学習されているが，聴解力（listening comprehension ability）は言語学習の基本の一つであるにもかかわらず，実際の語学学習の授業では，聴解力に関するスキルは，あまり重きをおかれていないのである。その理由として，聴解力を教授するのに必要な設備や教材が揃っていないということもあろうが，聴解力スキル教授という教授方法について，これまで目がいっていなかったためだと思われる。
　特に，日本人の学習者の場合，英語を学習するにあたって，文法や文章読解に比べて，聴解力は非常に問題となる。ある日本の国立大学で，一年次生を対象に，英語の聴解力テストと文章読解テストを同じ課題を使って行ったところ，明らかに聴解力得点が文章読解得点よりも低かった（Okabayashi, 1991）。つまり，日本人の英語学習者は，基本的に単語の意味や文章の文法的な構造は分

かっていても，聴解力スキルを身に付けていないのである。

キャステイン（Chastain, 1971）は，聴解力スキルの発達には，①音弁別，②聴覚的記憶，③理解の三つの要素があると考えている。実際のところ，リスニングに際して，学習初心者は，次から次に繰り出される言葉の洪水によってパニックになっているのである。人間は，何か情報を得た時，少し時間的余裕がなければ，その意味は捕まえられない，ということはすでに第2部で学んだことである。これは，情報がわれわれの記憶（短期記憶としても）に定着するには少し時間が必要だ，ということである。単語の音を弁別するには，われわれの長期記憶からのパターン認識を利用して，正確な発音パターンを聞く能力を訓練していくしかないであろう。岡林（Okabayashi, 1991）は，単語弁別能力（例えば，walkとworkの発音の違いが分かる）が文全体の聴解力と関係があるかどうか調べてみたところ，それほど強い関係ではないが，単語弁別能力が高ければ文全体の聴解力も高くなるということを報告している。しかし，異文化で育ってきた人間が正確な発音パターンを100％身に付けるということは，まず不可能であろう。そこで，次のステップとして，文の意味からその聞き取れなかった単語を推量するといったトップダウン的な発想は可能なはずである。そして，一つの語すなわち単語は確実には分からなくても，小さなまとまりとして成り立つユニットの意味がつかめれば，単語が分かってくるのである。また，いきなり文全体の意味をつかむことは難しいかもしれないが，ユニット単位なら，その意味をつかむ負担が減ってくるはずである。

文をユニットに分割するという発想は，命題（proposition）につながる発想である。命題とは，最も小さい知識ユニットである。ミラー（Miller, 1956）も指摘したように，人間は一度にたくさんの情報を処理できないのであり，特に言語学習初心者にとって，この情報量の問題は重要である。

2．ポーズを挿入した聴解力訓練

上記のような発想をもって，岡林（Okabayashi, 1991）は，ポーズ挿入による聴解力訓練を行ってみた。大学生40名に聴解力に関する事前テストを行い，能力が等しくなるようにポーズ挿入訓練群（ポーズ群と呼ぶ）とポーズ非挿入訓練群（統制群と呼ぶ）のそれぞれ20名の二群に分けた。ポーズ群は，訓練の際，通常の2倍の時間のポーズが入った英文を聞いたのである。それに対して，統制群は通常の英文を聞いたわけであり，これは日頃行われている，とにかく何回も繰り返して聞くという訓練の方法である。英文課題自体は両群ともに同

表12-1　正解率（Okabayashi, 1991）

	事前テスト	訓練セッション				事後テスト
		1	2	3	4	
ポーズ群	32(%)	45	38	37	50	39
（標準偏差）	(2.56)	(1.48)	(2.11)	(3.14)	(3.10)	(2.89)
統制群	32	37	29	25	38	32
（標準偏差）	(2.54)	(2.37)	(2.45)	(2.00)	(1.52)	(1.05)

じものであり，ネイティブスピーカーが発音したものであった。訓練セッションは，週に1回，4週間にわたった。なお，各セッションに，20課題が出された。そして，訓練セッションが終了した後，学習者たちの聴解力を確認する事後テストが実施された。

このポーズ挿入訓練は，訓練期間中に学習者が英文をユニットに分割するスキルを身に付ければ，学習者は自然な聴解場面で，そのスキルを利用することができるであろう，という予測のもとに行った。その訓練結果を表12-1に示すが，ポーズ群と統制群ともに事前テストでは32％の正解率であったのだが，事後テストでは，ポーズ群は39％になり，統制群が32％のままであったのに比べ上昇している。この結果から，これまでわれわれが行ってきた「聴解力を付けるには，とにかく繰り返して聞け」という指導がいかに学習者にとって「消耗」であったかを示すと同時に，聴解力を付けるには，ポーズを挿入するとかいろいろなアイデアが考えられても良い，ということが示唆されたのだと思われる。残念ながら，ポーズ群の事前テスト成績と事後テスト成績の間には有意差は見出されなかった（$t(19)=0.079, p>.05$）ので，ポーズ挿入訓練も，もう一ひねり必要である。つまり，訓練セッション中の成績を見てみると，セッション3，4で，ポーズ群は統制群より成績が有意に良くなっており（それぞれ，$t(38)=2.23, p<.05; t(38)=2.21, p<.05$），このセッション終盤，有意に良くなったスキルを訓練場面から通常のポーズが入らない場面に転移させる方法を考慮しなければならない。

3．スキーマ利用による聴解力の向上

「語学の学習に王道はない」とよく言われる。繰り返し練習することが唯一の語学習得方法だというわけである。たしかに，基本的にはその通りなのだが，その言葉に安住して，教える側が，教授方略を考えなさ過ぎたように思われる。単に，わけのわからないものを繰り返しても，無意味綴りを暗記しているようなもので味気ないものである。多くの語学学習挫折者は，動機づけはあっても，

その味気ない繰り返しに飽きてしまったのである。

　そこで，ここでは，英語の聴解力の学習に際して，課題の内容に関連するヒントを先に与え，それから課題に入れば，英文が理解しやすくなるのではないか，という研究を紹介したい。つまり，ヒントがプライミング効果をもち，学習者のスキーマを呼び起こし，英文理解を促進するのではないか，という発想である。

　中嶌（1988）は，①視覚教材（絵）の挿入がリスニングにどのくらいの効果を及ぼすかを検討する，②予備テストで測定した研究参加者の聴解力の差によって視覚教材の挿入効果に違いが生じるかを検討するという目的をもって，大学生を対象に英語の聴解力の向上を目指した学習方法を模索した。ただし，この実験ではリスニングがねらいであるので，音声を聞かなければ，つまり，絵を見ただけでは内容が理解できないように工夫されていた。

　聴解力を測定する予備テストにおいて，参加者を聴解力高位群，中位群，下位群の三群に分け，さらにそれぞれの群を視覚教材挿入群と挿入しない群の二つに分けた。中嶌は，三種類の課題で実験を行っているのだが，その中で「道案内」の課題について考えてみたい。参加者たちは，次のような会話を聞き，質問に答えるように求められた。その会話を聞く直前，視覚教材挿入群には，図12-1のような絵が提示された。

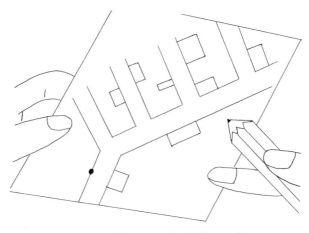

図12-1　見せられた絵（中嶌，1988）

［リスニング課題］

Foreigner : Excuse me.

Japanese : Yes ?

Foreigner : Could you tell me how I can get to this store ?

(Shows a memo to the Japanese passby.)

Japanese : Makino... oh, yeah.

Let me draw a map for you.

(Takes out his memo pad and pen.)

Foreigner : Is it far from here ?

Japanese : No, it's about a five-minute walk from here. Now, this dot is where you are now.

Foreigner : All right.

Japanese : Go straight along this street. There's a Y-intersection at the end of the street.

Foreigner : I see.

Japanese : When you get to the fork, go to the right.

Foreigner : To the right, okay.

Japanese : Then, one, two-turn left at the second corner.

Foreigner : Uh-huh.

Japanese : It'll be the fourth or fifth store from the corner. You can't miss it.

Foreigner : Thank you very much.

Japanese : You're welcome.

［解答用紙］

Q1. 探している店の名前は，何ですか。

  a) Makino b) Maruno c) Nakano

  d) Sakano

Q2. この店は，現在地からどのくらいのところにありますか。

  a) 車で5分 b) 徒歩で5分

  c) 徒歩で15分 c) 車で15分

Q3. 現在地をまっすぐ行くと，道はどうなっていますか。

  a) T字路 b) 十字路 c) 一本道

d) Y字路
Q4. そこから何番目のかどを曲がりますか。
a) 1番目　b) 2番目　c) 3番目
d) 4番目
Q5. 現在地からこの店までの地図として，正しいのはどれですか。

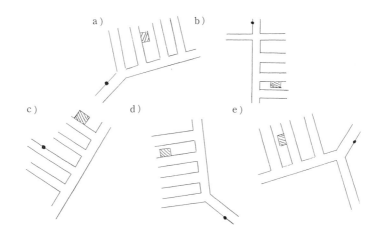

　その結果，視覚教材を挿入した方が，挿入しなかった者よりも成績が良かった（表12-2参照）。さらに細かく見てみると，聴解力の上位群と中位群では，視覚教材挿入の有無による差は見られなかったが，下位群で有意な差が検出された。つまり，視覚課題の挿入は，聴解力の弱い学習者には有効なのではなかろうか。
　一般的に，情報が多くなれば，判断が容易に下せるようになると思われている。したがって，学習者のスキーマを形成しているある部分を刺激するとプラ

表12-2　分散分析の結果（中嶌，1988）

SOURCE	SS	df	MS	F
聴解力	1.2	2	0.6	0.496
絵挿入の有無	9.84	1	9.84	8.133**
交互作用	1.93	2	0.965	0.798
残差	66.28	55	1.21	
全体	79.25	60		

＊＊　$p<0.01$

イミング効果として，そのスキーマが活性化され，理解ならびに判断がしやすくなる，というのはわれわれの日常生活からも納得できることであろう。そしてさらに，リスニングに入る直前に関連スキーマを活性化させるという方法が，特に聴解力の弱い学習者に有効である，ということは興味深い。聴解力に関する基礎が出来ていれば，繰り返し聞くことで，さらに聴解力を磨くことができるのかもしれないが，基礎が出来ていなければ，中嶌の実験のように，なにかヒントを与えるというような，スキーマを活性化させる方法が考えられて良いのではなかろうか。そういった訓練を積むことによって，会話の中で出てくる単語をプライム語としてスキーマを活性化し，会話の内容をよりよく理解することができるようになると思われる。

社会科学習

社会科は以前から暗記科目だと考えられてきた。教室でのやりとりを聞いていても，覚えているかどうかにウエイトがかかっているのがよくわかる。地図を指しながら，先生が「この国の名前は？」と聞くと，生徒が「わかりません／覚えていません」と答える。ところが，近年，OECD・PISA 世界学力比較調査の影響などから，応用型の学力，いわゆる PISA 型学力が求められ，文部科学省も生きる力の具体的な課題として思考力を前面に打ち出すことになった。

1．地理学習

国が生まれたり，滅びたり，そして，ある国とある国が貿易摩擦を起こしているかと思えば，何かのきっかけで手を結ぶことになったりと，この世の中は，国レベルであったり，地域レベルであったり，いろいろな出来事が起こっている。地理というのは今，起こっている出来事を考えるにあたって，非常に重要な情報であり，あわせて地図情報をつかんでおくと，この世の中で起こっていることを理解するのに役立つのである。実際に応用できる地理情報ということになれば，これまでの認知心理学の知見から考えて，ポイントは，地図をフレームにした地理情報の構造化なのではなかろうか。

① 地図をフレームにした地理情報の構造化
　読者の皆さんは，宇宙から地球を見る視点が，ある大陸にズームインし，さらに，ある国，ある都市，ある建物にズームする映像を観たことがあるであろ

う。現在の技術で，そこまでできるようになった。7章で述べた意味ネットワークのノードにあたるのが地球であり，大陸であり，国，都市，建物である。その上位から下位へのノードそれぞれに，地球の特徴，大陸の特徴，国の特徴，都市の特徴，建物等の特徴が情報として入っている。岡林（1991）が財団法人・電気通信普及財団の助成によって作成した「地図情報構造化システム」というものがあり，そこに，インターネットの技術を組み合わせるイメージでとらえてもらえればよい。すなわち，第一画面の地球の画像からクリックすることによって地球の人口，オゾン層の問題等が表示されるようになっており，同様に，国のレベルの画像からは，その国の人口，経済状態，他の国との関係，最近の特徴が検索できるようになっているというように，それぞれのノードにあたるレベルで情報が入っている。

重要なのは，ゲシュタルト心理学が述べていたように，全体像をとらえる意識が常にある構造化システムであるということである。米国大統領が中国と貿易摩擦を引き起こしたとしても，それは2つの国に限定された問題ではなく，世界全体に波及するといった現実が読み取れるシステムが必要である。

② 地理情報構造化システムの使い方

上記のような地理情報構造化システムを構築したとして，どのように利用できるのであろうか。

ⅰ）授業の資料情報として

「社会科 中学生の地理 指導書」（帝国書院，2016）を基に，「資源が豊富な西アジア・中央アジア」に関して，次のような学習指導案を考えてみた。

本時のねらい（帝国書院，2016）
・西アジアでは原油の生産が多く，世界各地に輸出されていることを理解させる
・西アジアの産油国では，輸出で得られた利益を社会資本の整備や他の産業の育成に活用していることを理解させる

評価基準（帝国書院，2016）
・西アジアや中央アジアの経済成長について関心をもち，その特色を意欲的に追究している（関心・意欲・態度）
・西アジアや中央アジアの経済成長と資源開発や輸出との関連について多面的・多角的に考察し，その結果を適切に表現している（思考・判断・表現）

- 西アジアや中央アジアでの原油生産や輸出の実態を資料から適切に読み取っている（技能）
- 西アジアや中央アジアの経済成長と資源開発や輸出との関連について理解し，その知識を身につけている（知識・理解）

授業展開

課程	学習活動	時間	指導上の留意点および資料
導入	・西アジアの地図を確認するとともに西アジアの国々が何によって生活しているのかを予想する。 ・西アジアの一部（例．アラブ首長国連邦）が発展した理由について予想する。	10分	・地理情報構造化システム（アジアの地図＆西アジア各国のデータ）
展開	・石油をたくさん産出しているのはどこの国なのだろうか。 ・石油をたくさん使っているのはどういう国だろうか。 ・石油はだれが掘っているのだろうか。・アラブの産油国の人たちはどう思っているのだろうか。 ・石油輸出国機構（OPEC）の役割を確認する。 ・日本との関りを確認する。 ・イスラム教徒の生活にも変化がみられることを確認する。	30分	・システムの国別データならびに教科書のグラフを見る。 ・身近な生活で石油はどう利用されているのか話し合う。 ・教科書を読み，国際石油資本（メジャー）のことを理解する。 ・OPECは何のためにできたのか，また，その現状についてシステムから調べる。 ・産油国の立場，消費国の立場，それぞれの立場に立って話し合う。 ・ドバイでは観光を中心とした開発が行われていることを確認させる——システムに画像あり。
整理	・産油国の現状をまとめ，世界の中の西アジアの位置づけについて確認する。 ・資源に依存しない国づくりも進められていることを確認する。	10分	・教科書とシステムからまとめていく。

　EdTech（Education＋Technology）という言葉が教育現場に入りだしている。ここでの提案も，その流れだと捉えられるかもしれないが，重要なことは，

Technology を使えばよいということではなく，学習者の理解や応用力を導く**構造化**を促進する新しい情報の提示である。ここには，学習者の思考のナビゲータ，また，ファシリテータとしての教師の存在が必要である。

〈情報 BOX 12-1〉--
情報の新しさと考える力

　社会科・地理の授業を行うにあたっては，とくに近年，新しい情報が必要になってきている。本文で取り上げた西アジア・中央アジアにしても石油を巡っての駆け引きで刻々と状況が変化している。「乾燥地域，遊牧の生活，イスラム教，アラビア語というおおまかな共通点を理解する」（かつての指導書の表現）では済まない状況があり，毎日のニュースなどで生徒が接している情報を生かす必要があるし，また，授業で学ぶ知識は化石である，などということのないようにしたいものである。「石油資源の採掘や販売は，アメリカ合衆国，フランス，イギリスなどの大資本にコントロールされてきた。それに対抗して，石油産出国も OPEC を作っている」のも事実であり，それを踏まえて生徒たちに「OPEC とは何か，その目的などを国際社会という観点から考えさせる」ところまでもっていかないと応用学力は育たない。新しい情報が日常的に組み込める形で，地理情報構造化システムを考えているところにご注目いただきたい。

ⅱ）クイズから入るシステム利用

　上記の地理情報構造化システムには，もうひとつ面白い機能があり，例えば，二つの都市間の方向感覚について質問するクイズが入っている（例．サンフランシスコと東京とでは，どちらがより南ですか？　表12-3　参照）。多くの生徒を含めて一般には，サンフランシスコは温暖で，東京より南にあると思っているのだが，実際には，サンフランシスコの北緯は37度46分，東京の北緯は35度41分で，東京の方がより南に位置する。多くの人がサンフランシスコは東京より南に位置すると誤判断するには地理情報スキーマが働いており，例えば，サンフランシスコの上位概念のカリフォルニア州の南に伸びたところを意識している可能性もあるし（ディズニーランドを連想する人も多い――アナハイムなのでサンフランシスコより南にある），カリフォルニアは温かい＝南と推論するかもしれない。このクイズの大事なところは，答えがあっているかどうかではなく，そう考える理由は何か，そして，答えを聞いて「えっ！　そんなこ

第5部 さらなる発展に向けて

表12-3 調査項目及び調査結果

項　目	正解	正解率
1．甲府（山梨）と富士宮（静岡）とでは、どちらがより北ですか。	甲府	95.7%
2．小笠原諸島の父島（東京都）と仙台（宮城）とでは、どちらがより東ですか。	父島	43.1%
3．長野（長野）と水戸（茨城）とでは、どちらがより北ですか。	長野	57.8%
4．アルジェ（アルジェリア）と大阪（日本）とでは、どちらがより北ですか。	アルジェ	9.5%
5．サンフランシスコ（アメリカ）と東京（日本）とでは、どちらがより南ですか。	東京	41.4%
6．リスボン（ポルトガル）と東京（日本）とでは、どちらがより北ですか。	リスボン	58.6%
7．アンカラ（トルコ）と東京（日本）とでは、どちらがより北ですか。	アンカラ	40.5%
8．ローマ（イタリア）と東京（日本）とでは、どちらがより北ですか。	ローマ	48.3%
9．シアトル（アメリカ）とモントリオール（カナダ）とでは、どちらがより北ですか。	シアトル	19.8%
10．レノ（アメリカ・ネバダ州）とサンジェゴ（アメリカ・カリフォルニア州）とでは、どちらがより西ですか。	レノ	27.6%

(N=116)

とがあるの!?」という気持ちから出てくる好奇心、探究心を引き出すところである。

指導する教師の立場からすれば、サンフランシスコ（カリフォルニア州）の温暖さを気にしている生徒には、実際の気候をシステムから調べ、海流の流れから考えてみたらどうかとアドバイスができるであろう。また、そこから日本とカリフォルニア州とのつながりについて調べ、論じることができるであろう。

スキーマに合致するかしないかを意識したクイズから入り、その答えに違和感をもち、驚きながら事実を探究するというところが内発的動機づけになる。意味ネットワークをモチーフにした地理情報システムを利用すれば、「自ら学び、自ら考えよう」という教育現場の標語に出てくる思考を重視した応用型の学力観に近づくのではなかろうか。

③　システム情報の更新

世界、そして、社会は常に動いており、新しい情報が必要である。そこで毎年（使い方によっては常時）、システム情報の更新が必要になる。教育現場にとっては、システム情報の更新がひとつのネックになるかもしれない。

かつて、インターネットが教育現場に入り、こんな便利なものを使わない手はないということで、授業の中で、スカイプなどを使って現地に居る日本人に生活の様子などを直接聞くという試みをしたことがあった。たしかに、リアルな話が聞けたことは良かった。しかし、例えば、出張で一年間アラブ首長国連邦（UAE）に居る人の話からは単身赴任の大変さは伝わってきたが、その国民の生活や意識がわからず、特殊な事例の紹介になり、授業で行いたかった本

筋とずれが起こってしまった。

　今，スマホの時代になり，情報は個人レベルでどんどん取り込める状態になってきた。その情報には，おかしなものも多く，そのまま教育現場に持ち込むことはできない。そのような意味も含めて，教育現場にはここで提案した地理情報構造化システムのようなものが必要なのではなかろうか。そして，将来的には，AIシステムに組み込むことが考えられるが，そのシステムは，人間の認知システムと同様，構造化されていなくてはならない。

2．歴史学習

　歴史分野も，ある事件の首謀者は誰なのか（例．大化の改新の主役は誰，応仁の乱では誰と誰が戦ったのか）等，覚えることはたくさんあるのに，高等学校を卒業すれば，何も覚えていないとよく言われる。本書の記憶を取り扱ったセクションを振り返ってほしいが，情報はストーリー性をもたせ，意味をつかまなければ，すぐ忘却ラインに乗ってしまう。入試対応で，とりあえず無意味綴りを覚えるようにして記憶した情報は，理解ができておらず，役に立たない。

　大化の改新にしても，大化元年（645），中大兄皇子（のちの天智天皇）を中心に，中臣（藤原）鎌足ら革新的な豪族が曽我大臣家を滅ぼして開始した古代政治史上の大改革，などと言われているが，表面的な記憶だけだと孝徳天皇の絡み，壬申の乱（672）へのつながりが見えてこない。

　応仁の乱（1467〜1477）の場合，さらに複雑である。足利将軍家（お家騒動，いわば兄弟喧嘩）および管領畠山・斯波家の相続争いをきっかけに，東軍細川勝元と西軍山名宗全とがそれぞれ諸大名を引き入れ，京都を中心に廃墟と化した大乱である。最後には，戦っている本人たちが何のために戦っているのかわからなくなっていたようであるが（呉座，2016），どうも裏がありそうである。

　これまでの授業スタイルだとストーリー性が出せない。そこでアクティブラーニングの手法を組み込むことを提案したい。

① 奈良時代の課題：
　　阿修羅（興福寺・三面六手立像，乾漆造）は，何故，あのような憂いを帯びたような，優しそうな微妙な顔をしているのか。誰が阿修羅を作るように命じたのかも含めて，奈良時代の当時の状況から考えなさい。
　　　　　　　　　　　　　　　＊
　阿修羅は，古代インドのアスラが仏教に取り入れられたものと言われるが，

興福寺阿修羅像（奈良時代）国宝の部分
（撮影 小川晴暘，Wikimedia Commons より）

仏教のいろいろなお経に，帝釈天との戦いが記されており，そこから「修羅場」「修羅の戦い」といった悪いイメージの言葉が生まれてきた。鬼類である阿修羅は，恐い顔をしているのが常なのだが，興福寺の阿修羅は，まったく違っている。ここで，なぜ，このような顔なのか，誰が作ることを命じたのか，疑問が次々と出てくるはずである。

阿部内親王の母の光明皇后が天平五年（733年）亡き母の供養のため興福寺西金堂を建立した時に八部衆の一つとして作られたという説もあるのだが，それだけでは少年か少女かわからないような顔の説明がつかない。光明皇后が関わっているのは確かなのだが，光明皇后は，聖武天皇の皇后であり，藤原不比等の娘である。中国では隋が滅び唐になり，朝鮮半島でも百済が滅び，新羅が台頭するといった時代，権力者が変わるという権力闘争が当たり前な社会があったのかもしれない。当時，皇太子にたてられた基王が夭折し後継をめぐって長屋王の変（729年）が起こるなど国内も不安定な時期であった。長屋王の変は，藤原氏が仕組んだ可能性が大きい。それは，その結果を見ればよくわかる。そのような出来事を光明皇后はどのように考えていたのであろうか。その気持ちが，興福寺の阿修羅像に反映されているのではなかろうか。苦難の末，来日を果たした唐の僧・鑑真と光明皇后は聖武天皇とともに面会した記録が残っている。

*

実際に大学生を対象に，この課題でアクティブラーニングを行った。まず，個々人が気になる情報を収集し，8人グループで突合せを行った。7グループそれぞれの説を12分のプレゼンテーションで発表し，12分討議した。あるグループは，インド仏教における阿修羅像の画像ならびに他の寺の阿修羅の画像を提示し，興福寺の阿修羅がいかに異なるか論じ，興福寺の阿修羅には人生の

悲哀が表現されていると発表した。それに対して，人の発達の諸側面が顔として表現されており，製作依頼者（光明皇后）の後悔と安寧への願いが込められているのではないかと討論があった。この段階で，施主は光明皇后，仏師は百済から来た将軍万福（彩色は秦牛養）であり，この人たちの心情が興福寺・阿修羅像に反映されていることがわかる。そして，その心情を知る事象を探ることになる。そして，別のグループは，当時の不安定な政治情勢や出来事（大化改新，律令制を通して中央集権を目差していた時に起こった白村江の戦い，壬申の乱，長屋王の変，そして，災害）を調べ，発表し，さらに，別のグループは文化の面から状況を取り上げ，百済の文化人たちが，国が亡くなったことにより，平城京の関係の場所にとどまることになったことを報告し，興福寺阿修羅への影響を論じた。

授業後感想では，「こんなに社会の授業で真面目にやったことはなかった。高校までの授業でもやり方を変えるべきだ」といった意見が聞かれた。グループププレゼンテーションの内容は，中学の教科書レベルを超えているのだが，インターネットでいろいろな情報が手に入るのも確かである。インターネット上の情報には，不確かなものや誤りがあるのも事実なので，それは教員がきちんと指摘しないといけないことであるが，うまくやれば，学習者の理解を促進する情報の構築が可能なのではなかろうか。

② 江戸末期の課題：
坂本龍馬が暗殺された，その黒幕は誰であろうか。発見された手紙と当時の社会状況から考えなさい。

＊

坂本龍馬暗殺・近江屋事件の実行犯は，京都見廻組隊士今井信郎であることは確かであろう。しかしながら，それを命じた黒幕は誰なのか。確かな答えはない。そこがアクティブラーニングの面白いところで，収集できるかぎりの情報から論理的推論を立てるのである。一斉授業で幕末の授業を行っても，「尊王」と「攘夷」がいつの間にか「尊王攘夷」になり，長州と薩摩が対立していたと思ったら，手を組んだり，「禁門の変（蛤御門の変）」や「鳥羽・伏見の戦い」で，誰と誰が，なぜ戦っているのか，どことどこが手を結んでいるのか，分かりづらい。それを討論に持ち込もうというのがアクティブラーニングである。1867（慶応3）年に暗殺された坂本龍馬であるが，2014年にも新たな直筆の手紙が見つかっている。教科書レベルでは踏み込めない話に入り込めるのが

インターネットの良いところであろうし，確かな情報から論理的な思考を積み重ねて，推論を行うことが求められる。

＊

アクティブラーニングの場合，始めから正解があるわけではない。答えを出すにあたって，学習者は，教科書レベルの情報ならびに，教科書レベルを超えた情報から自分の論理を組み立てなければならない。その途中過程にグループでの討議，プレゼンテーションを組み込むことが有効なのである。それぞれの段階で，ボトムアップ思考を行うことによって，主張するポイントが生まれてくる。記憶することが中心になるではなく，まさに，思考を中心にした他者に説明・説得できる応用型の学習が生まれてくる。

〈情報 BOX 12-2〉
アクティブラーニング（active learning）

アクティブラーニングとは，学習者である生徒が受動的ではなく，能動的に学ぶことができるような授業を行う学習方法である。生徒が能動的に学ぶことによって「認知的，倫理的，社会的能力，教養，知識，経験を含めた汎用的能力の育成を図る」(2012年8月中央教育審議会答申) ものである。具体的には教師による一方的な指導ではなく，生徒による体験学習や教室内でのグループディスカッション，ディベート，グループワークを中心とするような授業のことを指す。

アクティブラーニングにおいては，学習者自身が，自分が収集した情報をもとにターゲットになっている問題解決に向けて，その情報を構造化し，ワーキングメモリを使いながら理解し，推論し，解釈し，自分の主張を他者に認めてもらえるよう提案することが重要である。つまり，これまで本書でみてきた認知心理学の知見が必要であり，そこからメタ認知的観点をもちながらアサーション（自己表現，自己主張）を行うことが求められる。すなわち，アクティブラーニングでは教師は何もしないのではなく，グループ討議を行うにしても，創造性の項で述べたブレーンストーミングを用いることは重要であり，準備期・孵化期・啓示期・検証期という段階をふまえることが，思考するという観点から必要なので，教師はそのような状況が現出できるようオーガナイズする必要がある。

13章

臨床現場への応用

　ヴントが内観・内省報告を用いて科学的心理学を打ち立てたすぐ後，アメリカでは教育の分野に心理学の知見が応用され始めたのと同じ時期，ヨーロッパでは，心理学の知見が臨床現場に応用され始めた。心理療法の始まりである。心理療法は，それまでになされていたシャーマンなどによる呪術的なものではなく，本人の内省報告によって心の中に分け入り，そこから適応を目指すというものであった。

　認知心理学を理論的背景にしている心理療法といえば，名称からしてまず，ベック（Beck, A.T.）の認知療法を思い浮かべるのだが，そのほかにもエリス（Ellis, A.）の論理療法（RET）など，いわゆる認知行動療法とよばれる心理療法が認知心理学の理論と関係している。また近年，心理療法の分野でもそれぞれの療法論の良いところを取り入れようという，いわゆる折衷主義の発想が出てきたことにより，世界的に見れば，従来のような各心理療法の間での対立が少なくなってきているように思われる。その代表的な例が，1985年12月11日から15日にかけて，米国アリゾナ州フェニックスで開かれた「心理療法の発展会議」であろう。この「心理療法の発展会議」には，いろいろな立場の心理療法家が一同に集まったのである。さらに近年，認知心理学の理論が心理学全般の中心を占めるようになり，その影響を受けた心理療法家も少なくない。本章では，ベックの認知療法，エリスの論理療法を中心としながら，認知行動療法について概観するが，まずは，認知行動療法が起こってくるまでの心理療法，また，臨床の世界を概観しておきたい。

心理療法概観

　心理療法の目的は，クライエントの適応を目指すことにある。この適応概念は難しく，個人内適応を目指すものと社会適応を目指すものとがある。病院臨床の観点から，1970年までに3つの大きな心理療法の流れが存在していた。こ

れは，1章で述べた心理学理論の流れに対応するものであるが，ひとつは精神分析学に対応する精神分析療法，もうひとつは，行動主義心理学・S-R心理学に対応する行動療法であり，そこに加わったのが，本来は神学の道に進もうとしていたロジャーズならびに前述の2つの心理療法に満足していなかった療法家たちが集まった第3勢力と当時は呼ばれたヒューマニスティックな心理療法である。それら3つの大きな流れとともに，忘れてはならないのが，日本から提案された森田療法であり，そして，これまでとは異質の考え方である反精神医学の発想である。

1．精神分析療法

フロイト（Freud, S.）ならびにユング（Jung, C.）によって1890年代に神経症・ヒステリーの治療法として始められたもので，アンナ・フロイト（Freud, A.）以後，サリヴァン（Sullivan, H.S.），ホーナイ（Horney, K.），アドラー（Adler, A.）等いろいろな異なったタイプの療法家を生み出したが，共通しているのは，心的力動論に関係する治療論だということである。フロイトは，クライエント（来談者）の幼児期の心的外傷体験（心の傷となって残るような苦痛な体験：トラウマ）と，それを基に作られた抑圧された衝動（不安や恐れ）を自由連想法によって意識化させ，それを浄化し（カタルシス），現在の生活状況に適応できるように治療しようとした。

治療に際して，クライエントが作り上げていた特定の個人に対する特殊な感情的態度を治療者（セラピスト）に対して再現する場合がある。これを転移という。また，逆に，治療者がクライエントに対して特殊な感情をもって接するようになるのが逆転移である。そして，クライエントの防衛意識が強く，連想が進まなくなることがあるが，これは抵抗と呼ばれる。

精神分析療法は，次に述べる行動療法とは対立関係にあり，過去に戻っても治療はできない，YAVIS（Young, Attractive, Verbal, Intelligent, & Successful）のクライエントだけ相手にしている（Schofield, 1964）と批判を受けていた。

2．行動療法

学習理論に基づく治療トレーニングを総称して行動療法と呼ぶ。従来の行動療法の手続きとして，負の練習（negative practice: Dunlap, K.），逆制止（reciprocal inhibition: Wolpe, J.），そして，スキナーの提唱したオペラント条件付け（operant conditioning）などがある。とくに，オペラント条件付けは，個人の

行動を望ましい方向に変化させようとするとき，現在の行動が目標とする行動の方向に沿っている行動だけを強化し，次第に目標行動に接近させていくために使われる。この場合，個人の自発的な行動に対して即時強化を与え，目標とする行動へ小さな段階（small step）を追って順次，近づけていく形成化法（シェイピング：shaping）が有効だとされている。

以前から，行動療法はあまりにも人間を機械的にとらえすぎているという批判があったが，1970年代に「過治療（overcorrection）」でクライエント側（クライエントの保護者など）から訴えられ，裁判で敗訴したことにより，「法律と行動論（Law and Behavior）」（Project on Law Behavior, 1976）が出され，行動療法の療法家たちは，治療に入る前にクライエント（または保護者）と治療目標や治療方法について契約を行う（具体的にはサインを求める）ことを重視しだした。しかしながら，契約だけでは問題は解決せず，治療方法の根本的な変更を余儀なくされたのである。

3．ヒューマニスティック

ヒューマニスティックな心理療法は，マスロー（Maslow, A.H.）によって「第3勢力（the third force）」の心理学と呼ばれたもので，精神分析療法ならびに行動療法に対するアンチテーゼという第3の立場を強調したものであった。人間の可能性についての追究という目標があれば，どのような心理学的見解も含まれる，ということで，ヒューマニスティックな心理療法の中には，現象学的アプローチ，実存主義的アプローチ，自己理論，文化理論などが含まれ，パールズ（Perls, 1969）のゲシュタルト療法，ロジャース（Rogers, C.R.）の非指示療法，後の来談者中心療法もこのグループからスタートしている。

第二次世界大戦後の日本にとって，臨床の世界も教育界もロジャースの影響は大きく，心理療法（psychotherapy）というとカウンセリングという用語がすぐ出てくるのは，ロジャースのNon-directive Counsellingのおかげであるし，「生徒中心の教育」という概念はルソー（Roussea, J.J.）やデューイ（Dewey, J.）とともにロジャースのClient-centeredからきているのは言うまでもない。ロジャースの発想は，非指示療法（1940～50年），来談者中心療法（1950～57），体験過程療法（1957以降）と変化し，ジェンドリン（Gendlin, 1974）がそれを受けてフォーカシングへと焦点化することとなった。この流れで共通しているのは，カウンセラーとクライエントの精神的交流や治療的コミュニケーションを重視し，クライエントがそれまで感じることができなかった身体的感覚や感

情をいきいきと感じることができるように援助することに重点を置いているということである。この過程において，クライエントはそこに含まれる意味を汲み取り，概念化し，問題を全体として感じるようになると考えられている。たしかに，ロジャースの発想は変化してきたが，①個人は成長・健康・適応への衝動をもっている，②適応の知的な面よりも情緒的・感情的な面を強調する，③個人の幼児の心的外傷体験あるいは過去の生育史よりも主として現在の直接の場面を強調する，といった点は常に一貫していたと考えられる。晩年は，心理療法から離れ，国際紛争などに関心が移っていたロジャースである。受容，共感的理解という接し方は，心理療法の基本的な考え方として残りながらも，その関心の移り変わりとともにヒューマニスティックというくくりは消えてしまった。

＊

そのような大きな流れの他にも，自らの問題を治療しようとして編み出した森田療法は注目に値するものである。

4．森田療法

森田療法は，森田正馬(まさたけ)が1920年代に創始した心理療法である。一定の期間，①外界との接触を断つ絶対臥褥(がじょく)期，②自然との触れ合いを薦める軽作業期，③自主的で創造的な活動を目指して作業に没頭する重作業期，④興味を排して周囲の変化に順応するための訓練の実際生活期，といったプログラムを組み，自己洞察を深めるものである。

森田の指摘[注1]は，認知心理学の観点からしても的を射ている。「内省，過敏，自意識過剰といった特性をもつヒポコンドリー（心気症）基調者は，症状にこだわり神経質（対人恐怖等）を呈するに至る」と述べ，「それは心身の変化に注意を集中して敏感となり，さらに，注意を集中するという悪循環（精神交互作用）と，それに対して注意してはならないという思いを強くして，逆に，注意を注いでしまう悪循環（思考の矛盾）を基にして発展させたものだ」と考えた。そして，その悪循環を断つべくして，上記4段階を踏む治療法を編み出したのであった。

注1）森田正馬（1974-75），森田正馬全集（全7巻）白揚社にまとめられている。

5. 反精神医学

　古くから魔女狩りや，狐憑きと呼ばれて差別を受けてきた人の中には統合失調症（schizophrenia）の人が含まれていたのではなかろうか。『こころのりんしょう』（星和書店）という雑誌が統合失調症の特集（2010, vol.29, no.2）を行っているが，その表紙に載っている言葉は「幻覚や妄想，感情鈍麻，共感性の欠如など多岐にわたる症状をもち，約120人に1人が罹患すると言われている重要な疾患であるにもかかわらず，未だに原因は解明されず，治療も試行錯誤が続いています」というものである。そうであるならば，病院に閉じ込めて「治療」という行為を行うよりも，社会で病者と一般の人は共存していくのが良いのではないかというのが反精神医学，ラジカルサイコロジーと呼ばれる考え方である。

　1960年代後半から70年代にかけて，アメリカなどで起こった反戦運動，黒人・青年・夫人など各階層の解放運動の中で，人々は日常生活の多くの面に対して根源的疑問を持ち始めた。大学においても，それまでのアカデミックなものに対する批判が起こった。それは，専門家たちが「心理学」と呼んでいる研究や著作をとらえ返すことであり，批判することであり，放棄することであった。その中で，「人民の心理学」を理論化し，実践しなければならないというのがラジカルサイコロジー（急進心理学）の主張であり，精神医学の分野で同じ発想をしたのが反精神医学であった。エイジェル（Agel, 1971）は，治療とは変革であり，適応ではないとする。ここで，変革とは個人の変革のみならず，個人を取り巻く外的状況の変革を目指すものである。したがって，治療者はクライエントにかかっている抑圧にクライエント自身が気づいていく過程を共有し合うべきである。すなわち，クライエントを傷つけ抑圧している状況に適応させるのではなく，まさに，クライエントとともにある状況を変革していくことである。クライエントを情緒的葛藤に巻き込む要因は，クライエント個人の内にあるのではなく，クライエントの外の社会にある。

　イタリアのトリエステで，反精神医学を旗印にした市長が誕生し，閉鎖病棟を解放し，病者を街に返したことは有名な話である。初代市長の名前を付けたバザーリア法（イタリア精神保健法180号法，1978）という法律の下，病者は，街中で医療スタッフと話し合いながら生活をしているのである（Basaglia, 1969, 1980；Schmid, 1981）。この考え方は，多くの臨床家に影響を与え，日本でも，北海道や京都で，小規模ながら実践を行っている。

*

さて、社会が変わっていく中で、いろいろな心理的問題や症状が出現し、各心理療法が派閥争いをしている場合ではないという危機感から、心理療法のウッドストック大会と呼ばれる会議が1985年、米国ニューメキシコにおいて、世界の心理療法家を集めて開かれることになった。

認知療法

ベック（Beck, A.T.）は、認知療法とうつ病に関する研究分野のパイオニアである。そのベック自身の「心理療法の発展会議」（Beck, 1985）[注2]での報告を中心にしながら、認知療法についてまとめてみたい。

1. 認知療法の定義

認知療法とは、心理的な問題（障害）にはその人の考え方や認知の仕方にある習慣化した誤りが含まれていることが多い、という知見から開発された短期の問題焦点づけ型の心理療法である。理論的には、認知心理学を中心として、情報処理理論、社会心理学、進化論的生物学や精神分析などと関連している。その基礎となっている理論的根拠とは、「個人がどのように感じ、行動するかは、その人が、自分の体験をどのように構造化するかによって決まる」というものである。

2. 認知モデルの基本原則

認知療法における認知モデルは、次の8つの原則に基づいている。
① クライエントが状況をどのように構造化するかが、クライエントの行動の仕方や感じ方を決定する。例えば、人がある状況を危険だと解釈すると、その人は不安になり、自分を守る手段を考えたり、その状況から逃避したりするであろう。認知的に状況をどのように構造化するかによって、特定の感情を引き起こし、それが個人を行為へと駆り立てたり、行為を解除したりする。喚起される感情は不安、怒り、悲しみ、もしくは愛情であり、それにともなう行動は、逃避、攻撃、引きこもり、接近といったものである。②解釈は、外的状況を評

注 2)「心理療法の発展会議」の報告は、ゼイク（Zeig, J.）が中心になって、「21世紀の心理療法（The Evolution of Psychotherapy）」としてまとめられている。日本語訳は、成瀬悟策監訳で誠信書房から出版されている。〔『21世紀の心理療法』Ⅰ，Ⅱ（1989, 1990）〕

価したり，自己の処理能力を評価したり，さまざまな方略を用いた場合に見込まれる利益や危険性や損失などを評価することを含む能動的な行為であり，また，解釈は，たえず変化する過程そのものである。人は，自分に関わる問題だと判断すると危険や喪失や自己高揚について自己中心的になりやすく，未分化で大ざっぱな評価を行いやすいのである。

③ 結果的に心理的苦痛を体験するか否かの感受性と傷つきやすさは人によって異なる。ある人には大きなストレスを引き起こす出来事も他の人には何のストレスも生じさせないかも知れない。人がどのようなものに心理的苦痛を体験すると感じるかは，一般にストレスをもたらす特異な要因の組み合わせによって決まる。

④ 人の感受性の多様さは，ある程度，パーソナリティ構造の基本的相違によるものである。自立的なパーソナリティの人が反応するストレッサーと社会志向的なパーソナリティの人が反応するストレッサーは異なる。したがって，精神医学的な障害はかなりの程度まで，個人のパーソナリティ構造と関連している傷つきやすさに付随している。

⑤ ストレスによって認知的体制化の正常な活動が阻害される。人が，自分の重要な関心が脅かされていると判断すると，原始的で自己中心的な認知システムが活性化される。そのために，個人の判断は極端になったり，一面的になったり，絶対論的になったり，また，未分化な判断になりやすいのである。さらに，人は，自分の思考過程に対する意図的な制御が失われるために，強烈な個人特有の思考を無視しにくくなる。この意図的制御の喪失によって，その人の推理，記憶，注意集中の能力は大きく低下する。

⑥ うつ病や不安障害のような心理的症候群は，特定の症候群を特徴づける固有の内容をもったスキーマが異常に活動的になっていることによる。特殊な認知的布置（constellation）が各症候群を制御し，その結果，特徴的な感情と行動傾向が生じる。心理的症候群の認知的な内容は，正常な体験において類似の感情と行動を引き起こすものとかけ離れたものではなく，連続しているのである。

⑦ 他者とのストレスに満ちた相互交渉は，不適応的認知を相互に強め合うようなサイクルを作り出す。枠づけ，極端化（極性化），自己中心的といった認知様式のメカニズムが，いろいろな心理的症候に結びついているメカニズムをますます活性化することになる。

⑧ 個人は脅威そのものが物理的であれ，象徴的であれ，脅威に対しては，同

じ**身体的反応**を示す．その脅威の意味が「身体的攻撃」か「社会的批判」かにかかわらず，人が一連の**攻撃 – 逃避 – 釘付け**という対処行動をとるときには，そこに同じ認知 – 行動システムがかかわっている．

3．うつ病の認知モデル

　うつ病では，3つの主要な認知的パターンが引き起こされる．この3つの認知的要素の活動の結果として，クライエントは自分自身や自分の経験や自分の未来を否定的に見るのである．

① 　3要素の第1の成分：クライエントの自分自身に対する否定的な見方．自分には欠陥があり，十分な人間ではないとか，阻害された不完全な人間である，などと考える．そして，自分の不快な体験は，自分が思い込んでいる精神的，肉体的，道徳的な欠点のためだと思う傾向がある．クライエントは，これらの欠点ゆえに自分自身を受け入れず，自分はもはや無価値で絶望的であると結論づける．また，幸福や満足を得るのに不可欠な資質が自分には欠けていると強く思っている．このような成分は，うつ的な人のほとんどに見られる．

② 　3要素の第2の成分：クライエントは，体験を否定的に解釈する傾向がある．クライエントは，世界が自分に法外な要求を課しており，そのために人生の目標を達成するには，自分の能力では克服しがたい障害が多く，自分に快楽や満足をもたらす源は何一つないと考える．このように，クライエントは自分の体験を否定的に解釈し，対人的な相互交渉を敗北や剥奪という観点から意味付けるのである．その様子を見ると，うつ的な人は，まるであらかじめ自分の中に形成している否定的な結論に合うように事実を仕立て直しているかのように思えることも多い．

③ 　3要素の第3の成分：将来を否定的に見る．この兆候は，ほとんどすべてのうつ病のクライエントにみられる．うつ的な人が将来のことを考えようとする時，その人は現在の苦しみが無限に続くだろうと予想する．つまり，絶え間ない苦難と欲求不満と剥奪に満ちた人生を心に描く．すぐ後に，ある課題に取り組むことを考える場合にも，自分は失敗すると予想するのである．

4．認知スキーマ

　うつ病の認知モデルでは，うつ病への陥りやすさを説明するために**スキーマ**という概念を用いる．個人をうつ病に陥りやすくしてしまう考え方は，人生の早期に発達する．そのような思考傾向は，個人の体験や重要な他者への同一視

や自分に対する他者の態度をどのように知覚するかによって形成される。そこには，遺伝的な要因も関連している。ある特定の概念を個人が形成すると，今度はその概念が後の概念形成に影響を与える。その概念が長い間存続すれば，それは永続的な認知構造，すなわちスキーマになる。

通常は潜在している根本的なスキーマは，ある環境によって活性化される。否定的な概念を埋め込む原因となった原体験と類似の状況が，その人にうつ状態を引き起こすのである。例えば，ある人が児童期に片親を失っており，成人期に親密な対人関係を崩すような体験をすると，そこに早期の喪失体験によって埋め込まれた非可逆的な喪失感のスキーマが活性化されやすくなる。うつ状態を突然引き起こすこの種の出来事としては，試験で自分の期待にそうような成績を修められないことや，仕事上の地位降格や，病気にかかることや，人生の目標達成途上でひどい困難や欲求不満に出会うことなどが考えられる。うつ状態になる時はいつでも，原因となる特別なストレス状況が存在しているわけではなく，時には，一連の外傷体験に対する反応として生じることもある。

上記のようなうつ病をおこす出来事は，誰にとってもつらいものであるが，一般正常人はある領域で心に痛手を負ってもなお，自分の生活のその他のいろいろな側面に関心を持ち続けることができるものである。もし，その人が先有傾向（かかりやすい素質）をもっており，しかも心に痛手を受けるような状況に対して特に敏感であると，自分の生活のあらゆる側面に対する見方が否定的な方向に変化し，うつ状態になりやすいのである。うつ病が重くなるにつれて，その人の考え方のなかでは，目の前の状況とは無関係にうつ的な主題が満ちあふれるようになるのである。そうなると，活性化されたスキーマが推理や現実吟味に関わる認知構造のはたらきを妨害し始めるので，うつ病の人は徐々に自分の否定的な考え方を客観的に見る能力を失っていくのである。恣意的な解釈や選択的な注意などといった体験の歪曲は，過敏に意識化されたスキーマの活動によるものである。

うつ病の現象を説明するのにスキーマという概念に加えて，フィードバックモデルも役に立つ。不快な生活環境は，敗北感や剥奪や否定的な予期と自責の念に関わる認知を引き起こす。この認知によって活動が減少するだけでなく，それぞれに対応する悲しみ，アパシー，孤独感といった感情も引き出されるのである。それだけではなく，次には，それらの感情と不活発さの双方が，喪失や失敗の印として解釈され，結果的に，否定的な感情がさらに強化されるのである。

5．認知療法における技法

認知療法における技法としてベックは，いわゆる認知的技法と行動論的技法の2種類の技法を考えている。

① **認知的技法**：認知療法は，病的に機能しているスキーマの優位な活動を抑えるようにつとめるなかで，クライエントの適応行動を支持することによって，精神医学的な問題への対処，治療を行っていくものである。その人の反応を支配してきた規則や断固とした思い込みを分析することによって，構造的変容が引き起こされる，と考えるのである。認知療法では，特殊な症候と関連している認知パターンを修正するだけでなく，出来事を誤って知覚する原因となっている前提や思い込みやその規則の構造も変えようとする。具体的に使用されている認知的技法は，クライエントの自動化している考え方を同定し，クライエント自身に自分の認知的な誤りや歪曲に気付かせ，クライエントとセラピストとの話し合いの経験を通して現実吟味を行う，等である。

［自動化している考え方を同定する］

不快感情や自動的な抑制に先立って生じる自動的な思考に気付く人はめったにいない。自動化している思考や認知は，言語的形態で現れるとは限らない。それは，視覚的イメージのこともあるだろう。ちょうど身体感覚を同定し，内省できるのと同じように，一定の訓練によって，自動化している考え方に気付き，その考え方に注意をしたり，評価したりすることができるようになるのである。

認知療法を受けるクライエントは，外的な出来事に対する自分の反応を観察することによって，自分の自動化している考え方を同定する術を学習するのである。刺激と情動反応の間には一定のギャップがある。エリス（Ellis, 1961）は，その系列をABC（Aは活性化刺激であり，Cは過剰あるいは不適切な情動反応であり，Bはクライエントの心の中にあって，クライエントが満たすべきものである：次の論理療法の項参照）と呼んでいる。個人がそのギャップの間に生じる思考を意図的に思い出すことができるようになると，より理解しやすいものになる。

例．あるクライエントは一人の旧友が道を横切るのを見て強い不安にかられた。その不安が何に起因しているのかは，次のようなクライエントの考えを明確にし，理解する必要がある。

「もし雅子さんに挨拶しても彼女は私のことを覚えていないかもしれない。彼女は

私のことを鼻であしらうかもしれない。本当に久しぶりだから，私がだれだか分からないかもしれない。黙って歩き去って無視した方がいいかもしれない。」

　自動化している思考には，通常の内省的思考や自由連想にみられる思考の流れとは区別されるいくつかの特徴がある。自動化している思考は非常にすばやく，意識の周辺部で生じる。また，その考えはきわめてもっともらしく思えるので，本人はその考えを正確だと思い込んでいる。うつ病や不安障害のような病理的症候を体験している人においては，自動化している思考は命令的な性質を帯びており，しつこく繰り返し生じる。自動化している思考の大半は，特殊な症候に特徴的な主題内容を反映している。そういう考えは，怒り，悲しみ，不安などの感情に先立って生じ，また，考え方の内容と感情とは一致している。
［認知的な誤りに気付かせる］
　うつ病や不安障害者は，より現実的な解釈を利用可能な時でも，状況を否定的に解釈する。そのようなクライエントも自分の受け取り方とは別の説明の仕方を求められれば，いままで自分が偏った解釈をしていたり，不正確な推論に基づいていたと気付くかもかも知れない。そうすれば，クライエントは，自分があらかじめ作っている否定的な結論に一致するように事実を変えていることに気付くことができるであろう。精神病理のなかには，次のような典型的な概念的，推論的誤りが見いだされる。

ⅰ）選択的抽出（selective abstraction）
　ある文脈の中からほんの一組の細かな点だけを抽出し，そこに注意を焦点づけること。この過程では，人は状況の顕著な特徴を無視して，注意したわずかなデータを組み合わせることによって，全体験を概念化してしまう。このように，うつ病のクライエントは状況の否定的側面だけを選び出し，肯定的な側面は排除してしまうし，不安障害者の注意はもっぱら危険の兆しにだけ集中し，パラノイアの人は虐待の事例ばかりを選択的に拾い出そうとする。

ⅱ）独断的推論（arbitrary inference）
　裏付けになるような証拠がないにもかかわらず，また，反証がはっきりとあるにもかかわらず，一つの結論をねじ曲げて，恣意的に導き出すこと。

ⅲ）過度な一般化（overgeneralization）
　単一の事例からあらゆる状況にあてはまる一般的な結論を引き出すこと。

ⅳ）過大視と過小視（magnification and minimization）
　最大化と最小化とも呼ばれるもので，事例やスキルなどを極端に評価するこ

と。あることを過大に評価したり，実際より極端に低く評価することであり，例えば，あるクライエントが課題の困難さを極度に大きく考え，それを達成するための自分の能力を極度に低く考えるようなこと。

ⅴ）自己関連付け（personalization）

特に自分と結び付ける根拠がないときにでも外的出来事を自分自身に関係づける傾向。

ⅵ）二分法的思考（absolutistic dichotomous thinking）

物事をあれかこれか，白か黒かといった見方にしたがって解釈する傾向のこと。うつ病のクライエントは，自分自身をとらえるとき，有能か無能か，成功か失敗かといった相互排除的な考え方をする。

［協同体験的技法によって現実吟味を行う］

認知療法家とクライエントは，クライエントがもっている結論的な考え方を検証可能な仮説の形に作り上げ，いっしょに体験することによって現実を検討し直す。クライエントの思考は，この過程を通して客観性ならびに視野が増大し，その結果，より現実的なものに近づくのである。

例1．あるクライエントは，時間をかけて釣り銭を念入りに数えると，レジ係の人から嫌な顔をされると考えていた。そこで，クライエントとセラピストは，「私（クライエント）が釣り銭をゆっくり数えるとレジ係は，私を変な目で見る」という仮説を立てた。クライエントがこの仮説を検証してみたところ，あたっているのは，ほんの5％の場合だけであることが分かった。残りの95％の状況では，クライエントのそのような否定的な思い込みが誤りであることが分かったのである。

例2．あるクライエントは，自分が慣習からはずれた格好をすると，だれもが目をとめて非難すると信じていた（このクライエントの「自分は人の注目の的になっている」という信念は，ほとんどのうつ病や不安障害者に典型的に見られるものである）。そこで，このクライエントが，一日ヒゲを剃らず，普段のきちんとした洋服を着ずに，だらしなくよたよたした足どりで街を歩く，という計画に基づき治療を体験してみたところ，実際には，自分に気をとめる人はほとんどいないことに気付いた。

② **行動論的技法**：認知療法がうまくいっている理由の一つに，クライエントが治療上の原則を治療セッション外でも適用していることがあげられる。この点に注目するならば，最大限の治療効果が得られるようにセラピストがクライ

エントを援助して，毎日，毎週の生活を構造化させることが重要になってくる。行動論的技法は，自動化している思考や思い込みに対処するために必要な内省がいまだ行えない重症のうつ病のクライエントに対する早期の治療において特に重要である。

[活動のスケジュール作り]

まず，クライエントはセラピストに**毎日の活動スケジュール**をこなすことを約束する。その上にたって，セラピストはクライエントから必要なベースライン情報（日常生活の情報）を得る。ここで得られる情報をもとにして，セラピストとクライエントは，自宅での課題割り当てのやり方について日程を組む。割り当て方は，治療がどの段階にあるか，また，クライエントの必要性がどの程度であるかによって変えられる。

[課題の段階的な割り当て]

セラピストとクライエントは，活動の計画について確認しあう（特にこの確認は，うつ病のクライエントにしばしば見られる不活発さに対抗するために重要である）。ほとんどのクライエントがスモールステップで活動を進める必要があるので，エネルギーを出しすぎずに徐々に大きな成功を体験できるようにするための段階的な課題の割り当て法が考えられなければならない。クライエントはひとつ一つ**味わった満足**の大きさに応じて，おのおのの体験を段階づけることができる。そして，こうしたことが旨くいく活動を強化するのである。

クライエントが割り当てられた課題を実行できるかどうか心配しているときは，治療セッションのなかで**行動リハーサル**という形式をとって準備を行っておくこともできる。なお，この行動論的技法は，クライエントの否定的な自動化している思考から作られる仮説を検証する際にも利用される。

6．治療上の関係

認知療法家は，クライエントが自分の問題を理解し，その問題により効果的に対処できるようになるのを援助する導き手としての役割を果たす。セラピストはまた，クライエントが治療セッション以外の場で，適応的スキルを高める体験をもてるようにする触媒としての役割も果たす。ロジャース派，つまり来談者中心療法のセラピストと同じように，認知療法家はクライエントに対して，純粋な温かさを示したり，クライエントを無条件に受け入れたりする。しかし，その一方で，認知療法家は，ロジャース派や精神分析的なセラピストよりも積極的な役割を取るのである。問題の特定化，重要な領域への注目，認知的，行

動的技法の提案やリハーサルといった活動に，認知療法家はクライエントと協力して能動的に取り組むのである。

　セラピストは治療中，温かい雰囲気とクライエントとのラポール（意思の疎通性）を最適水準に維持しようとする。しかしながらそれでも，クライエントの否定的反応や「抵抗」は現れてくる。否定的な反応は，治療の重要な部分であることが多いので，その裏にある思い込みや病的な信念との関連で取り扱われる。**転移反応**もまた重要であり，それはセラピストに対するクライエントの認知的反応のなかに隠されている歪みの現れとして利用することができる。

　認知療法家の言語的ステートメントは，ほとんどが質問形式である。このことは，認知療法の経験主義的な志向性を表しており，また，クライエントの閉鎖的な信念システムをより開かれたものに変えようという直接的目標を反映したものである。さらに，質問することは，セラピストのいないときや治療（セラピー）が終結した後に，クライエントが自分自身で内省するための一つのモデルを提供することでもある。質問を通して，セラピストはクライエントが自分の認知的な歪みや病的な思い込みに気付き，それを修正するのを援助するのである。

［定式化と治療計画］

　治療計画を作成するための第一ステップは，その事例を概念化することである。セラピストは，クライエントのさまざまな病的反応に共通している要素を探し出そうとする。この共通した要素に基づき治療することによって，多くの問題を同時に解決できるのである。

　　例．不安症状の治療を受けていたある女性は，さまざまなものに対する恐怖に悩まされていた。彼女が恐れていたものは，エレベーター，トンネル，丘，閉じた場所，オープンカーに乗ること，飛行機に乗ること，水泳，速く歩くこと，走ること，強い風，暑くてうっとうしい日などである。これらの問題の一つ一つをクライエントと共に分析した結果，そこに共通する要素として，「窒息に対する恐怖」があるとセラピストは判断した。その女性は，エレベーター，トンネル，窓の閉まった車など閉じた場所では，自分が窒息してしまうのではないかと思うのである。飛行機に乗っていることを想像すると，突然，酸素がもれやしないか，酸素が少なくなってしまうのではないかと気にしていた。治療中，クライエントは自分の呼吸の仕方の手がかりに注意することを学び，窒息しそうな感じがするのは，単にこういう状況の一つにおかれていると考えるからだと気付き始めた。

事例に関する最初の定式化は，織物を織りあげるようなものである。そこには，個人の慣習的な反応パターンやその個人特有の傷つきやすさや，その傷つきやすさを刺激して明白な兆候パターンを活性化させる特殊なストレスといった数々の糸が織り込まれている。この定式化にはまた，クライエントの背景にある発達早期の要因とその要因の影響の仕方に対する考え，クライエントの対人関係，そして現在の自分のパーソナリティ構造との適合性といった内容を抽出したものも含まれる。理想的なことを言えば，この定式化にはさらに，その人が，現在の問題，ストレスをどのように処理しているのかの説明も含まれていることが望ましい。

7．認知療法の効果

　認知療法が最初に試みられ，その効果が検証されたのは，ペンシルバニア大学での41名の外来のうつ病クライエントに対してであった（Rush, Beck, Kovacs, & Hollon, 1977）。このはじめての体系的な研究の結果，12週間にわたる認知療法によって，クライエントの80％が症状に大幅な好転を示し，インパラミン（抗うつ剤）を使った場合よりも優れていることが明かとなった。そして，その効果は，1年後の追跡調査でも持続していた。また，ミネソタ大学とワシントン大学の研究でも，認知療法は抗うつ剤治療と同等であるという結果が得られ，さらに，エジンバラ大学での研究結果は，認知療法と薬物療法の組み合わせを行うと，いずれか一方だけによる場合よりも優れた効果があることを示している。その他の統制条件下での臨床的治療の試みでは，通常行われている治療法と比べて，認知療法が優れていることが支持されている（ジョンズ・ホプキンス大学とオックスフォード大学）。また，四つの追跡研究（ペンシルバニア大学，エジンバラ大学，ワシントン大学，ミネソタ大学）によって，認知療法による治療終結後1年から2年後の再発率は，他の治療法に比べて低いこともわかっている。

［適用範囲とその限界］

　認知療法のプログラムは，いろいろな臨床的障害に適用されてきている。体系的な統制研究によって，不安障害，対人不安，神経性食思不振症，偏頭痛，スピーチ不安，テスト不安，怒りの制御，慢性の痛み等の障害に認知療法が効果的であることが示されており，さらに，認知療法は，ヘロイン習癖に対する通常の治療に付加しても効果があることが示されている。そして，いくつかの予備的研究によれば，認知療法と薬物療法を組み合わせると，統合失調症のク

ライエントの妄想の治療および彼らの奇異な思考や行動の調節の援助にも適用できる可能性が示唆されている。

　精神病レベルとしてのうつ病，メランコリアは，認知療法だけを行っても，比較的，効果がないことが示されているが，最近の報告では，抗うつ剤投与や認知療法だけでは好転しにくいうつ病が，この2つの治療法を組み合わせるとうまく治療が進むことが指摘されている。

論理療法

　論理療法（Rational Emotive Therapy，略してRET）は，1950年代半ば（最初の論文を発表したのは1956年のアメリカ心理学会，シカゴ大会であった），アメリカのエリス（Ellis, A.）によって提唱された心理療法であり，アメリカを中心に急速に広まり，医療，教育，福祉，産業などの各界に多大な影響を与えている。エリスは，ニューヨークにある論理療法研究所の理事長として40年以上も心理療法に携わった。アメリカ・ヒューマニスト協会から「ヒューマニスト功労賞」を授与され，また，アメリカ心理学会からは心理学への貢献者として表彰されている。非常に面白いアイデアとユーモアの持ち主であり，筆者が連絡を取ったときも，「論理療法にずっと関心を保ち続けてください」という手紙とともに，論理療法のポイントを読み込んだ面白い替え歌を送ってくれたのだが，2007年，亡くなった。論理療法には，エリス以外にもいろいろな研究者が関わっており（例えば，Harper, R.A., Bernard, M.E., Dryden, W. など），論理-情動療法（RET），認知行動療法（CBT），論理的行動訓練（RBT）等いろいろな名称で呼ばれてきた。本書では，エリスを中心にしながら，論理療法という名称で統一したい。なお，エリスは，論理療法を，認知行動療法を促進する新しい流れの中心に位置づけていたようであり，認知療法の立場の治療家たちが，伝統的な行動訓練法とともに論理療法を併用するのを好ましい傾向ととらえていたようである。

1．論理療法の定義

　論理療法は，包括的な接近法であり，個人のもつ様々な問題を認知や情緒，行動的な立場から積極的に解決をはかろうとする心理療法である。論理療法の立場からすれば，心理療法には二つの側面があると考えられる（「心理療法の発展会議」1985の記録より）。その第一の側面は，クライエントが思考の非論

理性を排除し，感情の不適切さを減らし，行動の機能不全を起こさないようにするのを援助することであり，第二の側面は，クライエントの自己実現を援助することである。その二つの側面をもう少し細かく見てみたい。

　この第一の側面は，いいかえれば，論理療法の第一の関心事はクライエントのもっている有害無益な思考，感情，行動を打ち砕くことである，というものである。エリスにとって，クライエントというのは全人類のことのようであるが，クライエントのいわゆる「情緒障害」というのは，**非論理的思考，不適切な感情，機能不全の行動**という3つが相互に絡み合っているものである。この3つはどれも単独で存在しているわけではなく，それぞれが相互作用をもっている。例えば，あるクライエントが情緒障害をかかえている場合（不安やうつ状態等），その人は理屈に合わない思考と自己破滅的な行動を取っており，それゆえに，そのような問題（不安やうつの感情）を引き起こしているのである。その逆の場合もあり，場違いな行動や感情をもつがゆえに，非論理的な思考が生じることもあるし，思考や感情に問題があるがゆえに，自己破滅的な行動が生じることもある (Ellis, 1958, 1962, 1984, 1985)。

　第二の側面であるクライエントの自己実現の援助ということは，論理療法では初回面接から行い，その後も継続すると1985年の講演でエリスは述べている。この場合の自己実現とは，クライエントが論理療法を受け，受けなかった場合よりもずっと幸福感，快適さ，楽しさ，自己充足感を増大させるということである。この発想には，そもそも多くの人間は，環境に自分を合わせようとし，それゆえに，冒険心や創造性を失い，平穏な燃えない人生を送ることになる，ということが前提になっている。つまり，家庭でも，職場でも，世間づき合いでも，まずまず大過なく人生を送っている人は多いのだが，それはただ，「しかるべくやっている」という程度のものである。この人たちは，やろうと思えばできるもっとすばらしいことを積極的に行動にうつすわけでもないし，それの実現を企画するわけでもないし，考えさえもしないのである。そのような人たちの自己実現を促進するのが，この第二の側面である。

　以上のように，論理療法では，クライエントの情緒的問題や行動上の問題の解決を助けるだけでなく，クライエントが今よりも人生をもっと活性化する能力をもっているのだということに気づかせ，今よりももっと人生を純粋に楽しむにはどうしたらよいかをクライエントとともに考えるのである (Ellis, 1971a, 1971b, 1976, 1979, 1985)。

2. 論理療法の治療対象

　論理療法は，人々が一途に思い込んで自滅的な方向に導かれるとも知らずに適用しているような非論理的思考，自己矛盾，迷信などの非現実的なすべての考え方を治療対象としている。その中で特に，絶対論的思考，つまり，先験的な思い込みが，有害な結果につながりやすいようである。

　例えば，「私は，いつでも仕事を完ぺきにやり遂げなければならない。さもないと，自分は首を切られるにちがいない。」とかたく信じ込んでしまったら，つねに不安にさいなまれることになる。このような場合，エリスの考え方に従えば，まず何かを完ぺきに成し遂げるなどということが考えられるのだろうか。さらに，自分は首を切られるにちがいないという発想自体が一般的にまちがっているのである。しかし，一度そう信じてしまうと，単に首を切られるという免職の可能性に考慮を払うというのではなく，過剰な不安と心配を感じてしまうのである。

　その状況をもう少し，詳しく見てみよう。①**完ぺきにやらなければならない**と思ってしまうと，それは，自分を窮地に追い込むことになる。つまり，完ぺきにやろうとするあまり，かえって不完全にしかできなくなるのである。②仕事が完ぺきにやれないと**必ず**免職になるだろうという考えも不安を増幅させるものであるが，そもそもそんなことは現実にありそうもないばかりか，本来，証明不能なことである。③もし失敗したら**恐ろしい**事態になるだろうと思っていると，失職にともなう苦痛はさらに増大する。そして，自分が想像によって作り上げた「恐怖」におびえて，仕事に対して狂気じみた精励を示すことになるだろう。しかし，そのような「恐怖」の存在を経験的に証明することは絶対に不可能なのである。

　エリスたちが臨床経験を通じて発見したのは，感情の障害と分類されるようなものはすべて，自分で「……しなければならない」と一方的に思い込むことに起因しているということである。したがって，論理療法の治療対象は，この「ねばならない」思考である。「ねばならない」の他にも，「べきである」，「であればよいのに」等の一方的な独断は，いずれも人間が自ら作り出し，それによって自ら悩まされているものである。

　例1．「私は成功しなくては**ならない**。もし，成功しないと私は，どうしようもない**みじめな**人間になってしまうに**ちがいない**。」
　　このような考え方は，無力感，不安定感，自己非難，不安や憂鬱の原因にな

るであろう。

例2．「あなたは，私に対してもっと親切に，公平に，思いやりをもって接しなくては**ならない**。そうでなければ，あなたはどうしようもない**だめな人間である**。」

このような考え方は，怒り，恨み，敵意や度を越した敵対感情の原因になるであろう。

例3．「物事はすべて，私が簡単にやれるようでなくては**ならない**。あまり苦労や心配をしなくても欲しいものは**手に入るべき**であり，そうでなければ，このような世界で生きるのは，私には**耐えられない**。」

このような考え方は，欲求不満の蓄積，逃避，自己憐憫，怠惰につながっていくであろう。

上記のような「ねばならない型」の考え方や仮定は，経験的には確かめられないものであり，すべて**独断的**で絶対論的なものである。そして，そのような思考は，不可避的に感情の乱れと自己破壊的な行動につながり，自分や他者あるいは世間のひどさなどについて始終泣き言ばかりをならべたてる，ということになってしまうのである。ここまでくれば，神経症や情緒障害とよばれる問題の主症状そのものである。

論理療法の治療家たちは，論理療法の訓練を受けるに際して，クライエントの絶対論的思考に焦点を定めることを学ぶ。つまり，クライエントの言葉の中に，「べきである」，「にちがいない」，「必要がある」，「ねばならない」，「はずである」，「でなくてはならない」など，障害の原因となり得る表現を発見し，これらの「ねばならない型」の思考に対して，活発に精力的に取り組んでいくことを学ぶのである。論理療法ではまた，クライエントが，自分で自分の思考の矛盾や非論理性を発見して，修正していくわけであり，日頃いかに容易に「ねばならない型」の思考に陥るか確認してもらうため，クライエントに「**べきを探せ！　ねばならないを発見せよ！**」という標語を与えるのである。そうすれば，自分の「感情」の乱れの原因となっている考え方を発見でき，その絶対論的な独断を解消していくこともできるであろう，というのが論理療法の考え方である。

3．適切な感情と不適切な感情を識別する

論理療法では，絶対論的なものの考え方が感情の乱れの原因になっているととらえる，ということを述べたのであるが，実際問題として，適切な感情と不

適切な感情を識別することは，そんなに容易ではない。エリス自身も，以前の書物（例えば，「神経症者とつき合うには」や「論理療法」の初版）で，誤った記述をしてしまった，と述べている（Ellis & Harper, 1975）。その誤った記述の内容とは，どうしても必要なものが入手できなかったり，なにをおいても欲しいものが得られなかった場合に，はなはだしい不快や悲しみを感じたとしても，それは適切な感情に分類されることもあるわけであり，それを以前の書物では不適切な感情というように表現してしまった，というものである。

表13-1を見ながら，話を進めよう。不快な刺激を受けた場合（Aの段階），その結果として憂鬱な気持ちになる（Cの段階）のが，「人間として」，「やむをえない」という事実があるにしても，その感情が**必ずしも**「正常」で，「健全」であるとは**かぎらない**。そんな出来事がある**べきでない**，あっては**ならない**，と頭から信じている（信念体系の活動，Bの段階）ために，そのような感情が生じたのであれば，自分の非論理的な考えに打ち勝つことができず，それを変えるすべはない，ということを意味しているわけではない。われわれは非論理的な考えを直視し，深く認識し，それを減少させる力がある。しかし，自分で非論理的な考え（歪んだ思考——イラショナルビリーフ）を認識していかなければ，不適切な感情は増殖しつづけ，いつまでもなくならないであろう。

4．ABC 理論

さて，ここで論理療法の概観をまとめてみよう。論理療法のフレームは，ABC 理論としてまとめられている（表13-1参照）。基本的には，イラショナルなビリーフとラショナルなビリーフは，①事実に基づくビリーフかどうか（不当な一般化，過度の一般化に陥っていないかどうか），②論理的必然性のあるビリーフかどうか（考え方に筋道が通っているかどうか）によって区別される。イラショナルビリーフはクライエントの思い込みである。AがCを引き起こすのではなく，BがCを引き起こすのだ，というのが論理療法の考え方である。すなわち，Aに変化がなくても，Bが変わればCが変わるのであり，このBを変えていこうというわけである。

筆者も若い頃はAにアプローチをし，変えたくてたまらなかった。しかしながら，ひと

表13-1　論理療法のフレーム

A	(Activating event)	：出来事
B	(Belief system)	：考え方，受けとり方
C	(Consequence)	：結果——感情，悩み
D	(Dispute)	：反論，反駁
E	(Effect)	：効果

つのAを変えてみたところで，別のAが出現し，Cは何も変わりがないのである。そこでBを変える必要がわかってきた次第である。

さて，Dは反論，すなわちイラショナルな考え方Bを粉砕する段階のことである。つまり，イラショナルなビリーフをラショナルなビリーフに修正するわけで，これがカウンセリング（説得療法や自分自身の逆洗脳——人に洗脳されて作られたイラショナルなビリーフを解除すること——を含む）等によって成功すると行動が変容することになる。これが，効果Eの段階である。

5．論理療法の長所と限界

　論理療法は，すべてのイラショナルなビリーフを問題にするのではなく，自分の要求や願望に関係した評価的イラショナルビリーフだけを問題にする。そして，そのようなイラショナルビリーフに対して**積極的指示的論駁法**をとるわけであるが，その際，科学的思考法を取り入れるのである。科学は神聖でもなければ完全無欠でもない，ということを承知の上で，論理療法では，科学の考え方を活用すれば精神的苦悩の源泉になっているドグマを発見し，それを能率的に除去する最善の方法が見いだされると考えているのである。そして，論理療法では，人間の「思考と感情」は別々の心的過程ではなく，「感覚と行動」と同じように相互に連係し合っていると考える。つまり，認知，感情，行動の三拍子論なのである。

　次に，「心理療法の発展会議」の質疑応答から，論理療法の長所と限界についてまとめてみたい。

［論理療法の長所］
① 論理療法は本質的に簡便法なので，数回の面接といった短期間（3カ月から6カ月）で変化がおこる。
② 論理療法は，単に有効なだけではなく，能率もよい。
③ 論理療法が最も有効なクライエントは，知性と教養があり，動機づけの高い人であるが，他の療法に比べて適用範囲は広い。
④ 論理療法は，始めは心理療法向きのクライエントのために考えられたのだが，企業や教育場面などの心理療法を受けた経験のない人にも役立つ。
⑤ 論理療法は，統制実験の結果，有効性が実証されている（認知療法や論理療法をはじめ，認知行動療法とよばれるものは，一般的に統制実験などで有効性が検討されている）。
⑥ 論理療法は，個人面接方式だけではなく，集団でも行えるし，大規模の

ワークショップ，コンピュータ併用方法，危機介入などでも使える。

[論理療法の限界]

人間は，生まれながらに次のようなイラショナルビリーフをもつ傾向があるので，それがそもそも論理療法の限界と関係している。

① 人間の悩みは根が深いので，「どうしようもない」，「変えられない」という考えを持ちがちである。
② 具合が悪い出来事がおこるとすぐ，「やられた」，「どうしようもない」と思う傾向があるので，出来事を変えない限り，悩みも解消できないと思ってしまう。
③ ひどい不安や罪悪感や怒りのような有害な感情でも，時には良い結果をもたらすことがあり，そのような感情を有益であると考える人が出てくる。
④ 適度な不安，慎重さと極度の不安，恐怖との区別がつきにくいことがあり，セラピストといえども混乱することがある。
⑤ 論理療法の技法の中では，クライエントに明晰な弁別思考能力を要求するものがある。
⑥ 論理療法を理解し，活用するには，ある程度の年齢と知的レベルを必要とする（生活年齢は8歳以上）。

*

以上，認知心理学の応用分野での話題として，心理療法の中の認知療法と論理療法について述べてきたが，この二つの療法論の類似点は「認知的な誤りに気付かせる」という点にある。人間にとって，出来事や事象を勝手に解釈し，勝手な思い込みをもつということは，珍しいことではないのである。そして，第2部でも見てきたように，そのような解釈や思い込みは，感情的に出てくることもあるし，文脈（context）から無意図的にシステマティックに出てくることもある。そのような認知的誤りに向き合うことは，クライエントにとって非常に厳しいものがあるが，そこから逃げたいという甘えを克服し，「自分」に直面したときに，明るい世界が広がってくるのである。

次に，筆者が出会ったある青年の回想を載せておきたい。

　　小学校の頃の自分は，みんなと仲良くできていたように思いますが，中学の頃，教室の中にいる自分はみんなからの**視線が気になったり**，**仲間外れにされているように思ったりといろいろ気になり**，何の用事もなく担任がいる職員室に毎日暇な時とか行って，話をしたり，その場で立っていたり，といった自分がありまし

た。自分は，いばれる人間ではないし，でしゃばりとも思っていません。でも，なんか，「**あいつは，にくたらしい奴だな**」**とか言われているようにすごく感じました**。中学の担任の先生のところへ行くたび，必ず「どうした？」と聞かれ，いろいろ相談にのってもらったと思います。教室に入る時も，誰かが来るのを廊下で待っていて，一緒に入ってくれるのを待ってたりして，といった自分がありました。現在は，自分ではみんなの中にとけ込んでいるなと思いますし，仲良くできているなとも思います。……これまでの自分の経験を生かし，これから，他人と話ができない人などがいれば，人と話せる喜びというか，楽しさを伝え，一人ぼっちじゃないんだよということを分からせてあげて，同じ場で，学校に限らず，職場でも仕事など辞めずにすむよう，できることから手をさしのべてあげたい，と思います。うまくできるかどうか自信はありませんが，自分がそうだったらということも考え，援助をしてあげたいと思います。

青年期には他人の視線が気になったり，他人が自分のことを悪く言っているのではないかと思ったりするものである。そのような中で，「自分」ができあがっていくのだが，気にし過ぎると息苦しくて，つぶれてしまう。そのような時，認知療法や論理療法といった認知的行動療法の発想を思い出して欲しい。必ず，役に立つと思われる。

14章

今後の展望

　理論は，社会・文化的状況を背景に，その領域の考え方と近接領域の発見の相互作用により，メインストリームが生み出されてくる。心理学理論は，認知革命（Baars, 1986; Gardner, 1987参照）という大きなターニングポイントから認知心理学を生み出し，数々の論争を踏まえて現在がある。その論争は多岐にわたり複雑な様相を呈しているが，その核になっているところの論点は何だったのであろうか。本章では，認知革命の意味についてとらえ直し，認知革命後の心理学の動向を概観しながら，心理学近接領域からの研究をふまえ，これからの心理学の方向性を考えるにあたって重要となるであろうポイントについて検討したい。

　ブルーナー（Bruner, 1990）は，認知革命の強調点は「人が世界との出会いの中で生み出した意味という概念を発見し，記述することであり，それによって意味づけというプロセスが何を含意するかに関する仮説を提案すること」（p.2）であったととらえていたのだが，認知革命から生み出された認知主義の考え方は，そのような強調点を反映しなかった。むしろ，認知は，統語論的であるが意味論的ではないという観点にしたがって行動する形式的計算主義的推論過程からできているという考えに影響を受けて心について概念化することになった（Fodor, 1975）。そのため，心についての認知主義の観点への動向は，より総合的な考え方の出現を妨げたのではないかということが，近年，いろいろな立場から議論されるようになった（例えば，Rowlands, 2010; Smythe, 1992; Thompson, 2007参照）。

認知革命後の理論的発展総括

　認知革命時の心理学の中心となる理論では，前述したコンピュータというツールが大きな位置を占めたことにより，心の概念化に関しては，あまり関心が払われていなかったのではなかろうか。むしろ，当時，心理学をはじめ心の

科学と呼ばれる領域の考え方として，心とは知覚入力に対応する行動出力を産出するシステムにほかならず，そのシステムを実現するものは個体内にあるという伝統的な考え方（宮原，2010）を違和感なく採用していたと考えられる。

その後，ヴァレラたち（Varela, Thompson, & Rosch, 1991）は，それまで認知科学を支配していた心への計算主義的な考え方から，哲学，生物学，心理学を融合させる方向への発想の転換を主張した。身体化した認知，身体化した心という概念である。身体化への方向性は，現象学，とくにメルロ＝ポンティ（Merleau-Ponty, 1962）の研究から出てきている。メルロ＝ポンティは，身体は対象物間のひとつの対象物ではなく，現象としての身体，または，「われわれの世界や経験が続く状況」（Johnson, 2008, p.164）であると考えた。このアプローチは，自己組織化システム（Thompson, 2007）として，人間が経験から意味を与える過程を指す意味形成と呼ばれる性質を形作っている。この考えは，基本的に生きていないシステムとの違いを明らかにしながら，生きているシステムは自己創造ならびに自己組織化するものであるという枠組みを示したマトゥラーナとヴァレラ（Maturana & Varela, 1980）によって提案されたオートポイエーシス（自己創出性）の概念に近い。この観点から，生きているシステムは意味を割り当てる外的な影響によって作られるとか維持されるとかいうことではなく，生きているシステムは「自己組織化の創造と維持のために必要な，まさにその環境条件を生み出すことによって自分自身を創る」（Witherington, 2011, p.79）のである。

そして，現在，認知研究へのアプローチの意味や含蓄に関して激しい議論がなされるようになったのだが，キヴァースティン（Kiverstein, 2012）は，それぞれの立場を身体保守主義，身体機能主義，そして，身体エナクティビズム（enactivism：行為化主義とでも訳すべきか）と名付け，身体化されたアプローチという観点から3つの立場を区別している。身体保守主義とは，身体化の範囲は必然的に制限され，身体は脳からくる運動コマンドが実行される装置で，入力を脳に供給することによって認知に貢献するとする立場である。身体機能主義とは，黒板の上で数学の問題を解く行為を検討したラメルハートたち（Rumelhart, McClelland & the PDP Research Group, 1986）から来ており，その行為は，黒板で書くことと同様に，黒板それ自体を含めるため，脳を越えたものとして認知システムをとらえた。そして，身体エナクティビズムとは，身体的行為を通して意味を生み出すという考え方である。

この身体化という考え方は，いくつかの強烈な特徴をもつ提案を生み出すこ

とになる。チェメロ（Chemero, 2009）が急進的な身体化された認知科学と名付けた，その主唱者たち（Hutto & Myin, 2012）は，個体と環境とのダイナミックな対（カップリング）が認知を理解するための2つの重要な意味をもっていると主張する。まず第1に，クラーク（Clark, 2008）などの身体機能主義者たちの制約された計算主義的命題と対照的に，エナクティビズムの急進的な説は，認知プロセスは個体と環境の非線形な対から起こってくる**ダイナミカルシステム**（北アメリカ大陸の研究者はダイナミックという言葉を使い，ヨーロッパの研究者はダイナミカルという言葉を使う傾向がある）を通して作られるとしている。第2に，これらの理論家たちは，ダイナミカルシステムとしての広義の認知システムの定式化は，説明的な手段としての表現の概念を呼び起こすと考えている。つまり，エナクティビズムの提唱者にとって，個体と環境との間の明確な区別を排除するのは，「非線形の結びつき」（Lampl & Johnson, 1998, p.32; Marshal, 2015, p.261）であり，クラーク（Clark, 2008）の身体機能主義よりも拡大したシステムを構成することになる。この非線形な対，または，非線形の結びつきについては後で考察しなければならないが，非常に重要な言葉であるにもかかわらず，言葉では表現しづらいものであるとともに，線形理論の限界を示唆していると思われる。上記のような考え方から，エナクティブな観点からの研究は，ダイナミカルシステム理論（Witherington, 2015）に近づくことになる。ダイナミカルシステム理論は，数学的な観点からのカオスと複雑性の研究にその起源があり（Molenaar & Nesselroade, 2015），発達科学において可視化が進む原動力になった理論である（Hollenstein, 2011; Molenaar, Lerner, & Newell, 2014）。エナクティビズムの支持研究者にとって，時間にともない環境の変化する状態とともにエージェントの行動の対をモデル化する能力をもっているダイナミカルシステムの方法は魅力的なのである。個体と環境の組み合わせについて考察するにあたって，ダイナミカルシステムアプローチは位相空間にアトラクタを示すという固有の方法論をもっている（Molenaar & Nesselroade, 2015; Partridge, 2011; Witherington, 2015）。ダイナミカルシステムモデルの重要な側面は，表象概念を呼び起こすために信号の操作に頼らない[注1]（Marshal, 2015）ということである。その意味で，この考え方は，反表象主義だといえよう。

　エナクティブな発想の極端なものがギブソン（Gibson, 1979）の研究の流れをくむものであろう。環境（外界）が生体にとってどのような意味をもっているのかという情報は，利用可能な形で環境にすでに存在しているという発想を

もっている。このアフォーダンスの考え方は，人は環境の知覚により得た情報を処理することによって意味を把握すると考える情報処理モデルの考え方と比較すると，その違いは顕著である。それに対して，ギブソン派の展望とエナクティビストの展望はねじれがありながらもつながりが見られる（Marshal, 2015）。個体の感覚運動能力は，神経システムと利用できるアフォーダンスの対として見られ，順次，個体の活動によって変化していくのである。

〈情報 BOX 14-1〉

アトラクタ

アトラクタは「引きつけるもの」という意味があり，安定状態を指す。散逸系の運動は，時間が経つと特定の軌跡や点に落ち着く。この運動の過渡的状態の後の安定した状態のことをアトラクタという（岡林・河合・中川・千野，2008）。具体的には，脳波や指尖脈波などのオリジナル波（図11-1）にターケンス処理（Takens, 1981）を行い，示される（図11-2 & 11-3）。このように位相空間にアトラクタを示すと，心の動きが「見える化」できる。

近接領域からの示唆

近年，コンピュータ技術を中心に科学技術は進歩したが，従来の科学が用いてきた要素還元主義の視点からの細かく分析していく方向性には限界があるのではないか，このままでは本質を見誤るのではないかという危惧が表明されている。例えば，遺伝子操作などを行う科学技術の進歩は本質を見誤るという意味を込めて「科学は科学技術に含まれない」（中村，2010, p.7）といった見解が出されている。そして，近年，科学のあり方に対して見直しが必要だと指摘

注1）認知科学では，認知過程が外界を内的に表象するとする表象主義と，知覚情報は構造化されたかたちで環境内に存在し知覚者は環境内で生活をしながらその情報を獲得するのであり，そこに内的表象や構成の過程を想定する必要はないとする反表象主義（その代表がギブソンのアフォーダンス）があり，現在も論争が続いている。マーシャル（Marshal, 2015）は，ダイナミカルシステムモデルとギブソンの考え方の類似点を解説するために反表象主義という特徴を出してきているが，ダイナミカルシステムアプローチの研究者たちが自分たちは反表象主義だと宣言しているわけではない。

され（中村, 2010；岡林・雄山・鈴木・千野, 2014），これは心理学にとっては，認知革命が達成できなかったという目標も含めて，根底的なところから科学のあり方を見直さなければならないのではないかという問題提起となっている。従来，科学は生きものをモノとして解析してきた。つまり，機械として対象の構造と機能を解明してきた（例. 分子生物学は生きものを構成する分子のはたらき──DNA 二重螺旋構造など──を明らかにしてきた）。しかし，それでも，生きているという現象は解けない（中村, 2010）。

　脳研究を見てみよう。脳研究は，近年，脳波，光トポグラフィ，fMRI 等々に関わる大型機器を使って脳を観察し，操作する技術が格段に進歩したため，脳細胞のダイナミックで緻密な働きが明らかになってきており，ニュートン編集部（2016）は，「脳とニューロン」といった特集を組み，脳の代表的な役割である記憶，日頃は意識することのない意識，われわれが常にもっている感情，一見，脳の問題ではなさそうな身体の動きの指令といった脳の機能や脳の進化，脳の疾患などについての最新研究を報告している。

　たしかに，脳のどの部位がどのような働きをしているかについての研究は進んだ。しかし，心や意識を担う部位はないのである。そこで，心脳問題（mind-brain problem）という哲学をも巻き込んだ論争になっているのは周知のことである。

〈情報 BOX　14-2〉
心脳問題
　心と脳の関係を問う「心脳問題」は大きな論点である。心が物質である脳からいかにして生じるのか，古来より科学者や哲学者にとって大きな問題であったのだが，17世紀デカルトの二元論の提起をきっかけに近代的な議論の構図ができ，20世紀以降の脳科学の知見によって問題が先鋭化してきた。「心は物質（脳）に還元できるか」という問題を中心に，さまざまな立場から議論が起こっている（山本・吉川, 2004　参照）。

　近年の脳研究は，単に脳の部位を分析しようとするのではなく，新しい視点をもっている。理化学研究所脳科学総合研究センター（2016）は，グリア細胞とニューロン，進化と可塑性，場所細胞と空間認知，情動と消去学習，海馬と偏桃体とエングラムセオリーといったように脳にはさまざまなつながりがあることを指摘している。また，多賀（2002）は，脳と身体のつながりを研究しな

がら，二足歩行モデルの束ね役はグローバルエントレインメントだと主張する。つまり，歩行パターンは，脳にあるわけでもなく，身体にあるわけでもなく，環境にあるわけでもなく，そのすべてが同期しながら引き込みを行っているというのである。重要なことは，このモデルでは，歩き方や走りに対応した明確な記号が制御元から与えられているわけではなく，外界・身体・神経システムすべてが力学系（ダイナミカルシステム）の相空間をなし，リミットサイクルによって歩行が形成され，自発的に歩きや走りが起こるということである。さらに，上位の制御システムを加えることによって，障害物をまたぐなどの目的に即した行動を起こすことができると指摘している。そして，そこでは，自己組織化が重要な鍵概念になっている。

甘利（2005）は，このような新しい脳研究の方向性を指摘していた。たしかに2000年段階では，脳の研究もミクロな物質機構に還元して調べるという還元論がわかりやすく主流になっていたが，脳をいくら還元してみても心や意識の分子や遺伝子が見つかるわけではなく，ニューロンがつながって全体が協調して動作する中から創発（emergence）[注2]してくる現象だとして心や意識をとらえる必要がある（甘利，2005）。つまり，脳には，視覚，聴覚，運動，思考など，それぞれの機能を主として担う部分回路はあるのだが，心や意識を担う部位はない。したがって，各部位が相互に連絡する中で，意識の機能が創発する（甘利，2005）。さらに，甘利（2005）は，多くのニューロンからなるシステムが，非線形の並列のダイナミックスで相互作用すると各ニューロンの興奮状態が変化し，これが無意識で遂行される認識や思考の過程であるとする。さらに，非線形のダイナミックスには，平衡状態，周期的に変化する状態，カオス状態などがあり，こうしたアトラクタの中に，意識を喚起する状態があり，思考ならば混沌とした興奮状態から考えがまとまり，概念や論理が顕在化すると指摘する。甘利が言及した平衡状態，周期的に変化する状態，カオス状態は，脳波のアトラクタで示され，脳波リズムが揺らぎをもとに変化することによって異なったアトラクタが出現することが知られている。

注 2）『広辞苑』（第六版　岩波書店）では，創発とは，進化論・システム論の用語で，生物進化の過程やシステムの発展過程において，先行する条件からは予測や説明のできない新しい特性が生み出されることと定義しているが，今では，いろいろな分野において，「多様な個（要素）」によって構成されるシステムにおいて，個の相互作用により「個の力の総和を超える力」が生まれることといったようにとらえられている。

心理学の今後

　認知革命ならびにその後の認知心理学理論の論争・展開を追っていて感じるのは，学問の領域枠がなくなってきているということである。そして，各領域は類似した問題に直面している。したがって，領域を超えての総合的な視点が必要であり，従来の領域枠に閉じこもっていては，心についての理論を考えることはできない。かつて，自然科学の各部門での発見，理論構成の試みが報告され，科学発展への社会的気運が高まる中，心理学でも，観察・実験のデータに基づいて理論を構築しようとする傾向が強まり，例えば，ソーンダイク(Thorndike, E.L.)の"Animal intelligence"(1898), "Educational psychology"(1913, 1914)に報告されているデータ・理論構築の試みは，ソーンダイク自身の改訂を含め，後続研究者たちによる検討・改訂図式提案の流れを生み出し，半世紀以上に及ぶ行動・学習理論発展の歴史を生み出すことになったのだが，そこに心の概念が介入することはなかった。その後，起こったのが認知革命だったわけであり，その意味を汲みながら，心理学理論を考えていく必要があろう。

　ここまで検討してきて，理論的に次のふたつの論点があることに気づかされる。ひとつは，「心は，人という個人の中にあるものなのか，それとも，個人ならびに環境までも含めて心ととらえるべきなのか」という論点であり，そして，もうひとつは，階層性の問題であり，相互作用を単層で考えるのか，入れ子になった複層で考えるのかという論点である。

1．心の内在主義と拡張した心

　心はその人の内にあるという伝統的な立場は心の内在主義と呼ばれ，それに対して，心はその人から外に広がっているのだと考える立場は，拡張した心を支持するとして拡張主義と呼ばれる。

　心の内在主義者の主張ポイントは，心は皮膚および頭蓋という境界によって環境から分離されるとする。知覚を世界から心への入力，行為を心から世界への出力と見ることによって，知覚と行為の入力・出力を前提としている。計算主義は，認知システムを，刺激を記号に変換する感覚器と記号を運動に変換する効果器によって境界づけられた情報処理装置と見なす点で心の内在主義であり，計算主義に基づく認知心理学は心の内在主義の立場をとったのである。そ

の背景となっている考え方として，フォーダー（Fodor, 1987）は，科学的心理学は行動の因果的説明を目的とするもので，心的状態をその因果的役割によって個別化しなければならないと主張し，個体の内的状態のみが行動を引き起こす因果的効力をもつと述べている。言いかえれば，環境の状態は，刺激を通して個体の内的状態に因果的影響を及ぼす場合に，行動に因果的影響を及ぼす。したがって，直接には行動の産出に関与しない。このような発想は，心的状態は個体の内的状態によって決定されるということで，心の内在主義だととらえられる。

それに対して，バージ（Burge, 1986）は，人がどのようにして環境内の対象を見ることに成功するのかといった「人と環境の関係」を説明する目的をもつ心理学理論も成り立つと主張して，心の内在主義への反論を提出した。そして，ハーレイ（Hurley, 1998）は，人への入力が出力に変化をもたらすだけでなく，人からの出力がそれに続く入力に連続的に変化をもたらすことがあると指摘している。つまり，知覚と行為は，入力・出力よりも緊密に相互作用していると考える。この際，出力から入力へのフィードバックは人の内部で行われるが，それだけでなく，環境の内部でも行われる。したがって，環境内で行われる行為を単なる認知プロセスの結果と見なすべきではなく，行為は認知プロセスにおいて決定的な役割をもっていると考えるのである。ラメルハートら（Rumelhart, Smolensky, McClelland, & Hinton, 1986）などと同様に，ウィルソン（Wilson, 1994）は，紙とボールペンを用いて計算を行う時，人の境界を越えて，その環境の一部を含んだ拡大した計算システムとなり，心はそのシステムの一部だとした。さらに，ピアジェ（Piaget, 1954）は，人は行為を通して現実を構成すると主張し，人は同化と調節との相互作用を通して知識を構成しながら発達していくとしている。認識する主体が，その経験を形作り，そうすることによって，経験を構造化させた世界へと転換するのである（Glasersfeld, 1995）。菅村（2002）は，この考え方は日本の研究者には馴染みの薄い構成主義の流れをくむものであり，「すべての行為は認識であり，すべての認識は行為である」（Maturana & Varela, 1984, 菅訳, p.28）とするオートポイエーシスや自己組織化の理論に通じると指摘している。

言いかえれば，心の内在主義と拡張した心の考え方の対立は，心の内在主義は個体主義，拡張した心という外在主義は反個体主義とも呼ばれる（呉羽，2011）ように，心理システムとして個人という枠を絶対に動かせないものとしてとらえるのか，その個人の枠は個々の心理システムとしてとらえながらも

個々のシステムが相互作用するものとして入れ子になった上位概念の関わり（環境との関わり・対人関係等）システムが成り立つかである。部分としての個々のシステムと全体としての関わりシステムにおいて，あくまでも部分と全体という関係は静的なものではなく力動的であり，例えば，リズム研究の言葉を使えば，個々のシステムとしての別個のリズムが出会ったとき，蔵本（Kuramoto, 1984）が指摘した位相差で示す遷移式にのってくるか，つまり，同期するかであろう。

近年の論争では，心の内在主義の考え方に反論する立場を総称して，拡張した心の考え方（拡張主義）と呼んでおり，前述した身体化も拡張主義と言うことができよう。基本的に，身体化は認知主義の孤立した「計算主義的心」の否定である（Edelman, 1992）。そして，身体化は，知覚，認知，活動の間の伝統的な区別に脅威を与える（Marshal, 2015）。つまり，身体化された認知は，脳の外で進行しているプロセスが頭の中に位置づけられる中央処理装置（CPU）のための入力と出力というよりも，認知の構成要素であるととらえている。身体化された認知では，内的な心的状態は派生したものではなく，また，心は脳の中だけにあるのではなくて，心は脳と身体と世界の相互作用から生まれてくると考える。エナクティビズムは身体を通して環境システム全体に広がる心を想定しており，拡張した心である。エナクティブアプローチの中心的な考え方は，人を環境と密接に相互作用している活発なエージェントとしてとらえるところにあり，個々の活動は，環境との関係を調整し，順次，連続して起こる活動に影響を与えることを意味する。エナクティビストにとって，行動フィードバックの概念はダイナミカルシステムの基本であり，エージェントと環境の境界をはっきり決めることはできない（Stewart, Gapenne, & Di Paolo, 2010）。

2．単層相互作用論と複層相互作用論

近年の心理学理論では，どの理論でも要素間の相互作用を論じている。相互作用論は当たり前になっているのだが，ある次元・層だけで論じるのか，入れ子になった異なる次元・層を含めて論じるのかは大きな違いになってくる。『生物科学』（2013, 65巻1号）では特集を組み，要素還元主義と反還元主義を比較しながら，科学としての生物学のあり方を見直している（Braillard, 2013等）。従来の認知主義は内在主義であり，要素還元主義の考え方になろう。要素還元主義的である単層相互作用論の立場から考えれば，発達のある段階でできないことは，その人の心を構成している要素の中には存在しないので，次の

段階で現れる，すなわち，それまでとは違った特徴が現れてくることの説明がつかない。あるレベルの要素の相互作用なら同じレベルのものが出現するというのが当たり前だからである。このパラドックスは，要素還元主義，単層相互作用論を基本とする発達心理学者を悩ませてきた。

実際のところ，心理システムにはそれまでなかった認識や感覚を生み出す特徴があることが指摘されている。あるレベルの要素があつまり相互作用することによって，それより高いレベルのもの，すなわち，これまでになかったものが出現するのである。ピアジェ派のダイナミカルシステム論者（Molenaar, 1986 等）は，ピアジェの発達理論には，生物学分野では馴染みの創発概念が存在することを指摘する。創発とは，局所的な相互作用をもつ，あるいは，自律的な要素が集まることによって，その総和とは質的に異なる高度で複雑な秩序やシステムが生じる現象のことである。また，フォーゲル（Fogel, 2008）やルイス（Lewis, 1995）などの北アメリカ大陸の研究者たちは，発達レベルにあたるマクロタイムの時間の流れの層に，ミクロタイムの時間の流れの層をあわせて考えないと発達の本質的な特徴は見えてこないと主張する。ルイス（Lewis, 1995）のパーソナリティ発達理論は，刻々と変わっていく日常生活の出来事レベルから，数日単位で変わっていく情緒・感情レベルが生み出され，その情緒・感情レベルの相互作用によって，発達時間・マクロタイムにあたるパーソナリティが生み出されてくることを示している。したがって，年単位の発達時間にあたるパーソナリティは，下層の情緒・感情レベルの相互作用によって創発してくるものであり，変容するものとしてとらえられなければならないという主張である。そして，下位層の相互作用から上位層が生み出されてくる，言いかえれば創発してくるにあたっては，「非線形の結びつき」（Marshal, 2015）があると言われている。

この非線形の結びつきに関しては，さらにその実態の研究を深めなければならないが，甘利（2005）も指摘していたように，力学系・複雑系研究で言うカオスを意識しているのではなかろうか。近年のカオス理論では，カオスの意味は確率的にランダムということではなく，決定論的法則にしたがうものとしてとらえられ，非線形の数式で表される。

中村（2010）は，生物学でも癌細胞を突き詰めるために遺伝子まで分析したのだが，そこからは有意味な情報は得られず，むしろ，相互作用・調整機構の重要性が見つかったと述べている。運動発達研究も同じ壁に遭遇した。人の関節の機械的自由度は100あるといわれており，位置と速度状態からなる状態空

間は少なく見積もっても200次元になる（佐々木，2000）。運動生理学者ベルンシュタイン（Bernstein, 1996）が提起した多自由度制御の問題は，運動要素（筋や骨や運動ニューロンなど）をひとつずつ，つなげて配置する方法では解決できない。つまり，単なる要素の集まりではなく，全体の統合の視点が必要なのである。生きているシステムは自律的に振る舞い，その形態は進化する。そこには，システムが複雑であることが，むしろ，自由度を制約する法則を導くという，一見矛盾するような視点が多自由度制御の問題（通称ベルンシュタイン問題：Bernstein, 1996）のパラドックスを解く鍵であった。コントロールパラメータとしての協調の発見である。運動研究は協調を単位とすることでテーレンとスミス（Thelen & Smith, 1994）のダイナミックなアプローチを生み出した。

　協調，また，調整機構，いろいろな言葉で表現されるが，意味していることは同じであり，重要なのは要素間，また，システム間の相互作用の働きであり，これが心理システムにとってのコントロールパラメータとなる。この作用は，加算的・加成的（Overton, 2006：加成性というのは分割概念を含んでいる）ではなく，生成，創出という独特のものなのである。この生成，創出という現象が自己組織化につながってくる。自己組織化は近年，いろいろな科学分野において話題になっており，いろいろな定義のしかたがあるが，「非線形のダイナミックなシステムの構成要素間の相互作用から自然と生まれてくる秩序に関する原理」（Lewis & Granic, 2000, p. 9）というのがわかりやすい説明であろう。

　心理システムを考える際，単層の相互作用で構築する心理学理論はどうしても現実に即さなくなり，複層の相互作用論を構築する必要があろう。そして，ここで述べた相互作用は，あくまでも加成的なものではなく，非線形での相互作用であるがゆえに，跳躍（saltatory）し上位階層にあたるものを作り上げることができるのである。

結語

　本章では，認知革命後の知覚領域を包含する認知心理学の理論的発展を見てきた。従来，認知心理学ならびに認知科学が柱として考えてきた認知主義の計算論的パラダイムが，近年の研究エビデンスと合わなくなってきたということが言えよう。認知主義に基づく記号情報処理では一度にひとつへ適用される連続ルールが考えられ，記号操作の中心処理ユニットが考えられてきたが，

NHKスペシャル人体（『神秘の巨大ネットワーク』2018）等々でも報告されたように，実際の脳（また，その他の臓器）には規則も中央処理装置もなく，情報が特定のアドレスに保管されているようにも見えない。むしろ，脳は大量のニューロン相互連結を基盤に分散して機能しており，時間の経過とともにニューロン集団間の連結が変化する。このニューロン集団の振舞いこそが，記号操作のパラダイムには見られない，自己組織化を提供すると考えられる。

近年の研究で報告されるようになった自己組織化などの用語を遡っていくとダイナミカルシステム理論，散逸構造論等に行きつく。ダイナミカルシステム理論という用語は，APA（American Psychological Association, 2007）の辞典には，ダイナミックシステム理論として登録されており，特別な心理学分野の理論ではなく，様々な科学領域そして心理学全体の理論に影響を及ぼす可能性のある理論である。かつてニコリスとプリゴジン（Nicolis & Prigogine, 1977）が散逸構造を主張したとき，多くの心理学者は用語としては知ったのだが，その意味をとらえ，理論に組み入れることはなかった。今，心理学の近接領域では，より洗練された形で非線形非平衡系としてとらえられている。非線形のつながり，ダイナミカルシステム理論の考え方は，精緻なことまで可視化できるようになったことによってデータが理論に追い付いてきたのかもしれない。これから心理学理論を構築していくにあたって，拡張した心や複層の相互作用の発想を導く自己組織化，創発概念，そして，そのようなことが起こる非線形世界のとらえ方を考慮する必要があろう。

（本章は，『理論心理学研究』第18巻 「認知革命後の心理学理論を考える―拡張した心と複層相互作用論を軸として」（2016, pp.19-29）を改編したものである。）

グロッサリ（Glossary）

知覚・認知心理学は，最先端のトピックスが出てくることが多く，英語表記が必要になることがある。それをふまえて，英語表記を軸に用語集を作ってみた。大学院の入試，また，国家試験の際に役立てていただきたい。

---

accessibility：情報取得の可能な程度，情報を検索する際，その記憶場所に対するアクセスのしやすさ。検索事項に関連する記憶場所を活性化させる。　**情報取得可能性**

ACT（adaptive control of thought）：アンダーソンが考案した意味ネットワークモデル
　手続的知識は生産システムで表現され，宣言型知識は命題ネットワークの形態で表現されている。

action slip：認知の制御過程における実行段階でのヒューマンエラー。反復エラー・目標の切り替え・脱落と転換・混同などがある。　**アクションスリップ**

agnosia：一次受容体や知能の障害に起因しない，種々の感覚刺激の意味を認識したり理解したりする能力の障害。失認は大脳の種々の部位の病変で起こる認識障害である。**失認**，認知不能（症）

algorithm：問題を解くための典型的な手法，技法。　**アルゴリズム**

Alzheimer's disease：認知症の中で最も多く，脳にアミロイドβやタウと呼ばれる特殊なたんぱく質が溜まり，神経細胞が壊れ，減っていく為に，認知機能に障害（記憶障害，判断能力の低下，見当識障害，BPSD）が起こると考えられている。また徐々に脳全体も委縮していき身体の機能も失われていく。　**アルツハイマー病**による認知症（DSM-5）

amnesia：**記憶喪失**

amygdala：とくに怒りや攻撃性といった感情で重要な役割をもつ。　**扁桃**，小脳扁桃

analogy：ある対象物についての情報を他の対象物へ，それらの類似に基づいて適用する認知過程。　**アナロジー**，類推

analysis：複雑な問題を全体から操作できる要素に分けていく考え方。　**分析**

aphasia：優位大脳半球の後天性病変のため，話すこと，読むこと，書くこと，あるいは，合図の理解，行為，それらによる意思の疎通が損なわれか欠如していること。　**失語症**

arousal：**覚醒**

artificial intelligence（AI）：知能や知的な情報処理を示すシステムを構成する試み。　**人工知能**

associationism：すべての心理活動を基本的な心的要素の結合によって説明しようとする心理学説。　**連合主義**

attention：人の感覚器官には常時，膨大な情報が入ってきているが，一度に処理できる容量には限界があるため，必要に応じて取捨選択の重要な役割を担っているのが注意である。注意には，空間的注意，選択的注意，集中的注意，分割的注意などがある。　**アテンション，注意**

autobiolographical memory：**自叙伝的記憶**

automatic process：無意識での統制プロセス。　**自動化過程**

automatization：意識レベルから自動化への手続きが変化するプロセス。　**自動化**

availability heuristic：何か判断を下すとき起こる認知的ショートカットである。ヒューリスティックスとは，必ず正しい答えを導けるわけではないが，ある程度のレベルで正解に近い解を得ることができる方法であり，「利用可能性ヒューリスティックス」は長期貯蔵庫に入っている情報への認知的ショートカットなので，判断を下すのに時間がかからないという利点があるとともに，判断への保証は十分ではないという欠点がある。言いかえれば，「利用可能性ヒューリスティック」は，取り出しやすい記憶情報を頼って判断してしまうことになり，記憶に残っているものほど，頻度や確立を高く見積もる傾向が出てくる。そこから，簡単に探せる記憶だけが事実となり，自分の記憶から容易に呼び出すことができる情報により，バイアスがかかってしまうことになる。　**利用可能性ヒューリスティックス**

Bayesian inference：ベイズ確率に基づき，観測事象から，推定したい事柄（原因事象）を推論すること。　**ベイズ推定**

　A を原因，X をその原因によって起きると想定される事象とするとき（A および X は離散確率変数），求めたい事後確率 $P(A|X)$ は次のように示される。なお，$P(A)$ は事象 A が発生する確率であり，事前確率である。

$$P(A|X) = \frac{P(X|A)P(A)}{P(X)}$$
$$= \frac{P(X|A)P(A)}{\sum_A P(X|A)P(A)}$$

behaviorism：環境の出来事・刺激と観察可能な行動間の関係のみに焦点をあてるべきだと考える心理学の考え方。　**行動主義**

　なお，ワトソンの初期の行動主義に対して，1930年頃から提唱された①行動を筋や腺の反応のような分子的行動ではなく，より総体的なレベルでとらえる，②生活体（Organizer）の能動的・主体的な側面を強調する，トールマン，ガスリー，ハル，スキナーらを**新行動主義**と呼ぶこともある。

bilinguals：2つの言語を話すことのできる人。
binocular depth cues：両眼からの3次元における感覚情報の基盤になる手がかり。
bipolar cells：眼球の網膜や嗅粘膜などにみられる神経細胞は太い突起が2本あり，その一方から刺激が細胞体に伝えられ，もう一方の突起からその先端へ向けて興奮が伝えられるので，双極細胞と呼ばれる。両極細胞とも言われる。
bottleneck theories：情報が過ぎ去ることを示すビンの口をモチーフにした理論。　ボトルネック理論
bottom-up theories：データ駆動，すなわち，刺激-駆動の理論。　ボトムアップ理論
bounded rationality：合理的であろうと意図するけれども，認識能力の限界によって，限られた合理性しか主体が持ち得ないことを表す。サイモン（Simon, 1947）が提唱した，人の認識能力についての概念。　限定合理性
categorical perception：異なるカテゴリーに属する2つのサンプルの違いよりも，同じカテゴリーに属する2つのサンプルの違いの方が，より小さく認識される傾向。　カテゴリ知覚
categorical syllogism：大前提および小前提が定言命題からなる三段論法。　定言三段論法
category：認識の根本形式として人が従わなければならない最も一般的な概念群。　範疇
causal inferences：因果関係にあることを証明する方法であり（相関が高いということが因果関係にあるということにはならない），統計学ではルービン，心理学ではキャンベル，疫学ではパールが提唱している。　因果推論
central executive：バドリーとヒッチ（Baddely & Hitch, 1974）が提唱したワーキングメモリの中心的概念。　中央実行系
cerebellum：小脳の皮質の各部は，同側の筋肉群の筋肉運動と筋緊張を調節し，運動の調整や，身体の平衡に関わっている。　小脳
cerebral cortex：大脳の表面に広がる，神経細胞の灰白質の薄い層。　大脳皮質
cerebral hemisphere：大脳半球
change blindness：人は，普段行っている情報の選択から外れたものに関して，変化しているのに気づかない。　変化盲，変化の見落とし
coarticulation：西アフリカ諸語の［pk］などに見られるように［p］と［k］を同時に破裂させる発音法。　同時調音
cocktail party effect/problem：音声の選択的聴取であり，選択的注意（selective attention）の代表。　カクテルパーティ効果
cognitive maps：空間関係の中心になる物理的な環境の内的表象。　認知地図
cognitive neuroscience：認知神経科学

cognitive psychology：人がどのように情報を知覚し，学習し，記憶し，考えるのかを研究する学問。　**認知心理学**

cognitive science：認知心理学，心理生物学，人工知能，哲学，言語学，文化人類学などの知見を総合的に用いる学際的な科学。　**認知科学**

cognitivism：どのように人は考えるのかということを中心に人間の行動を理解しようとする考え方。　**認知主義**

communication：考えや感情のやり取り。　**コミュニケーション**

comprehension process：全体としてテキストの感覚をなす過程。　**理解プロセス**

concept：世界を理解する手段を生み出す何かについてのアイデア。　**概念**

conditional reasoning：思考する人が，if-then 命題を基盤とする結末を思い描くとき起こってくるもの。　**条件付き推論**

confirmation bias：われわれがすでに信じていることは，それを否定するよりそれが正しいと確認する傾向がある。　**確認バイアス**

confounding variable：研究の中で統制できずに残っている不適切・無関係な変数。　**混乱変数**

conjunction search：いろいろな特徴・形態の組み合わせを研究する方法。　**結合調査**

connectionist model：脳のネットワークを通して一度にたくさんの認知操作を行うというモデル。　**コネクショニストモデル**

connotation：言葉のもつ感覚的なニュアンス，推測の部分，その他のはっきりしない意味のこと。　**内包**

consciousness：意識の感覚と意識の内容を含む。　**意識**

conservation：ピアジェは，ものの変化の背後にある不変性を理解することを「保存」と呼び，認知発達の中心に位置づけた。例えば，水を試験管のような細長い入れ物に移し替えても，水面は高くなるが水の量は変わらない。そのような数や量の不変性を理解するには，数や量に対する論理操作に基づいた判断が必要になる。「付け加えも取り去りもしなかった」という同一操作，「もとのコップに水を戻すと，もとと同じになる」という逆換操作，「水面が高くなった分だけ細くなった」という相補操作などが考えられている。　**保存**

consolidation：新しい情報を貯蔵されている情報と統合する過程。　**統合**

constructive：先の経験をどのように人が想起するか，実際に記憶から再生することに影響すること。　**構成的**

constructive perception：知覚者は刺激の認知的理解を作る。　**構成的知覚**

context effects：知覚の周辺環境の影響。　**文脈効果**

contextualism：行為，発話，ないしは表現は，ある重要な点で，その脈絡との関連でのみ理解されうるという主張。　**文脈主義**

グロッサリ（Glossary） 227

controlled processes：情報処理の二過程理論においては，自動処理過程と統制過程が存在する。意識的統制のプロセスである。　**統制過程**

convergent thinking：単一の正解に向けていろいろな可能性から狭めていく思考。**収束思考**

cooperative principle：発話は，参加している会話で受容されている目的や方向が，その段階で求めていることに従って行え，という原理。言語哲学のグライス（Grice, 1989）は，質の公理（正直であれ），量の公理（情報の量を適切にせよ），関連性の公理（内容に関連していることを述べよ），様態の公理（明確にせよ）といった公理によって効果的なコミュニケーションが可能になるとする。　**協調原理**

creativity：独創的で役に立つものを作り出すプロセス。　**創造性**

culture-fair：すべての文化の成員に対して，平等に適切で，公平なこと。　文化的差異に影響されないこと。

decay：個々人に忘却が起こるときに時間とともに起こる。　**減衰**

declarative knowledge：陳述された事実への知識。　**宣言型知識**

deductive reasoning：一般原理から個別事象を推論する過程。　**演繹的推論**

deep structure：いろいろな変換規則の適応を通して，いろいろな句構造をつなぐ統語論的構造に言及すること。文章の統語論的構造の抽象的な表現。　**深層構造**

denotation：言葉の厳密な辞書的定義。　**明示的な意味**　（⇔暗示的な意味　connotation）

dependent variables：独立変数の影響によって出現する反応。　**従属変数**

depth：奥行，深さ

discourse：会話や討論などの筆記されたもの，または，話されたこと。　**談話**

dishabituation：同じ刺激に対して同じ反応をする，ということからの脱却。　**脱習慣化**

distracters：ターゲット刺激から注意を外させるターゲットではない刺激。　**妨害課題**

divergent thinking：今までとはまた違う問題解決につながる拡がりをもった思考。**拡散思考**

divided attention：様々な情報ソースを処理し，一つ以上のタスクを同時に実行させる同時的な注意，一度にいくつもの課題に注意を向けること。　**分割的注意**

dual-code theory：知識がイメージとシンボル両方で表象されるとする考え方。**二重符号化理論**

dual storage model：短期貯蔵庫と長期貯蔵庫という2つの貯蔵システムを仮定する代表的な記憶モデル。アトキンソンとシフリンモデル（Atkinson & Shiffrin, 1968）などがある。　**二重貯蔵モデル**

dual-system：情報システムの**信頼性**を高める方法のひとつ。システムを2系統用意し，同じ処理を行わせる方式。結果を相互に照合・比較することにより高い信頼性を得ることができる。片方に**障害**が生じた際，もう片方で処理を続行しながら**復旧**にあたる。　　デュアルシステム

dyslexia：失読症，読字障害，難読症，識字障害，失読　などの学習障害のひとつ。

electroencephalograms（EEG）：生きている脳の電気信号の頻度と強さを記録するもの。**脳波，脳電図**

embodied cognition：生体の認知は，身体によって影響を受ける，言い換えれば，人間の思考，感情は脳だけによって起こっているわけではなく，身体から影響を受けている。　　身体化された認知

empiricist：人は，経験を通して知識を獲得すると考える人。　　経験主義者

encoding：どのように物理的，感覚的な入力を記憶される表象に移行するのか　符号化

encoding specificity：符号化されるものに依存して再生されるもの。　符号化特殊性

episodic buffer：下位システムから情報を束ねる許容限界ありのシステム。ワーキングメモリにおいて，計算，理解，推論などを行う際に必要となる既知情報を活性化させたり，新たに統合された情報を一時的に保存しておくシステム。　エピソード緩衝器

episodic memory：個人的な経験・出来事の記憶。　　エピソード記憶

ethnomethodology：社会学者ガーフィンケルの造語で「人々の（ethno）―方法論（methodology）」を意味する。社会学は，社会秩序の成立メカニズムを追究するのだが，エスノメソドロジーは，その集団のメンバー（エスノ）が日常生活において実践する方法（メソッド）に焦点化し，社会秩序の構成過程を描く。すなわち，既成の構造機能主義の社会学を批判し，人々の行為や発話は状況依存・文脈依存的であり，日常的な相互行為の中で絶えず意味を生成している，という考えから，人々がどのようにして日常生活の自明性（共通に知られた性格）を獲得するようになるのかを確定しようとするものである。エスノメソドロジー

executive attention：内的プロセスの間で起こるモニタリングや葛藤を解決するプロセスを含む注意の下位機能。

expertise：よく発達した，また，よく組織化された知識ベースに対応する優れたスキルや達成。　熟達者，熟練者

explicit memory：参加者が意識的な回想，想起を行っているときの記憶。　顕在記憶

factor analysis：多変量データに潜む共通因子を探り出すための手法。　因子分析

fallacy：推論上の誤り。　誤謬

feature-integration theory：人の視覚的注意についてのモデルで，視覚情報処理の諸段階でいくつかの単純な視覚的特徴が処理され，複数の特徴マップとして表象され，その後，顕著性マップとして統合を受け，興味の対象となる領域へ注意を向けるためにアクセスされる。　**特徴統合理論**

feature matching theory：人は，対象物の視覚的パターンの特徴を記憶された特徴と一致させようとするという理論。　**特徴一致理論**

feature search：特徴をつかむためにスキャンすること。　**特徴探索**

figure-ground：**図と地**
特定の領域を分離し，形態（図）として認識し，それ以外の領域を背景（地）として知覚するプロセスを図地分化という。両者の関係は，時々，反転して知覚される（図地反転）。より明るい領域，より面積の小さい領域，閉じた領域，より規則的な形をした領域は，そうでない領域よりも図になりやすい。

flashbulb memory：強烈な感情を伴った記憶は時間が経った後でも鮮明に思い出せる――といった記憶。　**フラッシュバルブ記憶**，**閃光記憶**

fluid intelligence and crystallized intelligence：キャッテル（Cattell, 1963）は因子分析から知能構造は，流動性知能と結晶性知能という2つの因子で単純化できると考えた。流動性知能とは，新奇な状況への適応を必要とする際に機能する能力であり，結晶性知能とは過去の経験を適用して獲得された習慣や判断力であり，経験の結果が結晶化されたものであるとする。　**流動性知能**と**結晶性知能**

frontal lobe：大脳の前方部分部を占める領域で，随意運動や言語に関する運動中枢が含まれる。　**前頭葉**

functional equivalence hypothesis：感情表現とある（特定の形質）マーカーとの間に知覚的重複があり，それが感情伝達に影響を与えているとする仮説。　**機能的等価仮説**

functional fixedness：ある使い方を学習すると，別の形で使うということができなくなる特徴。　**機能的固着**

functional magnetic resonance imaging（fMRI）：MRI（核磁気共鳴）を利用して，ヒトおよび動物の脳や脊髄の活動に関連した血流動態反応を視覚化する方法の一つである。最近のニューロイメージングの中でも最も発達した手法の一つである。**磁気共鳴機能画像法**

functionalism：心的な状態とはその状態のもつ機能によって定義されるとする立場。心的状態をその因果的な役割によって説明し，「心とはどんな働きをしているのか」を考えることが「心とは何か」という問いの答えとなる。　**機能主義**

gestalt psychology：心を，部分や要素の集合ではなく，全体性そして構造に重点をおいてとらえる心理学。　**ゲシュタルト心理学**
　人が知覚するものは，個々の刺激要素ではなく，要素に還元できない全体性をも

つ形態（ゲシュタルト）であるとして，ゲシュタルトの法則（近接要因，類洞の要因，閉合の要因，より連続の要因，よい形の要因，共通運命の法則等）を提出。この法則は，形態が知覚されるとき，全体が簡潔で良い形になる傾向があるというプレグナンツの法則に包括できるとされている。

grammar：言語構造に関する体系的知識。　**文法**

generative transformational grammar：**生成変形文法**

habituation：ある刺激がくり返し提示されることによって，その刺激に対する反応が徐徐に見られなくなっていく現象（馴れ，慣れ）を指す。　**馴化**，慣れ

heuristics：必ず正しい答えを導けるわけではないが，ある程度正しい解を導くことができる推論や経験則などを利用して近似的または暫定的な解を得る手法。アルゴリズム（計算手順）で用いられる概念。　**ヒューリスティックス**

hippocampus：大脳辺縁系の一部で，特徴的な層構造をもち，脳の記憶や空間学習能力に関わる。　**海馬**

hypothesis testing：母集団に対してたてられた仮説の正否を標本データによって検証すること。　**仮説検証**

hypothetical constructs：知能，性格，記憶，意識等，見ることのできない内的過程はすべて仮説構成概念である。　**仮説構成概念**

identity：自分というものが社会および文化とどのように相互作用しあっているのかを説明する概念であり，自分として自分は何者かを認識すること。「自分は何者か」「自分の人生の目的は何か」などの個人特有の回答を指す。エリクソンは，アイデンティティ確立を青年期の発達課題ととらえた。　**自我同一性**，自己同一性

ill-structured problems：構造的に不明確な問題。　**不完全構造問題**
　類義語に「**不良設定問題**（ill-posed problem）」（問題を解くのに必要な情報が一部欠けている問題のこと）がある。AIの抱えている問題のほとんどは不良設定問題だと言われる。

imagery：表象，**心像一般**

implicit memory：**潜在記憶**　（⇔顕在記憶　explicit memory）

inattentional blindness：特定の課題に集中しているとその他の出来事が見過ごされてしまう。　**不注意による見落とし**

incubation：アイデアなどをあたためること。　**孵化（ふか）**

independent variables：$y=f(x)$ における x のように，その数値が他の変数の数値を決定するような関数関係の変数。説明変数の意味を持つ。　**独立変数**（⇔従属変数）

inductive reasoning：個々の事実から一般的な原則への推理。　**帰納的推理**（⇔演繹的推理　deductive reasoning）

infantile amnesia：エピソード記憶は3歳，4歳頃から成立し始めると言われてい

るが，幼児期の記憶をもたないのが幼児期健忘である。　　**幼児期健忘**
insight：問題の解決を可能にする／助けとなる関連性を理解すること。　　**洞察，見通し**
intelligence：インテリジェンスは，知能やその働き，あるいは知能が働く上で利用する情報群などを内包した概念である。　　**知能**
interference：干渉，妨害
introspection：内省，内観，自己省察。　（⇔外界観察 extrospection）
isomorphic：起源は異なるが，形が同じ場合について言う。　　**同形（の）**
judgment and decision making：公平性などの普遍的スキーマに基づく思考と恣意性や最適性などの個別的スキーマに基づく思考のコラボレーションから起こってくる。　　**判断と意思決定**
knowledge representation（KR）：推論を導くことができるような知識の表現，そして，その方法を開発する人工知能研究の領域。思考を分析し，議論領域に記述する。　　**知識表現**
Korsakoff's syndrome：慢性アルコール中毒，一酸化炭素中毒などに見られる健忘，作話，記銘障害などの症候群。　　**コルサコフ症候群**
law of prägnanz：知覚された図形が，全体として，最も単純で最も規則的で安定した秩序ある形にまとまろうとする傾向で，ゲシュタルト心理学の中心概念である。ヴェルトハイマーは，「よい形態の法則」と呼んだ。　　**プレグナンツの法則**
level of processing：クレイクとロックハート（Craik & Lockhart, 1972）は，記憶の処理の深さに焦点をあてたモデルを提唱した。　　**処理レベル**
limbic system：脳の中心部付近にあり，感情・行動・臭覚を司ると考えられているシステム。　　**辺縁系**
localization of function：脳（特に大脳皮質）が部分ごとに違う機能を担っているとする説。　　**機能局在**
long-term storage：**長期貯蔵庫**
memory：経験を記銘し，保持し，再生・再認する心的過程。記憶の種類として，命題的記憶（宣言的記憶）と手続き的記憶に大別される。　　**記憶**
memory strategies：人が，必要な情報を効果的に記憶するために使用する認知的な手続き。情報を繰り返すリハーサル，語呂合わせ，構造化，イメージ変換，イメージ連結，チャンク利用法等々がある。　　**記憶方略**
mental lexicon：言葉を使うにあたって，人間の脳には「辞書」があると考えられる。人間が脳にもっている辞書を心的辞書（または，心内辞書）という。　　**心的辞書**
mental model：人がこの世界，何がどのように作用するのか思考するプロセスを表現するモデル。　　**心的モデル，メンタルモデル**

mental rotation：二次元，三次元の物体を心的に回転させる能力。メンタルローテーションを司る大部分は右大脳半球だとされ，空間処理能力と関連している。　**心的回転**

mental set：特定の刺激だけを選択し，その認知や反応を促進する準備状態を指す。問題解決に際し，特定の構えを強く取りすぎると視点の柔軟性が失われ，かえって問題解決に阻害的になる（構えの硬さ）。　**心的構え**

metacognition：自分や自分たちの思考や行動そのものを対象化し，俯瞰して認識することにより，自分や自分たちの認知行動を把握する能力。認知を認知すること。　**メタ認知**

metaphor：二つの全く異なるものを関連付ける修辞技法。隠喩，暗喩，**メタファー**

mnemonic device：記憶を助ける工夫，記憶術

modular：規格化された部品（モジュール）の構成の組み合わせ，機能の連結。　**モジュラー**

monocular depth cue：片目でみて有効な奥行き手がかりのこと。単眼性の奥行手がかりとしては，像の大きさ，像の重なり，テクスチャ，陰影，線遠近法，大気遠近法などがある。　**単眼性奥行手がかり**

morpheme：言語学の用語で，意味をもつ表現要素の最小単位。言語においてそれ以上分解したら意味をなさなくなるところまで分割して抽出された，音素のまとまりの1つ1つ。　**形態素**

multimode theory：視覚・聴覚・嗅覚・味覚等のいくつもの知覚モードから，思考・推論・判断等の認知が成り立っていると考える理論。ハーマン（Herrmann, 1988）は多様態アプローチを提出し，近年では，知覚に運動感覚が影響を及ぼしている（相互作用をもつ）ことが報告されている。　**多様態理論**，マルチモード理論

narratives：出来事を一貫性のある物語として，他者や自分自身に言語化すること。**語り**

　病の語り（illness narratives：闘病記）に関して，シャロン（Charon, 2008）は，科学的に優れた医学・治療だけでは患者の闘病を支え，苦しみの意味を見出す手助けをすることはできないので，患者の話を聞いて，その意味を把握し，尊重し，その上で，患者の身になって行動することが必要だとし，「病の語り」を重視している。

negative transfer：先行学習によって新学習が阻害される現象。　**負の転移**

networks：ネットワーク，網状のもの

neurons：個々の神経細胞。　**ニューロン**

neurotransmitter：神経線維の末端から分泌され，ある神経細胞がシナプスを通して神経刺激を他の神経細胞や筋肉に伝達する際に，その媒介となる化学物質（ノル

アドレナリン，アセチルコリン，ノルエピネフリンなど）。　　**神経伝達物質**

node：ネットワークの要素。　　**ノード**

noun phrase：名詞句

pandemonium model：パターン認識モデルのひとつであり，特定の処理を担うデーモン（地獄・伏魔殿なのでデーモン：情報処理モジュールの比喩）が階層的に連結・構成されており，イメージデーモンから送られた入力情報を特徴デーモンが分析し，それらの出力を，各文字を担当する認知デーモンが受けることによって情報とマッチする認知デーモンの出力が大きくなる。そして，それらを評価して，最終的に決定デーモンが判断を下す。　　**パンデモニアム モデル**

parallel distributed processing (PDP) models or connectionist models：現行の**コネクショニストモデルは並列分散処理（PDP）**として知られており，どちらもニューラル処理の並列性と脳内表現の分散的な性質を示すニューラルネットワークアプローチである。

　　コネクショニスト（コネクショニズムの立場の研究者）は，認知科学，人工ニューラルネットワークを用いた心的現象を表現するアプローチをとる。コネクショニストモデルは，時間の経過とともに変化する。モデルの単位はニューロンで，活性化確率ニューロンが活動電位スパイクを生成し，活性化は接続されているすべてのユニットに広がる。

perception：感覚器官より送られる刺激を処理し記憶するための神経系のあらゆる活動。　　**知覚**

perceptual constancy：知覚状態がいろいろであるにもかかわらず，知覚された対象物がよく似た知覚体験をもたらすという傾向。　　**知覚の恒常性**

Piaget's theory of cognitive development：ピアジェは自らの子を観察することによって，同化と調節によるシェマの発達に基づいた認知・知能の発達段階を理論化した発達理論を提出した。　　**ピアジェの認知発達理論**

　　第1期：感覚運動期（0～2歳）反射レベルから，対象の永続性理解へ
　　第2期：前操作期（2～6・7歳）思考が心的イメージから象徴機能の獲得へ
　　第3期：具体的操作期（7～12歳）思考の可逆性と保存から論理的思考へ
　　第4期：形式的操作期（12歳以降）抽象的概念を利用した思考へ

positive transfer：以前の学習が後の学習を促進する現象。　　**正の転移**

positron emission tomography (PET)：陽電子検出を利用したコンピューター断層撮影技術。CTやMRIが主に組織の形態を観察するための検査法であるのに対し，PETはSPECTなど他の核医学検査と同様に，生体の機能を観察することに特化した検査法である。　　**ポジトロン断層法**

pragmatic reasoning schemas：チェンとホリアーク（Cheng & Holyoak, 1985）によって提唱された論理的推論における主題化効果の説明である。人の推論は課題解

決の目標に導かれ，この目標との関係で適切な PRS（許可場面，義務場面，因果場面といった課題状況に応じ，その状況を理解することを可能にしてくれる許可スキーマ，義務スキーマ，因果スキーマ）が喚起され，これを適用することによって課題解決を行うとされる。　　**実用的推論スキーマ**

primacy effect：第一印象はその後に受けた印象よりもはるかに強力なので，忘れたり修正されたりする可能性が小さくなる。　　**優位効果**（または，卓越効果）

priming：点火薬，起爆剤，呼び水　などを意味する言葉

priming effect：先行する刺激（プライマー）の処理が後の刺激（ターゲット）の処理を促進する効果。潜在的（無意識的）な処理によって行われ，知覚レベル（知覚的プライミング効果）や意味レベル（意味的プライミング効果）で起こる。知覚的プライミングの処理は刺激の知覚様式（モダリティ）の違いによって，それぞれのモダリティに特異的な大脳皮質によって媒介され，意味的プライミングの処理は側頭連合野などによって媒介される。　　先行刺激提示効果，**プライミング効果**

proactive interference：以前に学習したことで次の学習記憶が阻害されること。**順向干渉**。（⇔逆向干渉）

problem solving：解決への道筋の障害となるものに打ち勝つ努力。　　**問題解決**

problem space：参加者が持つ初期状態，目標状態，操作子などの表象のこと。初期状態に操作子（operator）を適用して状態を変換し，目標状態に近づけていくことで問題が解決されるとする。すなわち，問題解決は，問題空間のなかで初期状態と目標状態をつなぐ連鎖を探索していく過程とみる。　　**問題空間**

procedural knowledge：実行される手続きへの知識。　　**手続き型知識**

production：手続きの成果や出力。　　産出物，**成果**

production system：振舞いの規則から構成される AI（人工知能）プログラム。その規則はプロダクションと呼ばれ，知覚前提条件（IF 文）とアクション（THEN）から構成される。プロダクションシステムにはワーキングメモリと呼ばれるデータベースが内蔵され，その中に現在状態や知識，そして，規則インタプリタが保持される。規則インタプリタは複数のプロダクションが始動されたときの優先順位を決定する。　　**プロダクションシステム**

productive thinking：既知の手段によらず新しい反応様式を獲得して課題を解決する思考。生産的思考の特質は，構造の転換，すなわち，場面の認知構造の再構成化が生じることである。　　**生産的思考**（⇔再生的思考）

proposition：論理学において，判断を，言語を用いて表したもので，真または偽という性質をもつもの。　　**命題**

propositional theory：**命題理論**

prototype theory：**プロトタイプ理論**

psycholinguistics：**心理言語学**

PTSD（post traumatic stress disorder）：災害や犯罪被害などの突発的で衝撃的な強いストレスをともなう出来事を体験することによって引き起こされる心的障害。記憶のフラッシュバック，当該事象関連事項からの回避，生理的な過覚醒状態が特徴的だとされる。　**外傷後ストレス障害**

出来事の直後に症状が現れる場合は**急性ストレス障害**（acute stress disorder: ASD）。

rationalist：客観的事実を重視し，物事の起源や根本的原因についての形而上的な考察を排除する人。**合理主義者**，**実証主義者**

reasoning：いくつかの前提命題からある一つの結論命題を導き出すことをいう。演繹的推論（または論理的推論）と帰納的推論がその代表的な例である。　**推論**

recall：**再生**

recognition：**再認**

recognition-by-components（RBC）theory：ビーダーマン（Biederman, 1987）によって提唱されたオブジェクト認知をボトムアッププロセスからとらえる理論である。人は，オブジェクトを認知するとき，geons（オブジェクトの主要構成部品）に分割してとらえるが，基本となる3次元図形（円柱，円錐，等）に基づいてオブジェクトを形成する様々な配置で組み立てるとする。　**コンポーネント認識理論**

rehearsal：項目を繰り返し唱えること。　**リハーサル**

短期記憶やワーキングメモリで行われるリハーサルは**維持リハーサル**（maintenance rehearsal）で長期記憶を形成することはない。それに対して，リハーサル中に項目間につながりをもたせ，意味づけするようなリハーサルは**精緻化リハーサル**（elaborative rehearsal）で，長期記憶の形成を促進する。

reticular activating system（RAS）：覚醒状態を維持する脳内メカニズムである。かつて，網様体内部のニューロンが覚醒をもたらすと考えられていた。覚醒状態を維持する脳内メカニズムについて，モルッツィとマグーン（Moruzzi & Magoun, 1949）は脳幹網様体の重要性を示し，上行性網様体賦活系（ascending reticular activating system; ARAS）の概念を提唱した。その後の研究により，睡眠と覚醒に関連して活動する重要なニューロンの細胞体の多くは網様体内部には位置しておらず，それらの軸索が網様体を通過するだけであったことが明らかにされた。それに伴って，専門の研究者は網様体賦活系という呼称よりも，上行性覚醒系（ascending arousal system）などの呼称を好むようになっている。しかし，睡眠と覚醒を制御する脳内メカニズムは非常に複雑で，現在も研究の途上にあるため，網様体賦活系という概念が現在も使われている。　**脳幹網様体賦活系**

retina：**網膜**

Retina-displayは，AppleがiPhone 4で初めて採用した独自の高精細ディスプレ

イの名称。

retrieval：（情報）検索
retroactive interference：逆向干渉
schemas：スキーマとは，図式，図解，概要，あらましなどの意味を持つ言葉である。心理学的には，ある情報に無意識に作用する枠組みをもった既有知識情報だと考えられる。ITの分野では，データベースにどのような種類のデータをどのような構造で格納するか定義したものをスキーマと呼び，抽象度に応じて，概念，論理，物理の3層スキーマを用いる。　　スキーマ
selective attention：いろいろな情報が得られる環境で，自分自身が重要だと認識する情報のみを選択し注意を向ける認知的機能を指す概念。騒がしいパーティー内で特定の人との会話に夢中になっている時には回りの雑音が排除されているという「カクテルパーティ効果」はその例であり，人には選択的に注意を向ける知覚的機能がある。　　選択的注意
semantic memory：長期貯蔵庫に貯蔵されている長期記憶のひとつであり，言葉や世の中についての知識情報としての記憶である。エピソード記憶（いつどこで何をした，個人的な情報）とともに長期記憶を成り立たせる重要な記憶である。　　意味記憶
semantic network：知識表現で利用される意味記憶の構造を表現したもので，概念御間の意味関係を表現するネットワークである。意味ネットワークは，分類階層のなかで体系化できる弧や節からなり，活性化拡散モデル，プロトオブジェクトとしての節等々のアイデアに貢献した。　　意味ネットワーク
sensory memory：人は情報を感覚受容器で受けとめ，神経システムによって処理しながら，短期記憶へ転送する，その間の情報が感覚記憶である。アイコン（視覚刺激の表象）やエコー（聴覚刺激の表象）は，感覚記憶の代表である。　　感覚記憶
serial position curve：リストを再生すると，リストの項目数に関係なく，最初の部分の項目と最後の部分の項目が良く再生され，中間部分の項目の再生率が悪くなるという結果を示した曲線を系列位置曲線と言い，その現象を**系列位置効果**と呼ぶ。最初の項目が再生されやすいのは**初頭効果**（primacy effect）で説明され，最後の項目が再生されやすいのは**新近性効果**（recency effect）で説明される。　　系列位置曲線
short term storage：記憶の二貯蔵庫モデルなどで長期貯蔵庫とともに仮定されている短期貯蔵庫である。短期貯蔵庫にある短期記憶の特徴は，短時間しか保持することはできず，その保持は注意が向けられている情報だけであり，リハーサルによって長期貯蔵庫へ送られると考えられている。　　短期貯蔵庫
signal detection theory：心理学において，雑音のなかから信号（signal）をつかまえることができるかどうかの決定をなすプロセスを説明する理論。人間のもつ検出

力を，態度・動機などの要因から分離し，ベイズ統計などから表現する。1950年代以降，スウェッツ（Swets, J.A.）らによって展開され，活用されている。　　**信号検出理論**

soma：細胞体，神経細胞体，（精神に対して）身体

spacing effect：学習してから時間を空け，その後，再び学習すると，空けた時間が長いほど，学習後多くのことを覚えている，という効果。エビングハウス（Ebbinghous, 1885）が最初に記述した現象であり，単なる再生と違い，記憶の取り出しがうまくいけば，その取り出しが困難であるほど，得られる利益は大きい。　　**分散効果**

spatial cognition：物体の位置・方向・姿勢・大きさ・形状・間隔など，物体が三次元空間に占めている状態や関係を，すばやく正確に把握，認識する能力。視覚や聴覚，平衡覚，運動感覚などと連動し，空間関係を認知する。右脳や後頭葉などが損傷すると空間認知の機能に障害が生じると言われている。　　**空間認知**

split brain：左右の大脳半球を連絡する脳梁(のうりょう)が切断された脳。両半球の機能が研究されてきた。　　**分離脳**

spreading activation model：連想ネットワーク，生物学的ならびに人工的ニューラルネットワーク，そして，意味ネットワークを探索するモデル。　　**活性化拡散モデル**

statistical significance：データから標本グループ間に差があるかどうか検定する場合，個人差などの誤差を含む偶然による差を考慮しなくてはならない。統計的有意性（statistical significance）は，その差が本当のものか，単に偶然によるのか判断するものである。統計的有意性の検定では，まずグループ間に差がないという帰無仮説（null hypothesis：Ho）を設定する。次に，この帰無仮説が正しくない，つまり「帰無仮説を棄却する」ことを証明する。しかし，間違って正しい帰無仮説を棄却してしまう危険性（第1種の過誤，αエラー）がある。そこで，この過誤が起こりうる可能性を確率（これを「有意水準」と言う）として表現する。例えば，よく用いる有意水準 $p=0.05$ とは，1/20の確率で第1種の過誤が起こるということである。この検定手順を踏まえて，標本グループ間の差は，偶然に起こっているのではなく，本当に差がある，すなわち，統計的に有意差があるということが言える。　　**統計的有意差**

stereotypes：型にはまった，または，単純化した概念，イメージなど。　　**紋切型，ステレオタイプ**

storage（memory）：記憶の貯蔵庫

stress：外部からの刺激により引き起こされる非特異的な生体反応であり，人の心身に引き起こされる緊張状態のことを指す。生体に加わる力をストレッサー，それによって起こる生体の反応がストレスである。キャノン（Cannon, 1929）は，スト

レス反応をホメオスタシス（恒常性）によって一定に保たれている生体の諸バランスが崩れた状態（ストレス状態）から回復する際に生じる反応ととらえ，交感神経系によって副賢髄質から分泌されるアドレナリンの効果と一致して心拍数増加，心拍出量増加，筋肉血管拡張，呼吸数増加，気管支拡張，筋収縮力増大，血糖値増加などの緊急事態に有効なストレス反応が生じることを報告した。セリエ（Selye, 1936）によって提唱されたストレス理論を経て，認知的なストレス対処（ストレスコーピング，ストレスマネジメント）が論じられている。　　**ストレス**

Stroop effect：文字の色と文字の意味する色が異なる課題（例．緑 緑）を見て，文字の色を答えるとき，色と文字の意味というふたつの情報が干渉しあい認知的葛藤が起こる現象（緑への反応が遅くなる）。心理学者ストループ（Stroop, 1935）によって報告されたことからこの名で呼ばれる。　　**ストループ効果**

structuralism：ソシュールの言語学から示唆を得て，人間精神，文化，社会などを構造概念から分析するフランスの有力な考え方。　　**構造主義**

subjective probability：事象の生起の不確実性の程度を，主観を混ぜて評価した確率。主観的確率を認めない立場が頻度論であり，主観的確率を認める立場がベイズ統計学である。　　**主観的確率**

suggestibility：ある情報や刺激を無批判的に受け入れてしまう心的過程，また，その受けやすさ。洗脳や群集心理の操作は，暗示の技術的利用である。　　**被暗示性**

surface structure：表層構造

syllogisms：大前提，小前提，結論という命題から成る論理的推論。　　**三段論法**

symbolic representation：象徴的表象

synesthesia：音に色が見える色聴，味・においに色を感じるケースのように，ひとつの感覚モダリティによって，それと異なる感覚モダリティが経験されることを指す。　　**共感覚**

syntax：言語学の分野では，自然言語における統語論。プログラミング言語においては，人工言語で定められている構文規則。　　**シンタックス，統語論**

synthesis：全人格を考えるにあたって特性，態度，衝動を統合すること［精神医学］。語尾変化などによって文法関係を示すこと［言語学］。ブルームの教育目標分類学（Bloom, Engelhart, Furst, & Hill, 1956）認知領域の知識・理解・応用・分析・統合・評価の段階のひとつ［教育心理学］。　　**統合**（⇔分析）

templates：対象物（オブジェクト）の型の基準。　　**鋳型**，テンプレート

temporal lobe：聴覚や言語，高次の視覚を司る領域。側頭葉は，シルビウス裂（外側溝）を介して，前頭葉ならびに頭頂葉と接している。　　**側頭葉**

terminal buttons：神経システムにおいて，活動電位は，**終末ボタン**と呼ばれる軸索の終末の多くの小さな隆起で，軸索に伝達する。**終末ボタン**は，あるニューロンから隣接したニューロンへのシグナルを伝達することを担う神経伝達物質と呼ばれ

る化学物質を放出する。　**終末ボタン**

thalamus：間脳の中心部分に存在し，臭覚以外の感覚をすべて中継している。
視床

thematic roles：言語学において，述語と項の意味関係を分類したもの。フィルモア（Fillmore, 1968）の格文法における「格」も同様の概念だと言われている。
主題役割

tip of the tongue phenomenon：思い出そうとすることが「喉まで出かかっているのに思い出せない」現象。　**舌先現象**

top down processing：概念駆動処理（conceptually driven processing）ともよばれ，既有情報に依存し，高次の水準にある概念や理論から駆動され，入力データを予想や仮説，期待などのもとに処理していく。仮説演繹的に文脈による期待や知覚の構えから全体を想定して，部分的な構成要素を推測していくもの。**トップダウン処理**。（⇔ボトムアップ処理・データ駆動処理）

transfer：**転移**

transformational grammar：文法記述に変形操作を不可欠なものとして含む文法を意味している。一般に変形文法と言えば，チョムスキーによって提唱された「変形生成文法」をさす。自然言語に内在する規則性を規定するためには，文の表層構造だけの記述では不十分で，基本的な文法関係を指定する抽象的な深層構造，およびその両者を結びつけるための変形規則が必要であるとする文法論。変形は，たとえば平叙文と質問文，能動文と受動文との間にみられる構造上の関係を，共通の基底記号列から導く役割をもつもので，構造記述と構造変化によって定義される構造依存的な性質をもっている。　**変形文法**

triarchic theory of human intelligence：スタンバーグ（Sternberg, 1985）が提唱した，コンポーネント理論（人間の知的活動の背景にある構造・メカニズムから考える：流動性知能と結晶性知能），経験理論（新しい状況や課題に対処する能力と情報を自動化して処理する能力），文脈理論（知的能力・知的活動が社会的文脈によってどのように影響されるのか：実用的知能と社会的知能）といった3つの柱で支え合っているという知能の階層理論。　**鼎立理論**

visual cortex：後頭葉にある視神経からの興奮を受ける大脳皮質の部分。　**視覚野**

visuospatial sketchpad：バドリーが提唱したワーキングメモリ・中央実行系の下位システムのひとつの記憶貯蔵庫（音韻ループとともに）である。　**視空間スケッチパッド**

well-structured problems：構造が明確な問題。　**完全構造問題**

working memory：情報を一時的に保ちながら操作するための構造や過程を指す構成概念作動記憶。　**ワーキングメモリ，作業記憶，作動記憶**

参考文献

Adams, L.T. (1985). Improving memory: Can retrieval strategies help? *Human Learning, 4*, 281-297.
Agel, J. (1971). *The radical therapist.* New York: Ballantine Books.
合原一幸 (1993). ニューロ ファジィ カオス　オーム社
合原一幸・安達雅春 (1997). 記憶の想起と非線形ダイナミクス── カオス・複雑系としての脳とそのモデリング── 外山敬介・杉江昇 (編) 脳と計算論 (pp. 124-139) 朝倉書店
Aihara, K., Numajiri, T., Matsumoto, G. & Kotani, M. (1986). Structures of attractors in periodically forced neural oscillators. *Physics Letters A, 116*, 313-317.
Aihara, K., Takabe, T., & Toyoda, M. (1990). Chaotic Neural Network. *Physics Letters A 144*, 333-340.
Allen, R., & Reber, A.S. (1980). Very long term memory for tacit knowledge. *Cognition, 8*, 175-185.
甘利俊一 (2005) 脳と心の数理　考える人, *13*, 74-75.
American Psychological Association (2007). *APA Dictionary of psychology.* APA Reference Books Collection.
Anderson, J.R. (1980). *Cognitive psychology and its implications.* San Francisco and London: W.H. Freeman. 富田達彦・増井透・川崎惠里子・岸学 (訳) (1982). 認知心理学概論　誠信書房
Anderson, J.R. (Ed.) (1981). *Cognitive skills and their acquisition.* Hillsdale, NJ: Lawrence Erlbaum.
Anderson, J.R. (1982). Acquisition of cognitive skill. *Psychological Review, 89*, 369-406.
Anderson, J. R. (1985). Cognitive psychology and its implications (2nd ed.). New York: W.H. Freeman.
Arieli, A., Ben-Ami, Y., & Rubinstein, A. (2011). Tracking decision makers under uncertainty. *American Economic Journal: Microeconomics, 3*, 68-76.
Atkinson, R.C., & Raugh, M.R. (1975). An application of the mnemonic keyword method to the acquisition of a Russian vocabulary. *Journal of Experimental Psychology: Human Learning and Memory, 104*, 126-133.
Atkinson, R.C., & Shiffrin, R.M. (1968). Human memory: A proposed system and its control processes. In K.W. Spence & J.T. Spence (Eds.), *The psychology of learning and motivation: Vol.2. Advances in research and theory.* New York: Academic Press.
Ausubel, D.P. (1968). *Educational psychology: A cognitive view.* New York: Holt, Rinehart and Winston.
Baars, B. (1986). *The cognitive revolution in psychology.* New York: Guilford Press.
Baddeley, A.D. (1986). *Working memory.* New York: Oxford University Press.
Baddeley, A.D. (2000). Short-term and working memory. In E. Tulving & F.I.M. Craik (Eds.), *The Oxford handbook of memory* (pp. 77-92). New York: Oxford University Press.
Baddeley, A. D. (2007). *Working memory, thought, and action.* New York: Oxford University Press.
Baddeley, A.D., & Hitch, G. (1974). Working memory. In G.H. Bower (Ed.), *The psychology of learning and motivation: Advances in research and theory* (Vol. 8, pp. 47-89). New York: Academic Press.
Bandura, A. (1977). *Social learning theory.* Englewood Cliffs, NJ: Prentice-Hall.

Bartlett, F.C. (1932). *Remembering: A study in experiment and social psychology.* Cambridge, England: Cambridge University Press.
Basaglia F. (1969). Appunti di psichiatria istituzionale. (Institutional psychiatry) *Recenti Progessi in Medicine, 46,* 486-506.
Basaglia F. (1980). Problems of law and psychiatry: The Italian experience. *International Journal of Law and Psychiatry, 3,* 17-37.
BBC (2014). Languages of the world-Interesting facts about languages. Retrieved August 16, 2018, from http://www.bbc.co.uk/languages/guide/languages.shtml.
Bartlett, F. C. (1932). *Remembering: A study in experimental and social psychology.* Cambridge, UK: Cambridge University Press.
Beck, A.T. (1985). Cognitive therapy. In J.K. Zeig (Ed.), *The evolution of psychotherapy* (pp. 149-163). New York: Routledge.
Begg, I., & White, P. (1985). Encoding specificity in interpersonal communication. *Canadian Journal of Psychology, 39,* 70-87.
Bellezza, F.S. (1987). Mnemonic devices and memory schemes. In M. McDaniel, & M. Pressley (Eds.), *Imagery and related mnemonic processes* (pp. 34-55). New York: Springer-Verlag.
Benjamin, L.T., & Baker, D. (2014). *From séance to science: A history of the profession of psychology in America.* New York: Wiley.
Berkeley, G. (1732). An essay towards a new theory of vision (4th ed.). London, UK: Dublin. Edited by David R. Wilkins (2002).
https://www.goodreads.com/book/show/7638793-an-essay-towards-a-new-theory-of-vision
Bernstein, N.A. (1996). On dexterity and its development. In M.L.Latash & M.T.Turvey (Eds.), *Dexterity and its development* (pp.3-244). Mahwah, NJ: Lawrence Erlbaum Associates. 佐々木正人(監訳)，工藤和俊(訳) (2003). デクステリティ 巧さとその発達 金子書房
Biederman, I. (1987). Recognition-by-components: A theory of human image understanding. *Psychological Review, 94,* 115-147.
Bjork, R.A., & Whitten, W.B. (1974). Recency-sensitive retrieval processes in long-term free recall. *Cognitive Psychology, 6,* 173-189.
Blaney, P.H. (1986). Affect and memory: A review. *Psychological Bulletin, 99,* 229-246.
Bloom, B.S., Engelhart, M.D., Furst, E.J., & Hill, W.H. (1956). *Taxonomy of educational objectives. Handbook 1: Cognitive domain.* New York: David McKay.
Bousfield, W.A. (1953). The occurrence of clustering in the recall of randomly arranged associations. *Journal of General Psychology, 49,* 229-240.
Bower, G.H. (1970). Analysis of a Mnemonic Device: Modern psychology uncovers the powerful components of an ancient system for improving memory. *American Scientist. 58.* 496-510.
Bower, G.H. (1981). Mood and memory. *American Psychologist, 36,* 129-148.
Bower, G.H., & Clark, M.C. (1969). Narrative stories as mediators for serial learning. *Psychonomic Science, 14,* 181-182.
Bower, G.H., Clark, M.C., Lesgold, A.M., & Winzenz, D. (1969). Hierarchical retrieval schemes in recall of categorized word lists. *Journal of Verbal Learning and Verbal Behavior, 8,* 323-343.
Bower, G.H., & Winzenz, G. (1970). Comparison of associative learning strategies. *Psychonomic Science, 20,* 119-120.
Bowers, K.S. (1984). On being unconsciously influenced and informed. In K.S. Bowers, & D. Meichenbaum (Eds.), *The unconscious reconsidered* (pp. 227-272). New York: Wiley.

Bowers, K.S., & Meichenbaum, D. (1984). *The unconscious reconsidered*. New York: Wiley.
Braillard, P-A. (2013). Beyond reductionism: Towards a more pluralistic vision of progress in biology. 要素還元主義を越えて：生物学の多元主義的な発展像の追及. 生物科学, *65*, 19-30.
Bransford, J.D., Franks, J.J., Morris, C.D., & Stein, B.S. (1979). Some general constraints on learning and memory research. In L.S. Cermak, & F.I.M. Craik (Eds.), *Levels of processing in human memory* (pp. 331-354). Hillsdale, NJ: Erlbaum.
Broadbent, D.E. (1958). *Perception and communication*. New York: Pergamon.
Brown, C., & Laland, K. (2001). Social learning and life skills training for hatchery reared fish. *Journal of Fish Biology, 59*, 471-493.
Brown, J.A. (1958). Some tests of the decay theory of immediate memory. *Quarterly Journal of Experimental Psychology, 10*, 12-21.
Brown, R. (1965). *Social psychology*. New York: Free Press.
Bruner, J. (1990). *Acts of meaning*. Cambridge, MA: Harvard University Press.
Bull, B.L., & Wittrock, M.C. (1973). Imagery in the learning of verbal definitions. *British Journal of Educational Psychology, 43*, 289-293.
Burge, T. (1986). Individualism and psychology. In T. Burge (Ed.), *Foundations of mind: Philosophical essays*, Vol. 2 (pp.221-253). New York: Oxford University Press.
Byrne, D. (1959). The effects of a subliminal food stimulus on verbal responses. *Journal of Applied Psychology, 43*, 249-252.
Calvo, M.G., & Eysenck, M.W. (1998). Cognitive bias to internal sources of information in anxiety. *International Journal of Psychology, 33*, 287-299.
Calvo, M.G., Eysenck, M.W., & Estevez, A. (1994). Ego-threat interpretive bias in test anxiety: On-line inferences. *Cognition and Emotion, 8*, 127-146.
Cannon, W.B. (1929). Organization for physiologic homeostasis. *Physiological Review, 9*, 399-431.
Cattell, R.B. (1963). Theory of fluid and crystalized intelligence: A critical experiment. *Journal of Educational Psychology, 54*, 1-22.
Charon, R. (2008), *Narrative medicine: Honoring the stories of illness*. Oxford: Oxford University Press.
Chase, W.G., & Simon, H.A. (1973). Perception in chess. *Cognitive Psychology, 4*, 55-81.
Chastain, G. (1981). Phonological and orthographic factors in the word-superiority effect. *Memory & Cognition, 9*, 389-397.
Chastain, G. (1986). Word-to-letter inhibition: Word-inferiority and other interference effects. *Memory & Cognition, 14*, 361-368.
Chastain, K. (1971). *The development of modern language skills: Theory to practice*. Philadelphia, PA: Center for Curriculum Development.
Chemero, A. (2009). *Radical embodied cognitive science*. Cambridge, MA: MIT Press.
Cheng, P.W. (1985). Restructuring versus automaticity: Alternative accounts of skill acquisition. *Psychological Review, 92*, 414-423.
Cheng, P.W. & Holyoak, K.J. (1985). Pragmatic reasoning schemas. *Cognitive Psychology, 17*, 391-416.
Cherry, C. (1953). Some experiments on the recognition of speech with one and with two ears. *Journal of the Acoustical Society of America, 25*, 975-979.
Chomsky, N. (1953). Systems of syntactic analysis. *Journal of Symbolic Logic, 18*, 242-256.
Chomsky, N. (1955). Logical syntax and semantics: Their linguistic relevance. *Language, 31*, 36-45.
Chomsky, N. (1957). *Syntactic structures*. Hague, Netherland: Mouton.

Chomsky, N. (1965). Some controversial questions in phonological theory. *Journal of Linguistics, 1*, 97-138.
Chomsky, N. (1967). Recent contributions to the theory of innate ideas. *Synthese, 17*, 2-11.
Clark, A. (2008). *Supersizing the mind*. Oxford, England: Oxford University Press.
Clark, H.H., & Clark, E.V. (1977). *Psychology and language: An introduction to psycholinguistics*. New York: Harcourt Brace Javanovich.
Collins, A.M., & Quillian, M.R. (1969). Retrieval time from semantic memory. *Journal of Verbal Learning and Verbal Behavior, 8*, 240-248.
Collins, A.M., & Quillian, M.R. (1970). Does category size affect categorization time? *Journal of Verbal Learning and Verbal Behavior, 9*, 432-436.
Conrad, R. (1964). Acoustic confusions in immediate memory. *British Journal of Psychology, 55*, 75-84.
Corballis, M.C. (1986). Memory scanning: Can subjects scan two sets at once? *Psychological Review, 93*, 113-114.
Coren, S. (1984). Subliminal perception. In R.J. Corsini (Ed.), Encyclopedia of psychology (Vol. 3, pp.296-298). New York: Wiley.
Corteen, R.S., & Dunn, D. (1974). Shock-associated words in a nonattended message: A test for momentary awareness. *Journal of Experimental Psychology, 102*, 1143-1144.
Corteen, R.S., & Wood, B. (1972). Autonomic responses to shock-associated words in an unattended channel. *Journal of Experimental Psychology, 94*, 308-313.
Cowan, N. (1984). On short and long auditory stores. *Psychological Bulletin, 96*, 341-370.
Cowan, N., Elliott, E.M., Saults, J.S., Morey, C.C., Mattox, S., Hismjatullina, A., & Conway, R.A. (2005). On the capacity of attention: Its estimation and its role in working memory and cognitive aptitudes. *Cognitive Psychology, 51*, 42-100.
Craik, F.I.M., & Lockhart, R.S. (1972). Levels of processing: A framework for memory research. *Journal of Verbal Learning and Verbal Behavior, 11*, 671-684.
Craik, F.I.M., & Watkins, M.J. (1973). The role of rehearsal in short-term memory. *Journal of Verbal Learning and verbal behavior, 12*, 599-607.
Crowder, R.G. (1982a). Decay of auditory memory in vowel discrimination. *Journal of Experimental Psychology: Learning, Memory, and Cognition, 8*, 153-162.
Crowder, R.G. (1982b). The demise of short-term memory. *Acta Psychologica, 50*, 291-323.
Cutler, B.L., Penrod, S.D., & Martens, T.K. (1987). The reliability of eyewitness identification: The role of system and estimator variables. *Law and Human Behavior, 11*, 233-258.
Darwin, C.J., Turvey, M.T., & Crowder, R.G. (1972). An auditory analogue of the Sperling partial report procedure: Evidence for brief auditory storage. *Cognitive Psychology, 3*, 255-267.
Dawson, M.E., & Schell, A.M. (1982). Electrodermal response to attended and nonattended significant stimuli during dichotic listening. *Journal of Experimental Psychology: Human Perception and Performance, 8*, 315-324.
de Groot, A.D. (1965). *Thought and choice in chess*. Hague: Mouton.
de Groot, A.D. (1966). Perception and memory versus thought: Some old ideas and recent findings. In B. Kleinmuntz (Ed.), *Problem solving* (pp. 19-50). New York: Wiley.
Deutsch, J.A., & Deutsch, D. (1963). Attention: Some theoretical considerations. *Psychological Review, 70*, 80-90.
Dhar, R., Nowlis, S.M., & Sherman, S.J. (2000). Trying hard or hardly trying: An analysis of context effects in choice. *Journal of Consumer Psychology, 9*, 189-200.
Dhar, R., & Simonson, I. (2003). The effect of forced choice on choice. *Journal of Marketing Research, 40*, 146-160.

Dixon, N.F. (1981). *Preconscious processing.* Chichester, England: Wiley.
Dominowski, R.L., & Jenrick, R. (1972). Effects of hints and interpolated activity on solution of an insight problem. *Psychonomic Science, 26,* 335-338.
Doyle, C.L. (2000). Psychology: Definition. In A.E. Kazdin (Ed.), *Encyclopedia of psychology* (Vol. 6, pp.375-376). Washington, DC: American Psychological Association.
Ebbinghaus, H. (1885). Über das gedächtnis: Untersuchungen zur experimentellen psychologie. Leipzig: Duncker. 英語版 : 1913 Memory: A contribution to experimental psychology. New York: Columbia Teacher's College.
宇津木保（訳）(1978).　記憶について　誠信書房
Edelman, G. M. (1992). *Bright air, brilliant fire: On the matter of the mind.* New York: Basic Books.
Ellis, A. (1958). Rational psychotherapy. *Journal of General Psychology, 59,* 35-49.
Ellis, A. (1961). *Reason and emotion in psychotherapy.* New York: Lyle Stuart.
Ellis, A. (1962). *Reason and emotion in psychotherapy.* Secaucus, NJ: Citadel.
Ellis, A. (1971a). *Growth through reason.* North Hollywood, CA: Wilshire.
Ellis, A. (1971b). Problems of daily living workshop. In R.J. Menges, & F. Pennington (Eds.), *A survey of 19 innovative educational programs for adolescents and adults* (pp. 49-51). Minneapolis: Youth Research Center.
Ellis, A. (1976). *Sex and the liberated man.* Secaucus, NJ: Lyle Stuart.
Ellis, A. (1979). *The intelligent woman's guide to dating and mating.* Secaucus, NJ: Lyle Stuart.
Ellis, A. (1984). Rational-emotive therapy. In R.J. Corsini (Ed.), *Current psychotherapies* (pp. 197-238). Itasca, IL: Peacock.
Ellis, A. (1985). *Overcoming resistance: Rational-emotive therapy with difficult clients.* New York: Springer.
Ellis, A., & Harper, R.A. (1975). *A new guide to rational living.* North Hollywood, CA: Wilshire.
Elman, J.L. (1990). Finding structure in time. *Cognitive Science, 14,* 179-211.
Elman, J.L. (1993). Learning and development in neural networks: The importance of starting small. *Cognition, 48,* 71-99.
Elman, J.L. (2005). Connectionist models of cognitive development: Where next? *Trends in Cognitive Science, 9,* 111-117.
Ericsson, K.A. (1985). Memory skill. *Canadian Journal of Psychology, 39,* 188-231.
Ericsson, K.A., & Kintsch, W. (1995). Long-term working memory. *Psychological Review, 102,* 211-245.
Eriksen, C.W. (1960). Discrimination and learning without awareness: A methodological survey and evaluation. *Psychological Review, 67,* 279-300.
Estes, W.K. (1978). Perceptual processing in letter recognition and reading. In E.C. Carterette, & M.P. Friedman (Eds.), *Handbook of perception* (Vol.9, pp.163-220). New York: Academic Press.
Evans, J.S.B.T. (2008). Dual-processing accounts of reasoning, judgment, and social cognition. *Annual Review of Psychology, 59,* 255-278.
Eysenck, M.W. (1982). *Attention and arousal.* Berlin: Springer-Verlag.
Eysenck, M. W., & Calvo, M.G. (1992). Anxiety and performance: The processing efficiency theory. *Cognition and Emotion, 6,* 409-434.
Fauconnier, G. (1994). *Mental spaces: Aspects of meaning construction in natural language.* Cambridge, UK: Cambridge University Press.
Fillmore, C.J. (1968). Lexical entries for verbs. *Foundations of Language, 4,* 373-393.

Fisher, D.L. (1984). Central capacity limits in consistent mapping, visual search tasks: Four channels or more? *Cognitive Psychology, 16*, 449-484.
Fodor, J. A. (1975). *The language of thought*. New York: Thomas Y. Crowell.
Fodor, J. A. (1983). *The modularity of mind*. Cambridge, MA: MIT Press.
Fodor, J.A. (1987). *Psychosemantics: The problem of meaning in the philosophy of mind*. Cambridge, MA: MIT Press.
Fogel, A. (2008). Dynamic systems research in developmental psychology. In H. Okabayashi (Ed.), *Dynamical systems theory in psychology* (pp.202-213). Tokyo: Kaneko-shobo.
Franks, J.J., & Bransford, J.D. (1971). Abstraction of visual patterns. *Journal of Experimental Psychology, 90*, 65-74.
Frankl, V.E. (1947). *Trotzdem Ja zum Leben sagen : drei Vorträge gehalten an der Volkshochschule Wien-Ottakring*. (Deuticke, F.)
ヴィクトール・フランクル（著），霜山徳爾（訳）(1956). 夜と霧：ドイツ強制収容所の体験記録　みすず書房
Freedman, J.L., & Loftus, E.F. (1971). Retrieval of words from long-term memory. *Journal of Verbal Learning and Verbal Behavior, 10*, 107-115.
Fromm, E. (1941). *Escape from freedom*. New York: Farrar & Rinehart.
日高六郎（訳）(1951). 自由からの逃走　創元社
Gardner, H.E. (1987). *The mind's new science: A history of the cognitive revolution*. New York: Basic Books.
Garner, W.R. (1979). Letter discrimination and identification. In A.D. Pick (Ed.), *Perception and its development: A tribute to Eleanor J. Gibson* (pp.111-144). Hillsdale, NJ: Erlbaum.
Gendlin, E.T. (1974). Client-centered and experiential psychotherapy. In D.A. Wexler, & L.N. Rice (Eds.), *Innovations in client-centered therapy* (pp.211-246). New York: A Wiley-Interscience.
Gibson, E.J. (1969). *Principles of perceptual learning and development*. New York: Prentice-Hall.
Gibson, J.J. (1979). *The ecological approach to visual perception*. Boston, MA: Houghton Mifflin.
Gigerenzer, G., Goldstein, D.G. (1996). Reasoning the fast and frugal way: Models of bounded rationality. *Psychological Review, 103*, 650-669.
Glanzer, M. (1982). Short-term memory. In C.R. Puff (Ed.), *Handbook of research methods in human memory and cognition* (pp. 63-98). New York: Academic Press.
Glasersfeld, E. von (1995). *Radical constructivism: A way of knowing and learning*. London: Falmer Press.
Glucksberg, S., & Danks, J.H. (1975). *Experimental psycholinguistics*. Hillsdale, NJ: Erlbaum.
Goodale, M.A. (2000). Perception and action. In A.E. Kazdin (Ed.), *Encyclopedia of psychology* (Vol. 6, pp.86-89). Washington, DC: American Psychological Association.
Goodwin, C.J. (2011). *A history of modern psychology* (4th ed.). New York: Wiley.
Gordon, W.J.J. (1961). *Synectics: The development of creative capacity*. New York: Harper & Row.
呉座勇一 (2016). 応仁の乱：戦国時代を生んだ大乱　中央公論新社
Greene, E., Flynn, M.S., & Loftus, E.F. (1982). Inducing resistance of misleading information. *Journal of Verbal Learning and Verbal Behavior, 21*, 207-219.
Greene, R.L. (1986a). Sources of recency effects in free recall. *Psychological Bulletin, 99*, 221-228.

Greene, R.L. (1986b). A common basis for recency effects in immediate and delayed recall. *Journal of Experimental Psychology: Learning, Memory, and Cognition, 12*, 413-418.

Greene, R.L., & Samuel, A.G. (1986). Recency and suffix effects in serial recall of musical stimuli. *Journal of Experimental Psychology: Learning, Memory, and Cognition, 12*, 517-524.

Grice, H.P. (1989). *Studies in the way of words*. Cambridge: Harvard University Press.

Groninger, L.D. (1971). Mnemonic imagery and forgetting. *Psychonomic Science, 23*, 161-163.

Groninger, L.D., & Groninger, L.K. (1982). Function of images in the encoding-retrieval process. *Journal of Experimental Psychology: Learning, Memory, and Cognition, 8*, 353-358.

Groninger, L.D., & Groninger, L.K. (1984). Autobiographical memories: Their relation to images, definitions, and word recognition. *Journal of Experimental Psychology: Learning, Memory, and Cognition, 10*, 745-755.

Guilford, J.P. (1950). Creativity. *American Psychologist, 5*, 444-454.

浜口美沙子（1988）．スキーマに関する一考察　山梨大学教育学部教育科学科卒業論文　（未発表）

Harlow, H.M. (1949). The formation of learning sets. *Psychological Review, 56*, 51-65.

Harnad, S. (1990). The symbol grounding problem. *Physica D, 42*, 335-346.

Harris, J.E. (1978). External memory aids. In M.M. Gruneberg, P.E. Morris, & R.N. Sykes (Eds.), *Practical aspects of memory* (pp. 172-179). London, UK: Academic Press.

橋田浩一（1995）．自然言語処理　大津由紀雄（編）　認知心理学 3　言語　(pp. 261-279)　東京大学出版会

Hawkins, H.L., & Presson, J.C. (1986). Auditory information processing. In K.R. Boff, L.Kaufman, & J.P. Thomas (Eds.), *Handbook of perception and human performance* (Vol. II, pp.26-1, 26-44). New York, NY: Wiley.

Hearnshaw, L.S. (1987). *The shaping of modern psychology*. London, UK: Routledge & Kegan Paul.

Hebb, D.O. (1949). *The organization of behavior: A neuropsychological theory*. New York, NY: Wiley.

Hedgcock, W., & Rao, A.R. (2009). Trade-off aversion as an explanation for attraction effect: A functional resonance imaging study. *Journal of Marketing Research, 46*, 1-13.

Hergenhahn, B.R., & Henley, T. (2013). *An introduction to the history of psychology* (7th ed.). Belmont, CA: Wadsworth.

Herrmann, D.J. (1988). *Memory improvement techniques*. New York: Ballantine.

Hilgard, E.R. (1980). Consciousness in contemporary psychology. *Annual Review of Psychology, 31*, 1-26.

Hirst, W. (1986). The psychology of attention. In J.E. LeDoux, & W. Hirst (Eds.), *Mind and brain* (pp. 105-141). Cambridge: Cambridge University Press.

Hirst, W., Spelke, E., Reaves, C.C., Caharack, G., & Neisser, U. (1980). Dividing attention without alternation or automaticity. *Journal of Experimental Psychology: General, 109*, 98-117.

Hollenstein, T. (2011). Twenty years of dynamic systems approaches to development: Significant contributions, challenges, and future directions. *Child Development Perspectives, 5*, 256-259.

Holyoak, K.J., & Thagard, P. (1989). Analogical mapping by constraint satisfaction. *Cognitive Science, 13*, 295-355.

Holyoak, K.J., & Thagard, P. (1996). *Mental leaps: Analogy in creative thought*. Cambridge, MA: MIT Press.
Hubel, D.H. (1982). Explorations of the primary visual cortex, 1955-1978. *Nature, 299*, 515-524.
Hubel, D.H., & Wiesel, T.N. (1965). Receptive fields of single neurons in two non-striate visual areas (18 and 19) of the cat. *Journal of Neurophysiology, 28*, 229-289.
Huber, J., Payne, J.W., & Puto, C. (1982). Adding asymmetrically dominated alternatives: Violations of regularity and the similarity hypothesis. *Journal of Consumer Research, 9*, 90-98.
Hummel, J.E., & Holyoak, K.J. (2003a). A symbolic-connectionist theory of relational inference and generalization. *Psychological Review, 110*, 220-264.
Hummel, J.E., & Holyoak, K.J. (2003b). Relational reasoning in a neurally-plausible cognitive architecture: An overview of the LISA project. *Cognitive Studies :Bulletin of the Japanese Cognitive Science Society,, 10*, 58-75.
Hunter, I.M.L. (1977). Imagery comprehension and mnemonics. *Journal of Mental Imagery, 1*, 65-72.
Hurley, S.L. (1998). *Consciousness in action*. Cambridge, MA: Harvard University Press.
Hutto, D. D., & Myin, E. (2012). *Radicalizing enactivism: Basic minds without content*. Cambridge, MA: MIT Press.
Jackendoff, R. (1983). *Semantics and cognition*. Cambridge, MA.: MIT Press.
Jackendoff, R. (1990). *Semantic structures*. Cambridge, MA: MIT Press.
Jackendoff, R. (2002). English particle constructions, the lexicon, and the autonomy of syntax. In N. Dehe, R. Jackendoff, A. McIntyre, & S. Urban (Eds.), *Verb-practicle explorations* (pp. 67-94). Berlin: Mouton de Gruyter.
James, W. (1890). *The Principles of Psychology*, in two volumes. New York: Henry Holt and Company.
James, W. (1970). *The principles of psychology* (Vol. 1). New York: Holt. (Original work published 1890)
Jenkins, J.J. (1974). Remember that old theory of memory? Well, forget it! *American Psychologist, 29*, 785-795.
Johnson, M. (1987). *The body in the mind: The bodily basis of meaning, imagination, and reason*. Chicago, IL: University of Chicago Press.
菅野盾樹・中村雅之 (訳) (1991). 心の中の身体 紀伊国屋書店
Johnson, M. (2008). What makes a body? *Journal of Speculative Philosophy, 22*, 159-169.
Johnson, E.J., Payne, J.W., Schkade, D.A. & Bettman, J.R. (1989). Monitoring information processing and decisions: The mouselab system. Technical Report 89-4, Duke University, Durham, NC: Center for Decision Studies.
http://www.dtic.mil/dtic/tr/fulltext/u2/a205963.pdf
Johnson-Laird, P.N. (1981). Mental models in cognitive science. In D.A. Norman (Ed.), *Perspectives on Cognitive Science*. Norwood, N.J.: Ablex.
Johnston, W.A., & Dark, V.J. (1986). Selective attention. *Annual Review of Psychology, 37*, 43-75.
Jolicoeur, P., & Landau, M.J. (1984). Effects of orientation on the identification of simple visual patterns. *Canadian Journal of Psychology, 38*, 80-93.
Jonides, J., Naveh-Benjamin, M., & Palmer, J. (1985). Assessing automaticity. *Acta Psychologica, 60*, 157-171.
Kahneman, D., & Fredrick, S. (2002). Representativeness revisited: Attribute substitution in intuitive judgment. In T. Gilovich, D. Griffin, & D. Kahneman (Eds.), *Heuristics and*

biases (pp. 49-81). New York: Cambridge University Press.
甲斐昌一（2005）. 生命におけるリズムと確率共鳴　蔵本由紀（編）リズム現象の世界（pp. 39-95）東京大学出版会
金子邦彦・津田一郎（1996）. 複雑系のカオス的シナリオ　朝倉書店
Kaplan, S., & Kaplan, R. (1982). *Cognition and environment: Functioning in an uncertain world*. New York: Praeger.
Kardas, E. (2013). *History of psychology: The making of a science*. Belmont, CA: Wadsworth.
川喜田二郎（1970）. 続・発想法 -KJ法の展開と応用　中央公論社
Kilpatrick, F.P. (1961). Assumptions and perception: Three experiments. In F.P. Kilpatrick (Ed.), *Explorations in transactional psychology* (pp. 257-289). New York： New York University Press.
Kintsch, W. (1992). A cognitive architecture for comprehension. In H. L. Pick, Jr., P. W. van den Broek, & D. C. Knill (Eds.), *Cognition: Conceptual and methodological issues* (pp. 143-163). Washington, DC: American Psychological Association.
Kintsch, W. (1998). *Comprehension: A paradigm for cognition*. Cambridge University Press.
Kintsch, W., & Buschke, H. (1969). Homophones and synonyms in short-term memory. *Journal of Experimental Psychology, 80*, 403-407.
Kiverstein, J. (2012). The meaning of embodiment. *Topics in Cognitive Science, 4*, 740-758.
Klatzky, R.L. (1980). Human memory: Structures and processes (2nd ed.). San Francisco, CA: Freeman.
Klingberg, T., Fernell, E., Olesen, P., Johnson, M., Gustafsson, P., Dahlström, K., Gillberg, C.G., Forssberg, H., & Westerberg, H. (2005). Computerized training of working memory in children with ADHD – A randomized, controlled, trial. *Journal of American Academy of Child and Adolescent Psychiatry, 44*, 177-186.
小林正裕・西野哲朗（1997）．拡張遷移ネットワークを模倣するしきい値回路の構成について　電子情報通信学会技術研究報告. COMP, コンピュテーション, *96*(488), 49-56.
小堀聡（2011），人間の知覚と運動の相互作用――知覚と運動から人間の情報処理過程を考える　龍谷理工ジャーナル, 23(1), 24-31.
Köhler, W. (1927). The mentality of apes. New York: Harcourt Brace.
Köhler, W. (1940). *Dynamics in psychology*. New York: Liveright.
Kolers, P.A. (1983). Perception and representation. *Annual Review of Psychology, 34*, 129-166.
郡宏・森田善久（2011）. 生物リズムと力学系　共立出版
Kosslyn, S.M., & Osherson, D.N. (1995). *An invitation to cognitive science: Vol.2. Visual cognition* (2nd ed.). Cambridge, MA: MIT Press.
Kroll, N.E.A., Schepeler, E.M., & Angin, K.T. (1986). Bizarre imagery: The misremembered mnemonic. *Journal of Experimental Psychology: Learning, Memory, and Cognition, 12*, 42-53.
Kruglanski, A.W., & Orehek, E. (2007). Partitioning the domain of social inference: Dual mode and systems models and their alternatives. *Annual Review of Psychology, 58*, 291-316.
Kuramoto, Y. (1984). *Chemical oscillations, waves, and turbulence*. Mineola, New York: Dover.
呉羽真（2011）. 内容外在主義と媒体外在主義　哲学論叢, *38*, 144-155.
Lakoff, G. (1987). *Women, fire, and dangerous things: What categories reveal about the mind*. Chicago, IL: University of Chicago Press.

池上嘉彦・河上誓作（訳）（1993）．認知意味論――言語から見た人間の心　紀伊國屋書店
Laland, K.N. (2004). Social learning strategies. *Learning & Behavior, 32,* 4-14.
Lampl, M., & Johnson, L.M. (1998). Normal human growth as salutatory: Adaptation through irregularity. In K.M. Newell & P.C.M. Molenaar (Eds.), *Applications of nonlinear dynamics to developmental process modeling* (pp.15-38). Mahwah, NJ: Lawrence Erlbaum Associates.
Landauer, T.K., & Dumais, S.T. (1997). A solution to Plato's problem: The latent semantic analysis theory of acquisition, induction, and representation of knowledge. *Psychological Review, 104,* 211-240.
Langacker, R.W. (1991). Cognitive Grammar. In F.G. Droste, & J.E. Joseph (Eds.), *Linguistic theory and grammatical description: Nine current approaches* (pp. 275-306). Amsterdam/Philadelphia: John Benjamins Publishing Company.
Larkin, J.H., McDermott, J., Simon, D.P., & Simon, H.A. (1980). Expert and novice performance in solving physics problems. *Science, 208,* 1335-1342.
Lawrence, M. (1949). *Studies in human behavior.* Princeton University Press.
Lazarus, R.S. (1982). Thoughts on the relations between emotion and cognition. *American Psychologist, 37,* 1019-1024.
Lazarus, R.S. (1984). On the primacy of cognition, *American Psychologist, 39,* 124-129.
Leahey, T. (2012). *A history of psychology: From antiquity to modernity.* Upper Saddle River, NJ: Pearson.
Lewis, M.D. (1995). Cognition-emotion feedback and the self-organization of developmental paths. *Human Development, 38,* 71-102.
Lewis, M.D. & Granic, I. (2000). A new approach to the study of emotional development. In M.D. Lewis & I. Granic (Eds.), *Emotion, development, and self-organization* (pp.1-12). Cambridge, UK: Cambridge University Press.
Linton, M. (1982). Transformation of memory in everyday life. In U. Neisser (Ed.), *Memory observed: Remembering in natural contexts* (pp. 77-91). San Francisco, CA: Freeman.
Linton, M. (1986). Ways of searching and the contents of memory. In D.C. Rubin (Ed.), *Autobiographical memory* (pp.50-67). New York: Cambridge University Press.
Lloyd, R. (2007). Infants have 'amazing capabilities' that adults lack, https://www.livescience.com/4459-infants-amazing-capabilities-adults-lack.html
Loftus, E.F. (1973). Activation of semantic memory. *American Journal of Psychology, 86,* 331-337.
Loftus, E.F. (1979). *Eyewitness testimony.* Cambridge, MA: Harvard University Press.
Loftus, E.F., & Guyer, M.J. (2002). Who abused Jane Doe? The hazards of the single case history: Part I and Part II. Retrieved June 15, 2003 from http://faculty.washington.edu/eloftus/Articles/JaneDoe.htm Originally published in *Skeptical Inquirer* 2002, 26, #3, pp 24-32 (Part I).
Loftus, G.R., & Loftus, E.F. (1974). The influence of one memory retrieval on a subsequent memory retrieval. *Memory & Cognition, 3,* 467-471.
Loftus, G.R., & Loftus, E.F. (1976). *Human memory: The processing of information.* Hillsdale, NJ: Lawrence Erlbaum Associates.
Loftus, E.F., Miller, D., & Burns, H.J. (1978). Semantic integration of verbal information into visual memory. *Journal of Experimental Psychology: Human Learning and Memory, 4,* 19-31.
Lohse, G.L., & Johnson, E.J. (1996). A comparison of two process tracing methods for choice tasks. *Organizational Behavior and Human Decision Processes, 68,* 28-43.

Long, G.M. (1980). Iconic memory: A review and critique of the study of short-term visual storage. *Psychological Bulletin, 88,* 785-820.
Lovelace, E.A., & Southall, S.D. (1983). Memory for words in prose and their location on the page. *Memory & Cognition, 11,* 429-434.
Luce, M.F. (1998). Choosing to avoid: Coping with negatively emotion-laden consumer decisions. *Journal of Consumer Research, 24,* 409-433.
Luce, M.F., Bettman, J.R., & Payne, J.W. (2001). Emotion decisions: Tradeoff difficulty and coping in consumer choice. *Monographs of the Journal of Consumer Research* 1, Chicago, IL: University of Chicago Press.
Luchins, A.S. (1939). *The effects of Einstellung in learning by repetition.* Unpublished doctoral dissertation. New York University.
Luchins, A.S. (1942). Mechanization in problem solving: The effect of Einstellung. *Psychological Monographs, 54,* i-95.
Luchins, A.S., & Luchins, E.H. (1959). *Rigidity of behavior: A variational approach to the effect of Einstellung.* Oxford, England: University of Oregon Press.
Lyapunov, A.M. (1992a). The general problem of the stability of motion. *International Journal of Control, 55,* 531-773.
Lyapunov, A. M. (1992b). *The general problem of the stability of motion* (A. T. Fuller, Trans.). London: Taylor & Francis. Reviewed in detail by M. C. Smith (1995) *Automatica, 3,* 353-356.
Lycan, W. (2003). Perspectival representation and the knowledge argument. In Q. Smith & A. Jokic (Eds.), *Consciousness: New philosophical perspectives* (pp.384-395). Oxford, UK: Oxford University Press.
Mandler, G. (1985). *Cognitive psychology: An essay in cognitive science.* Hillsdale, NJ: Lawrence Erlbaum.
大村彰道・馬場久志・秋田喜代美（訳）（1991）．認知心理学の展望　紀伊國屋書店
Marr, D. (1982a). *Vision: A computational investigation into human representation and processing of visual information.* New York: Freeman.
乾敏郎・安藤広志（訳）（1987）．ビジョン－視覚の計算理論と脳内表現　産業図書
Marr, D. (1982b). *Vision: A computational approach.* San Francisco, CA: Freeman.
Marshal, P.J. (2015). Neuroscience, embodiment, and development. In R.M. Lerner, W.F. Overton, & P.C.M. Molenaar (Eds.), *Handbook of Child Psychology and Developmental Science. Vol. 1, Theory and method* (7th ed. pp. 244-283). New York: Wiley.
Marschark, M. (1985). Imagery and organization in the recall of prose. *Journal of Memory and Language, 24,* 734-745.
Massaro, D.W. (1970). Preperceptual auditory images. *Journal of Experimental Psychology, 85,* 411-417.
Matlin, M.W. (1989). *Cognition* (2nd ed.). New York: Holt, Rinehart and Winston.
Matlin, M.W., & Stang, D.J. (1978). *The Pollyanna principle: Selectivity in language, memory, and thought.* Cambridge, MA: Schenkman.
松本元（1984）生体とゆらぎ　石井威望・小林登・清水博・村上陽一郎（編）生命現象のダイナミズム（pp.87-113）中山書店
Matsumoto, T., Chua, L.O., & Tokunaga, R. (1987). Chaos via torus breakdown. *IEEE Transactions on Circuits and Systems, 34,* 240-253.
松尾豊（2015）．人工知能は人間を超えるか：ディープラーニングの先にあるもの　KADOKAWA／中経出版
Maturana, H. R, & Varela, F. J. (1980). *Autopoiesis and cognition: The realization of the living* (Vol. 42). Dordrecht, The Netherlands: D. Reidel.

Maturana, H. R., & Varela, F. J. (1984). *Der baum der erkenntnis*. Santiago, Chile: Editorial Universitaria.
　菅啓次郎（訳）（1997）. 知恵の樹　筑摩書房
Mayer, J.D. (1986). How mood influences cognition. In N.E. Sharkey (Ed.), *Advances in cognitive science* (pp. 290-314). Chichester, West Sussex: Ellis Horwood Limited.
McClelland, J.L., & Rumelhart, D.E. (1981). An interactive activation model of context effects in letter perception: Part 1. An account of basic findings. *Psychological Review, 88,* 375-407.
McDougall, W. (1904). The sensations excited by a single momentary stimulation of the eye. *British Journal of Psychology, 1,* 78-113.
Mejia-Arauz, R., Rogoff, B., & Paradise, R. (2005). Cultural variation in children's observation during a demonstration. *International Journal of Behavioral Development, 29,* 282-291.
Merleau-Ponty, M. (1962). *Phenomenology of perception*. London, UK: Routledge.
Merikle, P.M. (1982). Unconscious perception revisited. *Perception & Psychophysics, 31,* 298-301.
Merry, R. (1980). Image bizarreness in incidental learning. *Psychological Reports, 46,* 427-430.
Miller, G.A. (1956). The magical number seven, plus or minus two: Some limits on our capacity for processing information. *Psychological Review, 63,* 81-96.
Miller, G.A. (2003). The cognitive revolution: A historical perspective. *Trends in Cognitive Sciences, 7,* 141-144.
Miller, G.A., & Johnson-Laird, P.N. (1976). *Language and perception*. Cambridge, MA: Harvard University Press.
Minsky, M. (1975). A framework for representing knowledge. In P.H. Winston (Ed.), *The psychology of computer vision*. New York: McGraw-Hill.
　白井良明・杉原厚吉（訳）（1979）. コンピュータビジョンの心理（pp. 238-332）　産業図書
Minsky, M. (1986). *The society of mind*. New York: Simon & Shuster.
　安西祐一郎（訳）（1990）. 心の社会　産業図書
宮原克典（2010）知覚の行為性：エナクティブ主義と現象学　哲学・科学史論叢, *12,* 143-172.
Molenaar, P. C. (1986). On the impossibility of acquiring more powerful structures: A neglected alternative. *Human Development, 29,* 245-251.
Molenaar, P. C., Lerner, R. M., & Newell, K. M. (Eds.). (2014). *Handbook of developmental systems theory and methodology*. New York: Guilford Press.
Molenaar, P.C., & Nesselroade, J.R. (2015). Systems methods for developmental research. In R.M. Lerner, W.F. Overton, & P.C.M. Molenaar (Eds.), *Handbook of Child Psychology and Developmental Science. Vol. 1, Theory and method* (7th ed. pp. 652-682). New York: Wiley.
Moore, B.C. (1989). An introduction to the psychology of hearing (3rd ed.). San Diego, CA: Academic Press.
Morawski, J. (2000). Psychology: Early twentieth century. In A.E. Kazdin (Ed.), *Encyclopedia of psychology* (Vol.6, pp.403-410). Washington, DC: American Psychological Association.
森山新（2002）. 語彙習得研究と認知言語学　言語文化と日本語教育　5月特集号, 152-154.
Morton, J. (1980). The logogen model and orthographic structure. In U. Frith (Ed.), *Cognitive processes in spelling*. London: Academic Press.

Moruzzi, G. & Magoun, H.W. (1949). Brain stem reticular formation and activation of the EGG. *Electroencephalography and Clinical Neurophysiology, 1*, 455-473.
Murray, H.G., & Denny, J.P. (1969). Interaction of ability level and interpolated activity (opportunity for incubation) in human problem solving. *Psychological Reports, 24*, 271-276.
Näätänen, R. (1982). Processing negativity: An evoked potential reflection of selective attention. *Psychological Bulletin, 92*, 605-640.
Näätänen, R. (1985). Selective attention and stimulus processing: Reflections in event-related potentials, magnetoencephalogram, and regional cerebral blood flow. In M.I. Posner & O.S. Marin (Eds.), *Attention and performance XI* (pp.353-373). Hillsdale, NJ: Erlbaum.
Näätänen, R. (1986). Neurophysiological basis of the echoic memory as suggested by event related potentials and magnetoencephalogram. In F. Klix, & H. Hagendorf (Eds.), *Human memory and cognitive capabilities* (pp.615-628). Amsterdam: Elsevier.
永井孝枝（1993）．幼児の認知活動におけるスキーマの働き　山梨大学教育学部幼児教育学科卒業論文（未発表）
中嶌紀江（1988）．英文理解における心理学的一考察：リスニングに及ぼす視覚教材の効果について　山梨大学教育学部教育科学科卒業論文（未発表）
中村桂子（2010）．「生きている」を考える　NTT 出版
中山正和（1980）．NM 法のすべて―アイデア生成の理論と実践的方法　産業能率大学出版部
Neissser, U. (1967). *Cognitive psychology*. New York: Appleton-Century-Crofts.
Neisser, U. (1976). *Cognition and Reality: Principles and Implications of Cognitive Psychology*. New York: WH Freeman and Company.
Neisser, U., & Becklen, R. (1975). Selective looking: Attending to visually significant events. *Cognitive Psychology, 7*, 480-494.
Newell, A., Shaw, J. C., & Simon, H. A. (1958). Elements of a theory of human problem solving. *Psychological Review, 65*, 151-166.
Newell, A., Shaw, J.C., & Simon, H.A. (1963). The process of creative thinking. In H. E. Gruber, G. Terrell, & M. Wertheimer (Eds.), *Contemporary approaches to creative thinking* (pp.63-119). New York: Atherton.
Newell, A., & Simon, H.A. (1972). *Human problem solving*. Englewood Cliffs, NJ: Prentice-Hall.
ニュートン編集部（2016）．脳とニューロン　（ニュートン別冊 2016/9/9）ニュートンプレス
Nicolis, G. & Prigogine, I. (1977). *Self-organization in nonlinear systems*. New York: Wiley. 小畠陽之助・相沢洋二（訳）（1980）．散逸構造：自己秩序形成の物理学的基礎　岩波書店
Nisbett, R.E., & Wilson, T.D. (1977). Telling more than we can know. Verbal reports on mental processes. *Psychological Review, 84*, 231-259.
Noë, A. (2004). *Action in perception*. Cambridge, MA: The MIT Press.
Norman, D.A. (1982). *Learning and memory*. San Francisco, CA: W.H. Freeman.
Oberauer, K. (2002). Access to information in working memory: Exploring the focus of attention. *Journal of Experimental Psychology: Learning, Memory, and Cognition, 28*, 411-421.
O'Brien, E.J., & Wolford, C.R. (1982). Effect of delay in testing on retention of plausible versus bizarre mental images. *Journal of Experimental Psychology: Language, Memory, & Cognition, 8*, 148-152.
Okabayashi, H. (1989). The effects of primes in map memory retrieval. In A.F. Bennet, & K.M.

McConkey (Eds.), *Cognition in individual and social contexts* (pp. 237-245). Amsterdam: Elsevier.

Okabayashi, H. (1991). Teaching English as a second language: Listening and pause. *Psychologia: An International Journal of Psychology in the Orient, 34*, 227-231.

岡林春雄（1991）．地図情報構造化の試み：教育現場への応用に向けて　山梨大学教育学部研究報告，人文社会科学系，*43*，160-169.

岡林春雄（2008）．パーソナリティは認知と感情の相互作用から自己組織化する：パーソナリティ形成・発達理論への新視点　岡林春雄（編）心理学におけるダイナミカルシステム理論　(pp. 82-101) 金子書房.

Okabayashi, H. (2016). The relationship between fluctuation of biological signal: Finger plethysmogram in conversation and anthropophobic tendency. *International Scholarly and Scientific Research & Innovation, 10*, 3012-3016.

Okabayashi, H. (2017). The formation of mutual understanding in conversation: An embodied approach. *International Scholarly and Scientific Research & Innovation, 11*, 476-482.

岡林春雄・雨宮美佐子（1993）．意味記憶からの情報検索：人間の記憶についての認知心理学的研究　山梨大学教育学部附属教育実践研究指導センター研究紀要，*1*，103-109.

Okabayashi, H., & Glynn, S.M. (1984). Spatial cognition: Systematic distortion in cognitive maps. *Journal of General Psychology, 111*, 271-279.

岡林春雄・河合優年・中川正宣・千野直仁（2008）ダイナミカルシステム・アプローチ（DSA）の基本的な考え方　岡林春雄（編）心理学におけるダイナミカルシステム理論　(pp.26-50)　金子書房.

岡林春雄・雄山真弓・鈴木平・千野直仁（2014）科学的に「生きている」を考える：指尖脈波を指標としたダイナミカルシステムアプローチ　日本心理学会第78回大会発表論文集，SS15.

岡林春雄・斎藤文子（1988）．音楽についての認知心理学的研究：音楽のエキスパート　山梨大学教育学部研究報告　38, 113-146.

Olesen, P., Westerberg, H., & Klingberg, T. (2004). Increased prefrontal and parietal activity after training of working memory. *Nature Neuroscience, 7*, 75-79.

Ono, F., & Kawahara, J. (2007). The subjective size of visual stimuli affects the perceived duration of their presentation. *Perception & Psychophysics, 69*, 952-957.

Osborn, A.F. (1957). *Applied imagination* (2nd ed.). New York: Scribner.

Osgood, C.E. (1953). *Method and theory in experimental psychology*. New York: Oxford University Press.

Overton, W. F. (2006). Developmental psychology: Philosophy, concepts, methodology. In R. M. Lerner (Ed.), *Theoretical models of human development*. Volume I of the *Handbook of child psychology* (6th ed., pp. 18-88). Hoboken, NJ: Wiley.

雄山真弓（2012）．心の免疫力を高める「ゆらぎ」の心理学　祥伝社

大山正（1984）．知覚と認知　大山正・東洋（編）認知心理学講座１　認知と心理学　(pp. 7-31) 東京大学出版会

Paivio, A. (1968). A factor-analytic study of word attributes and verbal learning. *Journal of Verbal Learning and Verbal Behavior, 7*, 41-49.

Paivio, A. (1971). *Imagery and verbal processes*. New York: Holt, Rinehart, and Winston.

Paivio, A. (1983). The empirical case for dual coding. In J. Yuille (Ed.), *Imagery, memory, and cognition: Essays in honor of Allen Paivio* (pp. 307-332). Hillsdale, NJ: Erlbaum.

Palmer, S.E. (1975a). Visual perception and world knowledge: Notes on a modal of sensory-cognitive interaction. In D.A. Norman, & D.E. Rumelhart (Eds.), *Explorations in cognition* (pp. 279-307). San Francisco, CA: Freeman.

Palmer, S.E. (1975b). The effects of contextual scenes on the identification of objects. *Memory & Cognition*, 3, 519-526.

Patridge, T. (2011). Methodological advances toward a dynamic developmental behavioral genetics: Bridging the gap. *Research in Human Development*, 8, 242-257.

Patten, B.M. (1972). The ancient art of memory: Usefulness in treatment. *Archives of Neurology*, 26, 25-31. doi:10.1001/archneur.1972.00490070043006

Pavlov, I.P. (1955). *Selected works*. Moscow: Foreign Languages Publishing House.

Payne, J.W., Bettman, J.R., & Johnson, E.J. (1988). Adaptive strategy selection in decision making. *Journal of Experimental Psychology: Learning, Memory, and Cognition*, 14, 534-552.

Payne, J.W., Bettman, J.R., & Johnson, E.J. (1993). *The adaptive decision maker*. New York: Cambridge University Press.

Payne, J.W., Braunstein, M.L., & Carroll, J.S. (1978). Exploring predecisional behavior: An alternative approach to decision research. *Organizational Behavior and Human Performance*, 22, 17-44.

Perls, F.S. (1969). *Gestalt therapy verbatim*. Moab, UT: Real People Press.
倉戸ヨシヤ（監訳），日高正宏・倉戸由紀子・井上文彦（訳）(1990). ゲシュタルト療法―その理論と実際 ナカニシヤ出版

Peterson, L.R. (1977). Verbal learning and memory. *Annual Review of Psychology*, 28, 393-415.

Peterson, L.R., & Peterson, M. (1959). Short-term retention of individual verbal items. *Journal of Experimental Psychology*, 58, 193-198.

Piaget, J. (1952). *The origins of intelligence in children*. New York: Norton.

Piaget, J. (1954). *The construction of reality in the child* (M.Cook, Trans.). New York: Basic Books. (Original work published 1937)

Poincaré, R. (1928). Since Versailles. *Foreign affairs*, 7(4), 519.

Pomerantz, J.R. (2003). Perception: Overview. In L. Nadel (Ed.), *Encyclopedia of cognitive science* (Vol. 3, pp.527-537). London, UK: Nature Publishing Group.

Poon, L.W. (1980). A system approach for the assessment and treatment of memory problems. In J.M. Ferguson, & C.B. Taylor (Eds.), *The comprehension handbook of behavior medicine* (Vol. 1, pp.191-212). New York: Spectrum.

Posner, M.I., & Keele, S.W. (1967). Decay of visual information from a single letter. *Science*, 158(3797), 137-139.

Postman, L. (1975). Verbal learning and memory. *Annual Review of Psychology*, 26, 291-335.

Project on Law and Behavior (1976). *Law and behavior*. Champaign, Ill: Research Press.

Prytulak, L.S. (1971). Natural language mediation. *Cognitive Psychology*, 2, 1-56.

Reicher, G.M. (1969). Perceptual recognition as a function of meaningfulness of stimuli material. *Journal of Experimental Psychology*, 81, 275-280.

Richardson, J.T.E. (1978). Reported mediators and individual differences in mental imagery. *Memory & Cognition*, 6, 376-378.

Riedl, R., Brandstätter, E., & Roithmayr, F. (2008). Identifying decision strategies: A process- and outcome-based method. *Behavior Research Methods*, 40, 795-807.

Rieskamp, J., Busemeyer, J.R., & Mellers, B.A. (2006). Extending the bounds of rationality: Evidence and theories of preferential choice. *Journal of Economic Literature*, 44, 631-661.

理化学研究所脳科学総合研究センター（2016）．つながる脳科学：「心のしくみ」に迫る脳研究の最前線　講談社

Rips, L.J., Shoben, E.J., & Smith, E.E. (1973). Semantic distance and the verification of semantic relations. *Journal of Verbal Learning and Verbal Behavior, 12*, 1-20.

Robinson, J.A. (1986). Autobiographical memory: A historical prologue. In D.C. Rubin (Ed.), *Autobiographical memory* (pp. 19-24). New York: Cambridge University Press.

Rosenblatt, F. (1958). The perceptron: A probabilistic model for information storage and organization in the brain. *Psychological Review, 65*, 386-408.

Rowlands, M. (2010). *The new science of the mind: From extended mind to embodied phenomenology*. Cambridge, MA: MIT Press.

Rubin, D.C., & Kontis, T.C. (1983). A schema for common cents. *Memory & Cognition, 11*, 335-341.

Rumelhart, D.E. (1975). Notes on a schema for stories. In D.G. Bobrow, & A. Collins (Eds.), *Representation and understanding: Studies in cognitive science* (pp.211-236). New York: Academic Press.

Rumelhart, D.E. (1981). Analogical processes and procedural representations. *CHIP Technical Report 81*, University of California.

Rumelhart, D.E., & McClelland, J.L. (1981). Interactive processing through spreading activation. In A.M. Lesgold & C.A. Perfetti (Eds.), Interactive processes in reading (pp. 37-60). Hillsdale, NJ: Erlbaum.

Rumelhart, D.E., & McClelland, J.L. (1982). An interactive activation model of context effects in letter perception: Part 2. The contextual enhancement effect and some tests and extensions of the model. *Psychological Review, 89*, 60-94.

Rumelhart, D. E., McClelland, J. L. & the PDP Research Group (1986). *Parallel distributed processing: Explorations in the microstructure of cognition Volume 2: Psychological and Biological Models*. Cambridge, MA: MIT Press.

Rumelhart, D. E., Smolensky, P., McClelland, J. L., & Hinton, G. E. (1986). Schemata and sequential thought process in PDP models. In D.E. Rumelhart, J.L. McClelland, & the PDP Research Group (Eds.), *Parallel distributed processing: Explorations in the microstructure of cognition* (Volume 2: Psychological and Biological Models, pp. 7 -57). Cambridge, MA: MIT Press.

Rumelhart, D.E., Hinton, G.E., & Williams, R.J. (1986). Learning representations by back-propagating errors. *Nature, 323*, 533-536.

Rush, A.L., Beck, A.T., Kovacs, M., & Hollon, S. (1977). Comparative efficacy of cognitive therapy and imipramine in the treatment of depresses outpatients. *Cognitive Therapy and Research, 1*, 17-37.

Russo, J.E. (2011). Eye fixations as a process trace. In M. Schlte-Mecklenbeck, A. Kühberger, & R. Ranyard (Eds.), *A handbook of process tracing methods for decision research* (pp. 43-64). New York and Hove: Psychology Press.

Russo, J.E., & Dosher, B.A. (1983). Strategies for multiattribute binary choice. *Journal of Experimental Psychology: Learning, Memory, and Cognition, 9*, 676-696.

Russo, J.E., Johnson, E.J., & Stephens, D.L. (1989). The validity of verbal protocols. *Memory & Cognition, 17*, 759-769.

Ryan, R.M. (1983). Reassessing the automaticity-control distinction: Item recognition as a paradigm case. *Psychological Review, 90*, 171-178.

Sams, M., Paavilainen, P., Alho, K., & Näätänen, R. (1985). Auditory freguency discrimination and event-related potentials. *Electroencephalography and Clinical Neurophysiology, 62*, 437-448.

佐々木正人 (2000). 発達研究の現在：運動研究1990年代　児童心理学の進歩　2000年版, *39* (pp. 2-26) 金子書房

Schank, R.C. (1975). *Conceptual information processing*. Amsterdam: North Holland.
Schmid, S. (1981). *Freiheit heilt. Bericht über die demokratische psychiatrie in Italien*. Berlin, Deutschland: Verkäufer Buchhandel Freitag.
平田文穂（訳）(2005). 自由こそ治療だ―イタリア精神病院解体のレポート　社会評論社
Schneider, W., & Shiffrin, R.M. (1977). Controlled and automatic information processing: 1. Detection, search, and attention. *Psychological Review, 84*, 1-66.
Schneider, W., & Shiffrin, R.M. (1985). Categorization (restructuring) and automatization: Two separable factors. *Psychological Review, 92*, 424-428.
Schofield, W. (1964). *Psychotherapy, the purchase of friendship*. Englewood Cliffs, NJ: Prentice-Hall.
Schweickert, R., & Boruff, B. (1986). Short-term memory capacity: Magic number or magic spell? *Journal of Experimental Psychology: Learning, Memory, and Cognition, 12*, 419-425.
Schvaneveldt, R.W., & McDonald, J.E. (1981). Semantic context and the encoding of words: Evidence for two models of stimulus analysis. *Journal of Experimental Psychology: Human Perception and Performance, 2*, 243-256.
Selfridge, O.G. (1955). Pattern recognition and modern computers. AFIPS'55 *Proceedings of Western Joint Computer Conference*, 91-93.
Selfridge, O.G. (1959). Pandemonium: A paradigm for learning. In D.V. Blake & A.M. Uttley (Eds.), *Proceedings of the Symposium on the Mechanization of Thought Processes* (pp. 511-529). London, UK: Her Majesty's Stationery Office.
Selye, H. (1936) . Syndrome produced by diverse nocuous agents. *Nature, 138*, 32.
Shaffer, L.H. (1975). Multiple attention in continuous verbal tasks. In P.M. Rabbitt, & S. Dornic (Eds.), *Attention and performance* (Vol.5, pp.157-167). London, UK: Academic Press.
Shallice, T., & Warrington, E. (1970). Independent functioning of verbal memory stores: A neuropsychological study. *Quarterly Journal of Experimental Psychology, 22*, 261-273.
Shapiro, P.N., & Penrod, S.D. (1986). Meta-analysis of facial identification studies. *Psychological Bulletin, 100*, 139-156.
Shaughnessy, J.J., & Mand, J.L. (1982). How permanent are memories for real life events? *American Journal of Psychology, 95*, 51-65.
Shepard, R.N. (1967). Recognition memory for words, sentences, and pictures. *Journal of Verbal Learning and Verbal Behavior, 6*, 156-163.
Shiffrin, R.M., & Schneider, W. (1984). Automatic and controlled processing revisited. *Psychological Review, 91*, 269-276.
Shulman, H.G. (1972). Semantic confusion errors in short-term memory. *Journal of Verbal Learning and Verbal Behavior, 11*, 221-227.
Silveira, J. (1971). Incubation: The effect of interruption timing and length on problem solution and quality of problem processing. Unpublished doctoral dissertation, University of Oregon, reported in Anderson (1985).
Simon, H.A. (1947). *Administrative behavior: A study of decision-making processes in administrative organization* (1st ed.). New York: Macmillan.
Simon, H.A. (1957). A behavioral model of rational choice. In C.B. McGuire & R. Radner (Eds.), *Models of man, social and rational: Mathematical essays on rational human behavior in a social setting* (pp. 196-279). New York: Willey.
Simon, H.A. (1974). How big is a chunk? *Science, 183*, 482-488.

Simons, D. J. (1996). In sight, out of mind: When object representations fail. *Psychological Science, 5*, 301-305.

Simonson, I. (1989). Choice based on reasons: The case of attraction and compromise effects. *Journal of Consumer Research, 16*, 158-174.

Sloman, S.A. (1996). The empirical case for two systems of reasoning. *Psychological Bulletin, 119*, 3-22.

Smith, E.E., Shoben, E.J., & Rips, L.J. (1974). Structure and process in semantic memory: A feature model for semantic decisions. *Psychological Review, 81*, 214-241.

Smythe, W. E. (1992). Positivism and the prospects for cognitive science. In C. W. Tolman (Ed.), *Positivism in psychology*. New York: Springer.

Solman, R.T., May, J.G., & Schwartz, B.D. (1981). The word superiority effect: A study using parts of letters. *Journal of Experimental Psychology: Human Perception and Performance, 7*, 552-559.

Sperling, G. (1960). The information available in belief visual presentations. *Psychological Monographs, 74*, 1-29.

Spelke, E., Hirst, W., & Neisser, U. (1976). Skills of divided attention. *Cognition, 4*, 215-230.

Spoehr, K.T., & Lehmkuhle, S.W. (1982). *Visual information processing*. San Francisco, CA: Freeman.

Stanovich, K.E., & West, R.F. (2000). Individual differences in reasoning: Implications for the rationality debate? *Behavioral and Brain Sciences, 23*, 645-665.

Sternberg, R.J. (1985). *Beyond IQ: A triarchic theory of human intelligence*. New York, NY: Cambridge Unversity Press.

Sternberg, R.J. & Sternberg, K. (2017). *Cognitive psychology* (7th ed.). Boston, MA: Cengage Learning.

Stevens, A., & Coupe, P. (1978). Distortions in judged spatial relations. *Cognitive Psychology, 10*, 422-437.

Stewart, J., Gapenne, O., & Di Paolo, E. A. (Eds.). (2010). *Enaction: Toward a new paradigm for cognitive science*. Cambridge, MA: MIT Press.

Stroop, J.R. (1935). Studies of interference in serial verbal reactions. *Journal of Experimental Psychology, 18*, 643-662.

菅村玄二（2002）．クライエント中心療法における変化のプロセス再考：構成主義の立場から　理論心理学研究, *4*, 1-12.

Svenson, O. (1979). Process descriptions of decision making. *Organizational Behavior and Human Performance, 23*, 86-112.

Swets, J.A. (1984). Mathematical models of attention. In R. Parasuraman & D.R. Davies (Eds.), *Varieties of attention* (pp.183-242). New York: Academic Press.

Swinney, D. A. (1979). Lexical access during sentence comprehension: (Re) consideration of context effects. *Journal of Verbal Learning and Verbal Behavior, 18*, 645-59.

Swinney, D.A., Onifer, W., Prather, P., & Hirshkowitz, M. (1979). Semantic facilitation across sensory modalities in the processing of individual words and sentences. *Memory & Cognition, 7*, 159-165.

多賀厳太郎（2002）脳と身体の動的デザイン：運動・知覚の非線形力学と発達　金子書房

Takens, F. (1981). *Detecting strange attractors in turbulence. Lecture Notes in Mathematics, 898*. Berlin: Springer-Verlag.

辰野千寿（1989）系統看護学講座　基礎6　心理学（第4版）　医学書院

Taylor, I.A., & Taylor, M.M. (1983). *The psychology of reading*. New York: Academic Press.

帝国書院（2016）．社会科　中学生の地理　指導書

Thelen, E., Corbetta, D., Kamm, K., Spencer, J.P., Schneider, K., & Zernicke, R.F. (1993). The

transition to reaching: Mapping intention and intrinsic dynamics. *Child Development, 64,* 1058-1098.
Thelen, E. & Smith, L.B. (1994). *A dynamic systems approach to the development of cognition and action.* Cambridge, MA & London, England: MIT Press.
Thomas, E.A.C., & Cantor, N.E. (1976). Simultaneous time and size perception. *Perception & Psychophysics, 19,* 353-360.
Thompson, E. (2007). *Mind in life: Biology, phenomenology, and the sciences of mind.* Cambridge, MA: Belknap Press /Harvard University Press.
Thorndike, E. L. (1898). *Animal Intelligence: An Experimental Study of the Associative Processes in Animals* (Psychological Review, Monograph Supplements, No. 8). New York: Macmillan.
Thorndike, E.L. (1905). *The elements of psychology.* New York: Seiler.
Thorndike, E. (1913). *Educational Psychology: The Psychology of Learning.* New York: Teachers College Press.
Thorndike, E. L. (1914). *Educational Psychology: Briefer Course.* New York: Teachers College, Columbia University.
Titchener, E.B. (1910). *A textbook of psychology.* New York: Macmillan.
Tolman, E.C. (1932). *Purposive behavior in animals and men.* New York: Appleton-Century-Crofts.
Torrance, E.P., Goff, K., & Okabayashi, H. (1990). Japanese creative problem solving methods. *The Creative Child and Adult Quarterly, 15,* 173-182.
Tousignant, J.P., Hall, D., & Loftus, E.F. (1986). Discrepancy detection and vulnerability to misleading post-event information. *Memory & Cognition, 14,* 329-338.
Treisman, A.M. (1964). Monitoring and storage of irrelevant messages and selective attention. *Journal of Verbal Learning and Verbal Behavior, 3,* 449-459.
Treisman, A.M., Gelade, G. (1980). A feature-integration theory of attention. *Cognitive Psychology, 12,* 97-136.
Treisman, A.M., & Souther, J. (1986). Illusory words: The roles of attention and of top-down constraints in conjoining letters to form words. *Journal of Experimental Psychology: Human Perception and Performance, 12,* 3-17.
Tulving, E. (1962). Subjective organization in free-recall of "unrelated" words. *Psychological Review, 69,* 344-354.
Tulving, E. (1972). Episodic and semantic memory. In E. Tulving, & W. Donaldson (Eds.), *Organization of memory.* New York: Academic Press.
Tulving, E. (1983). *Elements of episodic memory.* New York: Oxford University Press.
Tulving, E., & Pearlstone, Z. (1966). Availability versus accessibility of information in memory for words. *Journal of Verbal Learning and Verbal Behavior, 5,* 381-391.
Tzeng, O.J.L. (1973). Positive recency effect in a delayed free recall. *Journal of Verbal and Verbal Behavior, 12,* 436-439.
Ullman, S. (1984). Visual routines. *Cognition, 18,* 97-159.
Varela, F.J., Thompson, E., & Rosch, E. (1991). *The embodied mind: Cognitive science and human experience.* Cambridge, MA: MIT Press.
田中靖夫（訳）（2001）．身体化された心：仏教思想からのエナクティブ・アプローチ 工作舎
Venkatraman, V. (2011). Strategic variability in risky choice: Mechanisms and implications for neuroanatomy of cognitive control. https://dukespace.lib.duke.edu/dspace/bitstream/handle/10161/3919/Venkatraman_duke_0066D_10859.pdf?seguence=/
Vokey, J.R., & Read, J.D. (1985). Subliminal messages: Between the devil and the media.

American Psychologist, 40, 1231-1239.

Waldrop, M.M. (1992). *Complexity: The emerging science at the edge of order and chaos.* New York: Simon & Schuster.
田中三彦・東山峻征（訳）（2000）．複雑系：科学革命の震源地・サンタフェ研究所の天才たち　新潮社

Wallas, G. (1926). *The art of thought.* London: C.A. Watts.

Wallace, B., & Fisher, L.E. (1983). *Consciousness and behavior.* Boston, MA: Allyn and Bacon.

Wardlaw, K.A., & Kroll, N.E.A. (1976). Autonomic responses to shock-associated words in a non-attended message: A failure to replicate. *Journal of Experimental Psychology: Human Perception and Performance, 2,* 357-360.

Webber, S.M., & Marshall, P.H. (1978). Bizarreness effects in imagery as a function of processing level and delay. *Journal of Mental Imagery, 2,* 291-300.

Weisberg, R.W. (1986). *Creativity: Genius and other myths.* New York: Freeman.

Wertheimer, M. (1923). Laws of Organization in Perceptual Forms. First published as Untersuchungen zur Lehre von der Gestalt II, in *Psycologische Forschung, 4,* 301-350. Translation published in Ellis, W. (1938). *A source book of Gestalt psychology* (pp. 71-88). London: Routledge & Kegan Paul.

Wertheimer, M. (1959). *Productive thinking* (Revised ed.). New York, NY: Harper & Row. (Original work published 1945).

Wertheimer, M. (2011). *A brief history of psychology* (5th ed.). Hove, East Sussex, UK: Psychology Press.

Wheeler, D. (1970). Processes in word recognition. *Cognitive Psychology, 1,* 59-85.

Whipple, G.M. (1914). *Manual of physical and mental tests. Volume I—Simpler processes.* Baltimore: Warwick and York.

White, R.W. (1959). Motivation reconsidered: The concept of competence. *Psychological Review, 66,* 297-333.

Wickelgren, W.A. (1965). Acoustic similarity and intrusion errors in short-term memory. *Journal of Experimental Psychology, 70,* 102-108.

Wickelgren, W. A. (1974). *How to solve problems: Elements of a theory of problems and problem solving.* San Francisco, CA: W. H. Freeman.

Wickens, D.D., Dalezman, R.E., & Eggemeier, F.T. (1976). Multiple encoding of word attributes in memory. *Memory & Cognition, 4,* 307-310.

Williams, K.E., Chambless, D.L., & Ahrens, A. (1997). Are emotions frightening? An extension of the fear of fear construct. *Behaviour Research and Therapy, 35,* 239-248.

Wilson, B.A. (1984). Memory therapy in practice. In B.A. Wilson, & N. Moffat (Eds.), *Clinical management of memory problems* (pp. 89-111). Rockville, MD: Aspen.

Wilson, R.A. (1994). Wide computationalism. *Mind, 103,* 351-372.

Winfree, A.T. (1987). *The timing of biological clocks.* New York: W.H. Freeman.
鈴木善次・鈴木良次（訳）（1992）．生物時計　東京化学同人

Winfree, A.T. (2001). *The geometry of biological time.* New York: Springer-Verlag.

Winograd, T. (1975). Frame representations and the declarative-procedural controversy. In D.G. Bobrow, & A. Collins, *Representation and understanding: Studies in cognitive science.* New York: Academic Press.

Witherington, D.C. (2011). Taking emergence seriously: The centrality of circular causality for dynamic systems approaches to development. *Human Development, 54,* 66-92.

Witherington, D.C. (2015). Dynamic systems in developmental science. In R.M. Lerner, W.F. Overton, & P.C.M. Molenaar (Eds.), *Handbook of Child Psychology and Developmen-*

tal Science. Vol. 1, Theory and method (7th ed. pp. 63-112). Hoboken, NJ: Wiley.
Wittrock, M.C. (1974). Learning as a generative process. *Educational Psychologist, 11,* 87-95.
Wollen, L.A., Weber, A., & Lowry, D.H. (1972). Bizarreness versus interaction of mental images as determinants of learning. *Cognitive Psychology, 2,* 518-523.
Wurtz, R.H., Goldberg, M.E., & Robinson, D.L. (1982). Brain mechanism of visual attention. *Scientific American, 246,* 124-136.
山口昌哉（1996）．カオス入門　朝倉書店
山口陽子（1984）．生物リズムと引き込み　石井威望・小林登・清水博・村上陽一郎（編）生命現象のダイナミズム　(pp.1-33) 中山書店
山本貴光・吉川浩満（2004）．心脳問題：「脳の世紀」を生き抜く　朝日出版社
Yeari, M. & van den Broek, P. (2011). A cognitive account of discourse understanding and discourse interpretation: The land scape model of reading. *Discourse Studies,* 13(5), 635-643.
依田真知子（1989）．印象の残りやすさに関する研究　山梨大学教育学部教育科学科卒業論文（未発表）
吉村　英（1987）．対人認知における体制化のメカニズムと印象の残りやすさに関する研究　実験社会心理学研究，*27,* 47-58.
Young, M.N., & Gibson, W.B. (1974). *How to develop an exceptional memory.* North Hollywood, CA: Wilshire.
Zajonc, R.B. (1980). Feeling and thinking: Preferences need no inferences. *American Psychologist, 35,* 151-175.
Zajonc, R.B. (1984). On the primacy of affect. *American Psychologist, 39,* 117-123.

人名索引

A

安達雅春　157
アダムス（Adams, L.T.）　76
アドラー（Adler, A.）　4, 188
エイジェル（Agel, J.）　191
Ahrens, A.　118
合原一幸（Aihara, K.）　156, 157
Alho, K.　49
アレン（Allen, R.）　63
甘利俊一　215, 219
雨宮美佐子　103
エイムズ（Ames, A., Jr.）　20
アンダーソン（Anderson, J.R.）　9, 30, 106, 140, 153, 154, 223
Angin, K.T.　73
Arieli, A.　147
アリストテレス（Aristotélēs）　2, 10
アトキンソン（Atkinson, R.C.）　30, 33, 56, 59, 74, 82
オースベル（Ausubel, D.P.）　66

B

Baars, B.　210
バドリー（Baddeley, A.D.）　82, 110-114, 117, 225, 239
Baker, D.　11, 12, 14
バンデューラ（Bandura, A.）　15
バートレット（Bartlett, F.C.）　24, 84
Basaglia F.　191
ベック（Beck, A.T.）　187, 192, 196, 201
ベックレン（Becklen, R.）　47
Begg, I.　64
Bellezza, F.S.　80
Ben-Ami, Y.　147
Benjamin, L.T.　11, 12, 14
バークレイ（Berkeley, G.）　18
Bernard, M.E.　202
ベルンシュタイン（Bernstein, N.A.）　220
Bettman, J.R.　144, 146, 147
ビーダーマン（Biederman, I.）　42, 43, 235
Bjork, R.A.　112
ブレイニー（Blaney, P.H.）　67
ブルーム（Bloom, B.S.）　238

ボルフ（Boruff, B.）　58
ボースフィールド（Bousfield, W.A.）　77
ボーワー（Bower, G.H.）　67, 72, 75, 77, 79, 80
Braillard, P-A.　218
Brandstätter, E.　146
ブランスフォード（Bransford, J.D.）　40, 41, 64
Braunstein, M.L　147
ブロードベント（Broadbent, D.E.）　8, 50
Brown, C.　15
ブラウン（Brown, J.A.）　56
Brown, R.　122
ブルーナー（Bruner, J.）　24, 210
ブル（Bull, B.L.）　75
バージ（Burge, T.）　217
Burns, H.J.　69
ブシュケ（Buschke, H.）　59
Busemeyer, J.R.　143
ビーン（Byrne, D.）　54

C

Caharack, G.　49
カルボ（Calvo, M.G.）　117, 118
キャノン（Cannon, W.B.）　237
カンツール（Cantor, N.E.）　21
Carroll, J.S.　147
キャッテル（Cattell, R.B.）　229
Chambless, D.L.　118
シャロン（Charon, R.）　232
チェイス（Chase, W.G.）　66, 154
Chastain, G.　45
キャステイン（Chastain, K.）　173
チェメロ（Chemero, A.）　212
チェン（Cheng, P.W.）　52, 233
チェリー（Cherry, C.）　47, 48
千野直仁　213, 214
チョムスキー（Chomsky, A.N.）　7, 8, 30, 123, 128, 131, 239
Chua, L.O.　156
クラーク（Clark, A.）　212
Clark, E.V.　122

Clark, H.H.　122
Clark, M.C.　77, 79, 80
コリンズ（Collins, A.M.）　101, 102, 103, 105-107
Conrad, R.　59
Conway, R.A.　114
Corballis, M.C.　52
Corbetta, D.　166
Coren, S.　54
Corteen, R.S.　48
クープ（Coupe, P.）　90
コーワン（Cowan, N.）　38, 114, 115
クレイク（Craik, F.I.M.）　112, 231
クラウダー（Crowder, R.G.）　37, 38, 57, 60
Cutler, B.L.　69

D
Dahlström, K.　116
Dalezman, R.E.　60
Danks, J.H.　122
Dark, V.J.　48
ダーウィン（Darwin, C.J.）　37, 38
ドーソン（Dawson, M.E.）　48
de Groot, A.D.　154
Denny, J.P.　153
デカルト（Descartes, R.）　2
Deutsch, D.　50
Deutsch, J.A.　50
デューイ（Dewey, J.）　9, 12, 189
ダー（Dhar, R.）　144
Di Paolo, E.A.　218
ディクソン（Dixon, N.F.）　54
Dominowski, R.L.　153
Dosher, B.A.　147
Dryden, W.　202
ドゥマイス（Dumais, S.T.）　131
Dunlap, K.　188
Dunn, D.　48

E
エビングハウス（Ebbinghaus, H.）　9, 12, 13, 19, 68, 237
Edelman, G.M.　218
Eggemeier, F.T.　60
Elliott, E.M.　114
エリス（Ellis, A.）　69, 119, 187, 202-204, 206
エルマン（Elman, J.L.）　128, 132

Engelhart, M.D.　238
エリクソン（Ericsson, K.A.）　65, 115
Eriksen, C.W.　54
エリクソン（Erikson, E.H.）　230
Estes, W.K.　41
Estevez, A.　117
Evans, J.S.B.T.　145
アイゼンク（Eysenck, M.W.）　46, 50, 117, 118

F
Fauconnier, G.　134
Fernell, E.　116
フィルモア（Fillmore, C.J.）　128, 239
Fisher, D.L.　52
Fisher, L.E.　52, 53
Flynn, M.S.　70
フォーダー（Fodor, J. A.）　131, 210, 217
フォーゲル（Fogel, A.）　118, 219
Forssberg, H.　116
Frankl, V.E.　7
フランクス（Franks, J.J.）　40, 41, 64
Fredrick, S.　145
フリードマン（Freedman, J.L.）　99, 100
フロイト（Freud, A.）　188
フロイト（Freud, S.）　4, 188
フロム（Fromm, E.）　4, 7
Furst, E.J.　238

G
Gapenne, O.　218
Gardner, H.E.　210
ガーナー（Garner, W.R.）　41
Gelade, G.　52
ジェンドリン（Gendlin, E.T.）　189
ギブソン（Gibson, E.J.）　41, 42
ギブソン（Gibson, J.J.）　25, 212
Gibson, W.B.　80
Gigerenzer, G.　146
Gillberg, C.G.　116
Glanzer, M.　58
Glasersfeld, E. von　217
Glucksberg, S.　122
Glynn, S.M.　90, 91
Goff, K.　150
Goldberg, M.E.　50
Goldstein, D.G.　146
Goodale, M.A.　18

人名索引　　263

Goodwin, C.J.　11
ゴードン（Gordon, W.J.J.）　150
Granic, I.　220
Greene, E.　70
Greene, R.L.　57
グロニンガー（Groninger, L.D.）　67, 71, 75, 76
Groninger, L.K.　67, 71
ギルフォード（Guilford, J.P.）　149
Gustafsson, P.　116
ガスリー（Guthrie, E.R.）　224
Guyer, M.J.　70

H
Hall, D.　70
浜口美沙子　95, 96
ハーロー（Harlow, H.M.）　141
Harnad, S.　167
Harper, R.A.　202, 206
ハリス（Harris, J.E.）　80
橋田浩一　166
Hawkins, H.L.　47
Hearnshaw, L.S.　53
Hedgcock, W.　145
ヘルムホルツ（Helmholtz, H. von）　19
Henley, T.　2
Hergenhahn, B.R.　2
ハーマン（Herrmann, D.J.）　82, 232
Hilgard, E.R.　53
Hill, W.H.　238
Hinton, G.E.　160, 217
Hirshkowitz, M.　131
Hirst, W.　46, 48, 49
Hismjatullina, A.　114
ヒッチ（Hitch, G.）　82, 113, 225
Hollenstein, T.　212
Hollon, S.　201
ホリアーク（Holyoak, K.J.）　137, 141, 233
ホーナイ（Horney, K.）　4, 188
Hubel, D.H.　41
Huber, J.　143
ハル（Hull, C.L.）　5, 224
ヒューム（Hume, T.E.）　3
ヒューメル（Hummel, J.E.）　137, 141
ハンター（Hunter, I.M.L.）　80
ハーレイ（Hurley, S.L.）　217
Hutto, D.D.　212
ホイヘンス（Huygens, C.）　161

J
ジャッケンドフ（Jackendoff, R.）　127, 132
ジェームズ（James, W.）　9, 12, 110
ジャストロー（Jastrow, J.）　19
Jenkins, J.J.　16
Jenrick, R.　153
Johnson, E.J.　146, 147
Johnson, L.M.　212
ジョンソン（Johnson, M.）　116, 135, 211
ジョンソン-レアード（Johnson-Laird, P.N.）　30
Johnston, W.A.　48
ジョリキュール（Jolicoeur, P.）　40
Jonides, J.　52
ユング（Jung, C.G.）　4, 188

K
Kahneman, D.　145
甲斐昌一　161
Kamm, K.　166
金子邦彦　156
Kaplan, R.　47
Kaplan, S.　47
Kardas, E.　10
Kawahara, J.　21
河合優年　213
川喜田二郎　150
キール（Keele, S.W.）　61
Kilpatrick, F.P.　20
キンチ（Kintsch, W.）　59, 115, 133
キヴァースティン（Kiverstein, J.）　211
クラッキー（Klatzky, R.L.）　42
Klingberg, T.　116
小林正裕　121
小堀聡　28
コフカ（Koffka, K.）　6
ケーラー（Köhler, W.）　5, 9, 16, 22
Kolers, P.A.　44
コンティス（Kontis, T.C.）　64
郡宏　162
Kosslyn, S.M.　18
Kotani, M.　156
Kovacs, M.　201
クロール（Kroll, N.E.A.）　48, 73
Kruglanski, A.W.　145
蔵本由紀（Kuramoto, Y.）　161, 218
呉羽真　217

L

レイコフ（Lakoff, G.）　128, 135
Laland, K.N.　15
Lampl, M.　212
ランダウ（Landau, M.J.）　40
ランダウア（Landauer, T.K.）　131
Langacker, R.W.　135
Larkin, J.H.　66
ラシュレー（Lashley, K.S.）　17
Lawrence, M.　20
ラザルス（Lazarus, R.S.）　117
Leahey, T.　10
Lehmkuhle, S.W.　41
Lerner, R.M.　212
Lesgold, A.M.　77
ルイス（Lewis, M.D.）　118, 119, 219, 220
リントン（Linton, M.）　68
Lloyd, R.　129
ロック（Locke, J.）　3
ロックハート（Lockhart, R.S.）　112, 231
ロフタス（Loftus, E.F.）　69, 70, 99, 101, 107
Loftus, G.R.　101, 107
Lohse, G.L.　147
Long, G.M.　36
ラブレイス（Lovelace, E.A.）　76
Lowry, D.H.　72, 73
Luce, M.F.　144
ルーチンズ（Luchins, A.S.）　138-140
Luchins, E.H.　139
Lyapunov, A.M.　161
Lycan, W.　14

M

マグーン（Magoun, H.W.）　235
Mand, J.L.　70
Mandler, G.　53, 77
マー（Marr, D.）　16, 18, 43, 155
Marschark, M.　71
Marshal, P.J.　212, 213, 218, 219
マーシャル（Marshall, P.H.）　73
Martens, T.K.　69
マスロー（Maslow, A.H.）　189
マサロ（Massaro, D.W.）　37, 38
メイトリン（Matlin, M.W.）　36, 43, 66, 77, 149
Matsumoto, G.　156
Matsumoto, T.　156

松本元　162
松尾豊　170
Mattox, S.　114
マトゥラーナ（Maturana, H.R.）　211, 217
May, J.G.　45
Mayer, J.D.　67
マッカーシー（McCarthy, J.）　165
マクレランド（McClelland, J.L.）　45, 130, 211, 217
McDermott, J.　66
マクドナルド（McDonald, J.E.）　45
McDougall, W.　34
Meichenbaum, D.　53
Mejia-Arauz, R.　15
Mellers, B.A.　143
Merikle, P.M.　54
メルロ＝ポンティ（Merleau-Ponty, M.）　211
メリー（Merry, R.）　73
Miller, D.　69
ミラー（Miller, G.A.）　8, 9, 16, 30, 58, 77, 113, 173
ミンスキー（Minsky, M.）　84, 94, 127, 165
宮原克典　211
Molenaar, P.C.　212, 219
ムーア（Moore, B.C.）　129
Morawski, J.　10
Morey, C.C.　114
森田正馬　190
森田善久　162
森山新　128
Morris, C.D.　64
モートン（Morton, J.）　130
モルッツィ（Moruzzi, G.）　235
ミューラー-リヤー（Müller-Lyer, F.C.）　19
Murray, H.G.　153
Myin, E.　212

N

ナータネン（Näätänen, R.）　39, 49
永井孝枝　93
中川正宣　213
中嶌紀江　175, 177, 178
中村桂子　213, 214, 219
中山正和　150
Naveh-Benjamin, M.　52
ナイサー（Neisser, U.）　9, 25, 34, 36, 47,

49, 51
Nesselroade, J.R.   212
ニューウェル (Newell, A.)   8, 16, 112, 148, 154
Newell, K.M.   212
ニコリス (Nicolis, G.)   162, 221
ニスベット (Nisbett, R.E.)   54
西野哲朗   121
Norman, D.A.   85
Nowlis, S.M.   144
Numajiri, T.   156

O
オブライエン (O'Brien, E.J.)   74
オベラウアー (Oberauer, K.)   115
岡林春雄 (Okabayashi, H.)   90, 91, 103, 105-108, 118, 150, 154, 161, 162, 172-174, 179, 213
オルセン (Olesen, P.)   116
Onifer, W.   131
Ono, F.   21
Orehek, E.   145
オズボーン (Osborn, A.F.)   150
オスグッド (Osgood, C.E.)   46
Osherson, D.N.   18
Overton, W. F.   220
雄山真弓   162, 214
大山正   22

P
Paavilainen, P.   49
ペイビオ (Paivio, A.)   71, 83, 106
Palmer, J.   52
パルマー (Palmer, S.E.)   45
Paradise, R.   15
Patridge, T.   212
パッテン (Patten, B.M.)   74
パブロフ (Pavlov, I.)   14
Payne, J.W.   143, 144, 146, 147
パールストン (Pearlstone, Z.)   64
ペンロッド (Penrod, S.D.)   68, 69
パールズ (Perls, F.S.)   189
ピーターソン (Peterson, L.R.)   56, 77
ピーターソン (Peterson, M.)   56
ピアジェ (Piaget, J.)   84, 217, 226, 233
プラトン (Plátōn)   2, 10
ポッゲンドルフ (Poggendorff, J.C.)   19
ポアンカレ (Poincaré, R.)   151

Pomerantz, J.R.   18
プーン (Poon, L.W.)   81
ポスナー (Posner, M.I.)   61, 62
ポストマン (Postman, L.)   60
Prather, P.   131
Presson, J.C.   47
プリゴジン (Prigogine, I.)   8, 162, 221
プリツラック (Prytulak, L.S.)   78
Puto, C.   143

Q・R
キュリアン (Quillian, M.R.)   101, 102, 105, 107
Rao, A.R.   145
Raugh, M.R.   74
レイブン (Raven, J.C)   116
リード (Read, J.D.)   54
Reaves, C.C.   49
リーバー (Reber, A.S.)   63
Reicher, G.M.   45
リチャードソン (Richardson, J.T.E.)   72
Riedl, R.   146
Rieskamp, J.   143
リップス (Rips, L.J.)   101, 105
Robinson, D.L.   50
Robinson, J.A.   68
ロジャース (Rogers, C.R.)   168, 189, 190
Rogoff, B.   15
Roithmayr, F.   146
Rosch, E.   211
ローゼンブラット (Rosenblatt, F.)   160
ルソー (Roussea, J.J.)   189
Rowlands, M.   210
ルビン (Rubin, D.C.)   64
Rubinstein, A.   147
ラメルハート (Rumelhart, D.E.)   30, 31, 45, 84, 85, 130, 160, 211, 217
Rush, A.L.   201
Russo, J.E.   147
Ryan, R.M.   52

S
斎藤文子   154
Sams, M.   49
Samuel, A.G.   57
佐々木正人   220
Saults, J.S.   114
ソシュール (Saussure, F.de)   122, 238

シャンク（Schank, R.C.） 84
スケル（Schell, A.M.） 48
Schepeler, E.M. 73
Schkade, D.A. 147
Schmid, S. 191
Schneider, K. 166
シュナイダー（Schneider, W.） 50-52
Schofield, W. 188
シュヴァンヴェルト（Schvaneveldt, R.W., ） 45
Schwartz, B.D. 45
シュウエイカート（Schweickert, R.） 58
Selfridge, O.G. 24, 26, 27
セリエ（Selye, H.） 238
シェイファー（Shaffer, L.H.） 49
Shallice, T. 112
シャノン（Shannon, C.E.） 165
シャピロ（Shapiro, P.N.） 68, 69
Shaughnessy, J.J. 70
Shaw, J. C. 16, 148
シェパード（Shepard, R.N.） 63
Sherman, S.J. 144
シフリン（Shiffrin, R.M.） 30, 33, 50-52, 56, 59, 82
Shoben, E.J. 101, 105
シュルマン（Shulman, H.G.） 60
シルベイラ（Silveira, J.） 152
Simon, D.P. 66
サイモン（Simon, H.A.） 8, 16, 58, 66, 112, 142, 148, 154, 225
Simons, D.J. 26
サイモンソン（Simonson, I.） 143, 144
スキナー（Skinner, B.F.） 5, 7, 9, 14, 224
Sloman, S.A. 145
Smith, E.E. 101, 105
スミス（Smith, L.B.） 220
Smolensky, P. 217
Smythe, W. E. 210
Solman, R.T. 45
サウサール（Southall, S.D.） 76
Souther, J. 52
スペルク（Spelke, E.） 49
Spelke, E. 49
Spencer, J.P. 166
スパーリング（Sperling, G.） 35, 36
Spoehr, K.T. 40
スタング（Stang, D.J.） 66
Stanovich, K.E. 145

Stein, B.S. 64
Stephens, D.L. 147
Sternberg, K. 11, 14, 15
スタンバーグ（Sternberg, R.J.） 11, 14, 15, 239
スティーブンス（Stevens, A.） 90
Stewart, J. 218
ストループ（Stroop, J.R.） 238
菅啓次郎 217
菅村玄二 217
サリヴァン（Sullivan, H.S.） 188
鈴木平 214
Svenson, O. 147
Swets, J.A. 47
スウィニー（Swinney, D. A.） 131

T
多賀厳太郎 215
Takabe, T. 156
Takens, F. 213
Taylor, I.A. 45
Taylor, M.M. 45
Thagard, P. 141
テーレン（Thelen, E.） 166, 220
トーマス（Thomas, E.A.C.） 21
Thompson, E. 210, 211
ソーンダイク（Thorndike, E.L.） 9, 12, 13, 216
ティチナー（Titchener, E.） 9
Tokunaga, R. 156
トールマン（Tolman, E.C.） 5
トールマン（Tolman, E.C.） 15, 224
トーランス（Torrance, E.P.） 148, 150, 151
Tousignant, J.P. 70
Toyoda, M. 156
トリースマン（Treisman, A.M.） 50, 52
津田一郎 156
タルビング（Tulving, E.） 64, 67, 77, 99
チューリング（Turing, A.M.） 7
ターベイ（Turvey, M.T.） 37, 38
Tzeng, O.J.L. 112

U・V
ウルマン（Ullman, S.） 44
van den Broek, P. 134
ヴァレラ（Varela, F.J.） 211, 217
Venkatraman, V. 146

人名索引　267

ボキー（Vokey, J.R.）　54

W

Waldrop, M.M.　156
ワラス（Wallas, G.）　149, 151
Wallace, B.　52, 53
Wardlaw, K.A.　48
Warrington, E.　112
Watkins, M.J.　112
ワトソン（Watson, J.B.）　4, 5, 9, 14, 224
ウェッバー（Webber, S.M.）　73
Weber, A.　72, 73
ワイスバーグ（Weisberg, R.W.）　150
ワイゼンバウム（Weizenbaum, J.）　168
ヴェルトハイマー（Wertheimer, M.）　5, 9, 11, 16, 23, 231
West, R.F.　145
Westerberg, H.　116
Wheeler, D.　45
Whipple, G.M.　34
White, P.　64
White, R.W.　141
Whitten, W.B.　112
ウィクルグレン（Wickelgren, W.A.）　59, 60, 152
ウィケンズ（Wickens, D.D.）　60, 61
Wiesel, T.N.　41
ウイリアムズ（Williams, K.E.）　118
Williams, R.J.　160

ウィルソン（Wilson, B.A.）　81
ウィルソン（Wilson, R.A.）　217
ウイルソン（Wilson, T.D.）　54
ウィンフリー（Winfree, A.T.）　161
ウィノグラード（Winograd, T.）　30
Winzenz, D.　77
ウインゼンツ（Winzenz, G.）　72, 75, 77
Witherington, D.C.　211, 212
ウィットロック（Wittrock, M.C.）　75, 78
ウォルフォード（Wolford, C.R.）　74
ウォレン（Wollen, L.A.）　72, 73
Wolpe, J.　188
Wood, B.　48
ヴント（Wundt, W.）　3, 6, 9, 11, 19, 187
Wurtz, R.H.　50

Y

山口昌哉　156
山口陽子　162
山本貴光　214
Yeari, M.　134
依田真知子　96, 97
吉川浩満　214
吉村英　96, 97
Young, M.N.　80
ザイオンク（Zajonc, R.B.）　117
ゼイク（Zeig, J.）　192
Zernicke, R.F.　166
ツェルナー（Zöllner, J.K.F.）　19

事項索引

欧文

ABC　196
ACME　141
AI 研究　165
AI 将棋　165
AI の段階　168
Alpha 碁　169
American Psychological Association　221
BBC　122
Dale の法則　158
DOCTOR　168
EdTech　180
ELIZA　168
Google の認識能力　169
if-then プロダクションルール　112
"if-then" のプロダクションシステム　133
knowing how　30
knowing that　30
LISA　141
OECD・PISA 世界学力比較調査　178
PDP モデル　157
PISA 型学力　178
PISA 型学力観　172
small step　189
S-O-R（stimulus-organism-response）説　6
S-R 心理学　6, 123
S-R 心理学批判　123
SS（sign significate）説　6
TTB（take-the-best）方略　146
WAIS　58
YAVIS　188

あ行

アクションスリップ　223
アクセシビリティ　107
アクティブラーニング　186
アテンション　224
アトキンソンとシフリンモデル　112, 227
アドバンスオーガナイザー（advance organizers）　66
アドホック　80
アトラクタ　163, 213, 215
アナロジー　141, 223
アナロジーモデル　137
アパシー　195
アフォーダンス　213
アメリカ構造主義言語学　123, 125
アリストテレスの三段論法　126
アルゴリズム　7, 223
アルツハイマー型認知症　111
アルツハイマー病　223
安定性　162

鋳型　238
鋳型照合理論　39
鋳型モデル　41
生きている心　171
意識　4, 47, 52, 53, 226
意思決定　137, 142, 145-147
意思決定方略（decision strategy）　146
維持リハーサル　235
意味記憶　99, 106, 236
意味記憶構造　101
意味ネットワーク　31, 236
意味論　122, 125, 128
イメージ　71, 73-75, 113
イメージ形成　126
イラショナルビリーフ（非合理的思考）　119, 206-208
因果推論　225
因子分析　228

うつ状態　67
うつ病　193, 194

英語学習　172
英文理解　175
エージェント　218
エスノメソドロジー　228
エディプスコンプレックス　4
エナクティビスト　213
エナクティビズム　212, 218
エナクティブアプローチ　218
エナクティブな観点　212
エピソード　67

事項索引　269

エピソードバッファ　114
エピソード緩衝器　228
エピソード記憶（episodic memory）　67, 99, 106, 228
演繹（deduction）　138
演繹思考　138
演繹的推理　230
演繹的推論　227

応答性　162
オクターブ錯覚　22
奥行　227
奥行知覚　18
幼い頃の抑圧された記憶　70
大人と子どものスキーマ　93
オートポイエーシス　217
オペラント条件付け　5, 14, 188
音韻化法　80
音韻ループ　113, 114
音楽スキーマ　154
音楽の熟練者と初心者　154
音響記憶　36-39
音節（シラブル）　130
音素　130

か行

解釈意味論　128
解釈意味論　127
外傷後ストレス障害　235
外傷体験　195
階層　77, 78, 102, 107
階層性　216
階層分析法　147
概念　226
概念意味論　127
概念駆動型処理　44
概念駆動処理　239
概念水準　105
海馬　230
海馬と偏桃体とエングラムセオリー　214
開放的なシステム　109
カウンセリング　189
カオス　156, 219
カオス・複雑系としての脳　156
カオス状態　215
カオスニューラルネットワーク　156
拡散思考　227
拡散的思考　148

学習の構え（learning set）　141
覚醒（awareness）　52, 223
拡張した心　216, 217
拡張主義　218
拡張遷移ネットワーク（ATN）　121
カクテルパーティ　48
カクテルパーティ効果　47, 225
確認バイアス　226
格文法　128
加成性　220
仮説検証　230
仮説構成概念　230
画像記憶　34, 37, 38
過大視と過小視　197
語り　232
過治療（overcorrection）　189
活性化拡散モデル　237
活性化されたスキーマ　195
活動のスケジュール　199
過程　148
カテゴリー化　126
カテゴリ知覚　225
過度な一般化　197
構え　24
構え（セット）効果　140, 153
感覚記憶　84, 236
感覚登録器　34
眼球運動　147
干渉　231
感情　117, 120
感情が先か，認知が先か　117
関心・意欲・態度　179
完全構造問題　239
完全合理性　142

記憶　231
記憶構造　102, 106
記憶術（mnemonics）　71, 232
記憶障害　81, 110
記憶喪失　223
記憶促進　81, 82
記憶範囲　59
記憶方略　231
記号操作のパラダイム　221
記号的アナロジー（symbolic analogy）　150
記述的理論（descriptive theory）　142
帰属依存感情　117

帰納（induction）　138
技能　180
機能局在　231
帰納思考　138
機能主義　10, 11, 229
機能主義者　12
機能的固着（functional fixedness）　141, 229
帰納的推理　230
機能的等価仮説　229
機能不全の行動　203
規範的理論（normative theory）　142
ギブソン派　213
気分（mood）　120
気分一致　67
気分レベル　118
逆向干渉　236
逆制止　188
急進的な身体化された認知科学　212
急性ストレス障害　235
教育現場　171, 172
共感覚　238
教師あり　157
教師なし　157
「教師なし」学習　158
協調原理　227
虚偽記憶　70
巨視的行動　5
近接の要因　23
近接要因　12

空間認知　237
空想的アナロジー（fantasy analogy）　150
具体化　135
クライアント（来談者）　188
蔵本モデル式　162, 163
グリア細胞とニューロン　214

経験主義　10
経験主義者　228
経験論的，人生論的心理学　3
軽作業期　190
計算主義　212, 216
計算主義的心　218
計算論レベル　155
啓示期　149
形式意味論　125
継時的走査　100

形成化法（シェイピング：shaping）　189
形態素　131
形態素　232
系列位置曲線　57
系列位置曲線　236
系列位置効果　236
ゲシュタルト（形態）心理学　3, 6, 10, 126, 229
ゲシュタルト療法　189
結果依存感情　117
結合調査　226
結晶性知能　229
権威主義的パーソナリティ　7
言語　122
言語音の認知　129
言語学　8
言語獲得装置（Language Acquisition Device: LAD）　128
言語研究　121, 122
言語的痕跡　59
言語の秩序性　135
言語プロトコル法　147
顕在記憶　228
検索　236
検証期　149
減衰　227
限定合理性（bounded rationality）　142, 225
語彙意味論　126
語彙概念構造（LCS）　126
行為　217
効果の法則　13
交感神経　161, 163
高次認知機能　32
恒常性現象　20
構成主義　3, 11
構成心理学　3
構成的　226
構成的知覚　226
構成要素　123-125, 218
構造化　76-78, 181, 192
構造主義　10
構造主義　238
構造の漸進的学習　159
構築−統合モデル（construction-integration model）　133
行動　5
行動主義　10, 13, 224

行動主義（behaviorism）心理学　3-6, 8, 16, 123
行動の科学　5
行動リハーサル　199
行動療法　188
行動論的技法　196, 198
公認心理師　164
合理主義　10
合理主義者　235
合理的選択公理（regularity principle）144
こころ　2
心（mind）と身体（body）　135
心の計算理論　155
心の社会（The society of mind）　127
心の内在主義　216, 217
誤差逆伝播法（バックプロパゲーション）159
個人的アナロジー（personal analogy）150
個体と環境とのダイナミックな対（カップリング）　212
古典的条件付け　14
コネクショニスト（connectionist）モデル　128, 133, 141, 143, 157, 226, 233
誤謬　228
コミュニケーション　226
語優位効果　45, 52
コルサコフ症候群　231
コーワンのモデル　114, 115
コントロールパラメータ　220
コンピュータ科学　7
コンプレックス　4
コンポーネント認識理論　235
混乱変数　226

さ行

再帰型ニューラルネットワーク（RNN）160
再帰的眼球運動　117
再構成　92
再生　235
再生的思考　234
最大リアプノフ指数　161
最適化　159
再認　235
細胞レベルのリズム同期　162
作業記憶　84

錯視　22
サッカード　147
散逸構造　8, 162
散逸構造論　221
三段論法　238

シェマ　233
視覚イメージ　75
視覚性錯覚　22
視覚的符号化　61
視覚野　239
自我同一性　230
時間知覚　21
磁気共鳴機能画像法　229
視空間スケッチパッド　239
視空間スケッチパッド　113, 114
思考　137
思考・判断・表現　179
思考の固着　138
自己関連付け　198
自己実現　203
自己組織化　8, 158, 161, 211, 217, 220, 221
自己洞察　190
視床　239
自叙伝的記憶　67, 224
システム論　215
自然言語理解　167
指尖脈波　162, 163
舌先現象　239
悉皆探索　146
実験　10
失語症　223
実際生活期　190
失認　223
実用主義　10, 11
実用的推論スキーマ　234
自動化　196, 224
自動化過程　224
自動化している思考　197
自動的な処理　53
シナプス結合　158, 159
シネクティクス　150
自分自身に対する否定的な見方　194
シミュレーション　121, 155, 164
社会科　178
社会心理学　192
『自由からの逃走』　7
習慣的な構え（セット）　141

集合論的モデル　101
重作業期　190
収束思考　227
従属貯蔵システム　82
従属変数　227
集中的思考　148
終末ボタン　238
主観的確率　238
主観的構造化　77
熟達者，熟練者　228
熟練者　153
主題役割　239
述語論理　166
馴化　230
順向干渉　234
順向抑制　60
順向抑制からの解消　60
準備期　149
上位階層　220
浄化　188
条件付き推論　226
情緒（emotion）　120
象徴的表象　238
情緒レベル　118
焦点化した注意（focused attention）　52
情動と消去学習　214
小脳　225
情報取得可能性　223
情報処理アプローチ　8, 29, 33
情報処理モデル　112
情報処理理論　192
将来を否定的に見る　194
所産　148
初頭効果　236
処理効率理論（Processing Efficiency Theory）　117
処理単位（モジュール）　127
処理レベル　33, 231
自律神経　163
自律神経系　161
自律神経系のリズム　162
自律神経系レベルのリズム同期　162
自律性　134
進化心理学　155
進化と可塑性　214
進化論　215
進化論的生物学　192
シンギュラリティ　169

新近性効果　236
神経伝達物質　233
信号検出理論　237
人工知能：AI　7, 8, 16, 112, 121, 155, 165, 166, 168-170, 224, 230
新行動主義　5, 224
心像　230
深層構造　128, 227
身体　2, 237
身体エナクティビズム　211
身体化　211
身体化された認知　218, 228
身体化した心　211
身体化した認知　211
身体機能主義　211, 212
身体性　135
身体的反応　194
身体保守主義　211
シンタックス　238
心的イメージ　72
心の外傷体験　188, 190
心の回転　232
心の過程　30
心の構え　232
心の辞書　130, 231
心的モデル　231
心の力動論　188
心脳問題（mind-brain problem）　214
心配仮説（Worry Hypothesis）　117
心理言語学　234
心理療法　187, 189

推論　137, 235
スキーマ（schema）　28, 31, 84-86, 88-90, 92-96, 98, 107, 175, 178, 193-195, 236
スキーマ化　135
スキーマ帰納モデル　138
スキーマ変換　126
スキーマ利用　174
スキーマ理論　84
スクリプト　84
ステレオタイプ　237
図と地（figure and ground）　23, 229
ストラテジー　33, 72
ストループ課題　145
ストループ効果　238
ストレス　193, 238

成果　234
生産的思考　234
精神分析　192
精神分析学　3, 4
精神分析的なセラピスト　199
精神分析療法　188
生成意味論　127
生成文法　7, 123, 128
生成変形文法　230
生体信号　162, 163
生体信号レベルのリズム同期　162
精緻化命題ネット（elaborated prepositional net）　133
精緻化リハーサル　235
成長・健康・適応への衝動　190
正の転移　233
積極的指示的論駁法　207
絶対臥褥期　190
節点　101, 105
線形理論　171
宣言型知識　227
先行項目　108, 109
潜在意識　55
潜在意味分析（Latent Semantic Analysis; LSA）　131
潜在記憶　230
潜在知覚　54, 55
全体報告法　35, 36
選択的注意　46, 47, 51, 236
選択的抽出　197
前注意的処理（preattentive processing）　52
前頭葉　229

双極細胞　225
相空間　215
相互作用　159
創造性　137, 148, 149, 203, 227
創造的カウンセリング（creative counselling）　150
創造的教授（creative teaching）　150
創造的思考　151
創造的問題解決　153, 154
創発（emergence）　215
創発概念　221
側頭葉　238

た行

第一印象　96
体系的な心的歪曲　92
体験過程療法　189
体験を否定的に解釈する傾向　194
対人恐怖心性　162
ダイナミカルシステム　212, 218
ダイナミカルシステムモデル　213
ダイナミカルシステム理論　221
ダイナミックなアプローチ　220
大脳半球　225
大脳皮質　225
大脳皮質の視覚野　22
対比要因　12
妥協効果　143
ターゲット項目　108, 109
多重制約理論　141
多自由度制御の問題　220
多属性意思決定　143
畳み込みニューラルネットワーク（CNN）　160
脱習慣化　227
ダートマス会議　165
多様態アプローチ　82
多様態理論　232
単眼性奥行手がかり　232
短期記憶　84, 111, 113, 159
短期貯蔵庫　33, 56, 112, 236
単語認知　129
単語優位効果　130
単純再帰ネットワーク（Simple Recurrent Network; SRN）　132
談話　227

チェス初心者　154
チェスの熟達者と初心者　66
チェスの熟練者　153, 154
知覚　18, 34, 233
知覚・認知心理学　171
知覚と脳　22
知覚の恒常性　233
知覚の範囲　35
力への意志　4
置換法　80
知識・理解　180
知識の宣言型表現　30, 166
知識の手続き型表現　30
知識表現　231

知能　231
チャンク　76, 115
注意（attention）　46, 50
注意と練習　46, 48
注意についての神経学的研究　46, 49
注意についての理論　46, 50
注意バイアス　118
中央実行系　82, 113, 114, 225
中央処理装置（CPU）　218
注視（gaze）　147
聴解力　172, 174, 175
聴解力訓練　173
聴覚性錯覚　22
聴覚による知覚　21
長期記憶　84, 159
長期記憶情報　63
長期貯蔵庫　33, 63, 112, 231
長期ワーキングメモリ（Long-term Working Memory）　115
調性感　154
調節　172, 217
直接経験　3
直接構成要素分析　125
直接的アナロジー（direct analogy）　150
貯蔵　156
貯蔵庫　237
貯蔵負荷　112
地理情報の構造化　178

追従眼球運動　147

定位法　75
定言三段論法　225
ディープニューラルネットワーク（DNN）　160
ディープラーニング　169
鼎立理論　239
適切な感情　205
データ駆動型処理　44
データ駆動処理　239
手続き型知識　234
手続き型表現　166
手続き記憶　99
デュアルシステム　228
転移　239
転移反応　200

同化　172, 217

同化と調節　217
動機づけ　141
同形（の）　231
統計的有意差　237
統合　226, 238
統語論　122, 123, 125, 128, 238
洞察（insight）　6, 16, 172, 231
同時調音　225
統制過程　227
特性比較モデル　101
独断的推論　197
特徴一致理論　229
特徴検出モデル　41
特徴検出モデル理論　41
特徴探索　229
特徴統合理論　52, 229
独立変数　230
トップダウン　28, 45
トップダウンアプローチ　26
トップダウン処理　239
トップダウンプロセシング　44
トレードオフ　143
トレードオフ回避（trade-off aversion）　145

な行

内観　3, 10
内観主義　3
内観心理学　3
内在主義　216, 217
内省　11, 231
内包　226
二重過程理論　145
二重貯蔵モデル　227
二重符号化　83
二重符号化理論　227
二貯蔵庫モデル　82
二貯蔵庫理論　33
二分法的思考　198
ニューラルネットワーク　159, 160
ニューラルネットワークモデル　157
ニューロン　158, 232
認知　34
認知，感情，行動の三拍子論　207
認知意味論　126
認知科学　7, 226
認知革命　8, 16, 216

事項索引 275

認知革命後　210
認知構造　6
認知行動療法　202
認知主義　8, 10, 210, 218, 226
認知主義の計算論的パラダイム　220
認知症　110
認知神経科学　225
認知心理学　6-8, 122, 123, 126, 155, 178, 192, 210, 216, 226
認知地図　225
認知的技法　196
認知的経済性　106, 145
認知的行動療法　209
認知的体制化　193
認知プロセス　217
認知療法　187, 196, 198, 199, 209
認知療法の効果　201

ネットワーク　232
ネットワークモデル　101, 106
ねばならないを発見せよ！　205

脳科学　126
脳幹網様体賦活系　235
脳血管性認知症　111
脳研究　214
「脳とニューロン」　214
脳のシナプス可塑性　161
脳波　228
ノード　233

　は行
バイアス　118
媒介　78
媒介子　79
バザーリア法　191
場所細胞と空間認知　214
パーセプトロン　157, 160
パーソナリティ（personality）　120
パーソナリティ形成論　118
パーソナリティ発達理論　219
パターン化　122
パターン認識　39, 44
発達時間　118
発達心理学　126
ハードウェアによる実現レベル　155
バドリーとヒッチのモデル　113
場面分析アプローチ　44

場面分析理論（The Scene-Analysis Approach）　42
反精神医学　191
汎性欲説　4
判断と意思決定　231
範疇　225
パンデモニアムモデル　26, 233

ピアジェの認知発達理論　233
被暗示性　238
引き込み　162
非指示療法　189
微視的行動　5
微小眼球運動　147
非線形　220
非線形の結びつき　212, 219
非線形非平衡系　8, 162, 221
ヒューマニスティック　189
ヒューリスティックス（heuristics）　142, 145, 230
表現とアルゴリズムのレベル　155
表層構造　128, 238
ビリーフシステム（信念／思い込み体系）　119
非論理的思考　203

ファシリテータとしての教師　181
ファジー理論　147
不安傾向　117
不安障害　193
不安状態　118
不安と認知の関わり　118
フィードバック　158, 162, 217
フィードフォワード　158, 162
孵化（ふか）　151, 230
孵化期　149
孵化効果　153
不完全構造問題　230
副交感神経　161, 163
複雑系　156
符号化　60, 62, 71, 112, 138, 156, 228
符号化特殊性　228
符号化特殊性原理（コード化特定性原理：encoding specificity principle）　64, 71
不思議な数　7±2　58
不注意による見落とし　230
不適切な感情　203, 205
負の転移　232

負の練習　188
部分報告法　35, 36
プライミング　131
プライミング効果　99, 107, 175, 177, 234
ブラウン - ピーターソンテクニック　56, 57
フラッシュバルブ記憶　229
プレグナンツの法則　23, 230, 231
フレーム　84
ブレーンストーミング　150
プロダクションシステム　234
プロダクションモデル　112
プロトタイプモデル　41
プロトタイプ理論　234
分割的注意　227
分散効果　237
分散表現　159
分析　223, 238
分節化（segmentation）　135
文法　230
文脈　44, 208
文脈効果　24, 143, 226
文脈主義　226
文理解　131
分離注意　46, 47, 51
分離脳　237

閉合の要因　23
閉鎖病棟を解放　191
ベイズ推定　224
ベイズ理論　147
並列分散処理（PDP）　233
べきを探せ！　205
ヘッブの法則　161
ベルンシュタイン問題　220
辺縁系　231
変化の見落とし　225
変形文法　239
扁桃　223

妨害課題　227
「法律と行動論（Law and Behavior）」　189
ポジトロン断層法　233
補償性　146
保存　226
ボトムアップ　28, 45
ボトムアップアプローチ　25
ボトムアップ思考　138
ボトムアップ処理　239
ボトムアッププロセシング　44
ボトムアップ理論　225
ボトルネック理論　50, 225
ポリアンナ原理（Pollyanna Principle）　66, 68

ま行

マウスラボ（Mouselab）　147
マガーク効果（McGurk Effect）　22
マクロ時間　118
マクロタイム　118
マクロタイムの時間の流れ　219
マジカルナンバー7±2（チャンク）　113

ミクロ時間　118
ミクロタイム　118
ミクロタイムの時間の流れ　219
水汲み問題　140
見通し　231
魅力効果　143

無意識　4
無意味綴　78
無秩序に向かう流れ（熱力学第2法則）　161

名詞句　233
明示的な意味　227
命題（proposition）　173, 234
命題符号化　83
命題理論　234
命題論理　166
メソ時間　118
メタ認知　232
メタファー　126, 232
メモ帳記憶（scratched memory）　119
メモリースパン（記憶範囲）　58
メンタルスペース理論　134
メンタルマップ　113
メンタルモデル　231

網膜　235
モジュラー　232
モジュール　128
モジュール性　134
モジュール説　131
モジュール論　127

モデル論　30
物語法　79
モーラ　130
森田療法　190
問題解決　137, 138, 141, 154, 234
問題解決に関する因子　149
問題空間　234
問題焦点づけ型の心理療法　192
問題提起に関する因子　149

や行
安いネックレス問題　152
やらなければならない　204

優位効果　234
歪んだ部屋実験　20

よい連続の要因　23
幼児期健忘　231
幼児性欲説　4
要素還元主義　213, 218
要素主義　6, 171
抑圧された衝動　188
抑圧説　4
『夜と霧』　7

ら行
来談者中心療法　168, 189
ラジカルサイコロジー　191
ラショナルなビリーフ　206
ラポール　200
ランドスケープモデル　134

理解プロセス　226
力学系（ダイナミカルシステム）　215
力学系・複雑系研究　219
リスニング　178
リズム研究　218
リズム同期　161

リズムのゆらぎ　162
リーチング　166
リハーサル　33, 72, 115, 235
リミットサイクル　215
リミットサイクル振動子　162
流動性知能　116, 229
領域固有性　30
利用可能性ヒューリスティックス　224
両眼視差　20
両耳分離聴実験　48
臨床　187
臨床現場　171

類似要因　12
類推的推論　137
類同の要因　23
ルーチンズの水汲み問題　139
ルーチン問題解決　141

レキシコン（lexicon）　131
レビー小体型認知症　111
連合主義　10, 12, 13, 224
連想記憶ニューラルネットワークモデル
　156
連続聴効果　22

ロゴジェンモデル　130
ロジャース派　199
論理－情動療法　202
論理的行動訓練　202
論理療法（RET）　187, 202, 204, 205, 209
論理療法の長所と限界　207

わ行
ワーキングメモリ　110-117, 228, 239
ワーキングメモリモデル　82
ワーキングメモリのトレーニング　116
ワーキングモデル　114

●著者紹介

岡 林 春 雄：Okabayashi, Haruo

1952年，生まれ．
アメリカ合衆国・州立ジョージア大学大学院教育心理学専攻博士課程修了（1983年，Ph.D. 取得）．
神戸市教育委員会心身障害児教育課嘱託（きこえとことばの教室），藤戸病院心理相談員，山梨大学教育学部講師・助教授・教授を経て，現在，徳島文理大学人間生活学部教授．山梨大学名誉教授．
主要著訳書：『教育心理学』（共著，山文社）
Cognition in Individual and Social Contexts.（共著，North-Holland Elsevier）
『スクール・バイオレンス』（共訳，日本文化科学社）
『心理教育』（金子書房）
『現代社会と人間』（北樹出版）
『ロジャーズ選集（下）』（共訳，誠信書房）
『心理学におけるダイナミカルシステム理論』（編著，金子書房）
『メディアと人間』（金子書房）
『介護・看護の臨床に生かす　知っておきたい心のしくみ』（金子書房）

最新　知覚・認知心理学
その現在と将来展望

2019年5月30日　初版第1刷発行　　　　　　　　［検印省略］

著　者　　岡林春雄
発行者　　金子紀子
発行所　　株式会社　金子書房

〒112-0012　東京都文京区大塚 3-3-7
電話 03-3941-0111（代）　FAX 03-3941-0163
振替 00180-9-103376
URL http://www.kanekoshobo.co.jp
印刷　藤原印刷株式会社　　製本　株式会社宮製本所

Ⓒ Haruo Okabayashi, 2019　　Printed in Japan
ISBN 978-4-7608-2844-9　C3011

金子書房の教育・心理関連図書

心理教育
岡林春雄　著
定価　本体 2,400 円＋税

介護・看護の臨床に生かす　知っておきたい心のしくみ
　　――発達とコミュニケーションの心理学
岡林春雄　著
定価　本体 2,500 円＋税

メディアと人間
　　――認知的社会臨床心理学からのアプローチ
岡林春雄　著
定価　本体 2,400 円＋税

心理学におけるダイナミカルシステム理論
岡林春雄　編著
定価　本体 3,200 円＋税

新・身体とシステム　佐々木正人・國吉康夫　編集
身体とアフォーダンス　　染谷昌義・細田直哉・野中哲士・佐々木正人　著
　　――ギブソン『生態学的知覚システム』から読み解く
定価　本体 2,300 円＋税

保育・教育に生かす　Origami の認知心理学
丸山真名美　編著
梶田正巳・杉村伸一郎・竹内謙彰・山中和人　著
定価　本体 2,000 円＋税

認知発達研究の理論と方法
矢野喜夫・岩田純一・落合正行　編著
　　――「私」の研究テーマとそのデザイン
定価　本体 2,500 円＋税

内発的動機づけと自律的動機づけ
速水敏彦　著
　　――教育心理学の神話を問い直す
定価　本体 3,500 円＋税

公認心理師のための発達障害入門
黒田美保　著
定価　本体 1,800 円＋税